平野号

平野富二生誕の地碑建立の記録

平野号

平野富二生誕の地碑建立の記録

平野富二〔ひらの　とみじ〕

1846年10月4日〔弘化3年8月14日〕—1892〔明治25〕年12月3日

表紙図版

右上：『郵便報知新聞』（明治10年5月26日）掲載広告より
右下・左上：明治36年　株式会社東京築地活版製造所
　　　　　『東京築地活版製造所 活版見本』より
左下：明治10年　長崎新塾出張活版製造所
　　　『BOOK OF SPECIMENS MOTOGI & HIRANO』より
中心の図案は『本木號』（大阪印刷界・明治45年）を参考とした

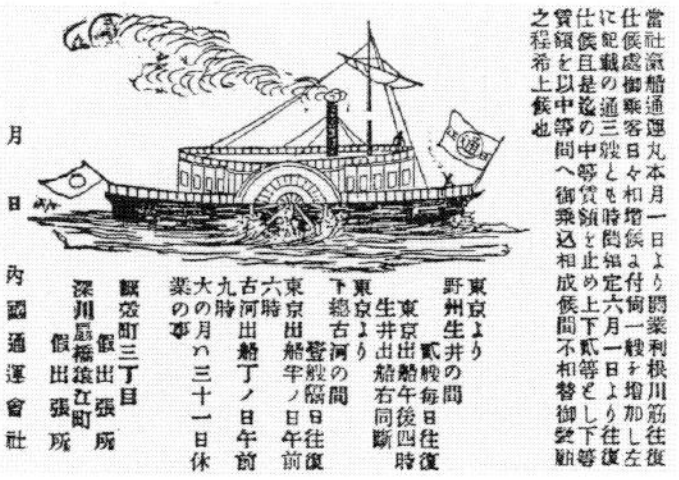

『郵便報知新聞』掲載広告

口 絵

左頁
「平野富二生誕の地」碑
長崎県長崎市桜町9番6号 「平野富二生誕の地」碑 現地　歩道脇
「平野富二生誕の地」碑 建立 有志の会　2018年建立

VIII 頁
「平野富二生誕の地」碑　側面

IX 頁
「平野富二生誕の地」碑 建立 記念祭
2018年11月23日（金・祝）— 25日（日）
長崎県勤労福祉会館（平野富二生誕の地　現地）より
記念式典　2018年11月24日（土）
上：除幕式　下：贈呈式

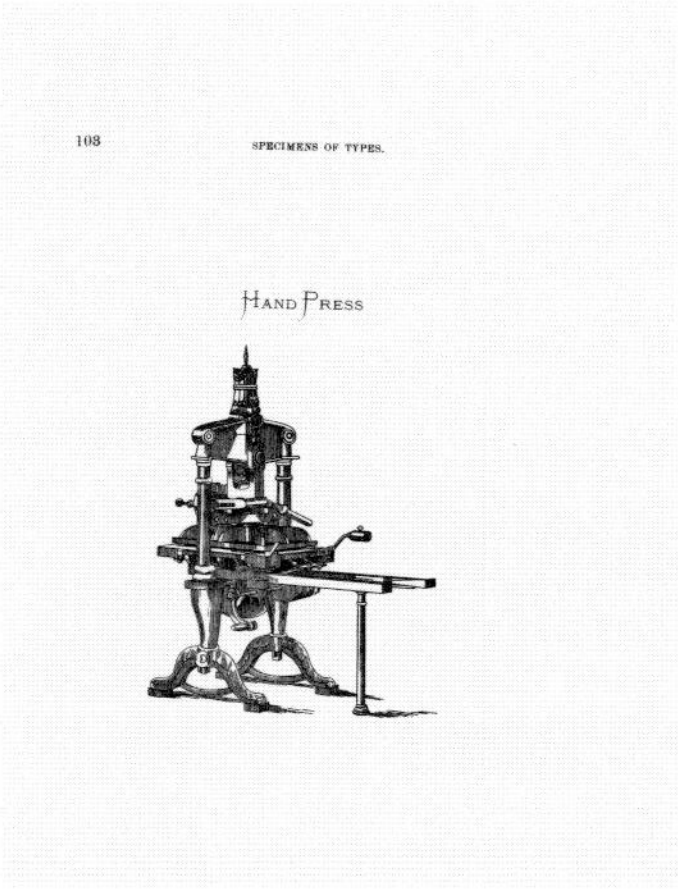

『BOOK OF SPECIMENS MOTOGI & HIRANO』

X 頁
「平野富二生誕の地」碑 建立 記念祭より
上：長崎県印刷工業組合青年部と有志の会メンバー
　「アルビオン型手引き印刷機：大阪・片田鉄工所（創業明治30年）製、及び大阪活版製造所／東京築地活版製造所 製〔明治18年から明治末期の製造と推測〕」、及び「インキローラー鋳型」を出品、搬入いただいた
下：記念講演

大阪印刷界『本木號』

XI 頁
「平野富二生誕の地」碑 建立 記念祭より
記念展示とワークショップ「活版ゼミナール」

平野富二生誕の地
Birthplace of Tomiji Hirano

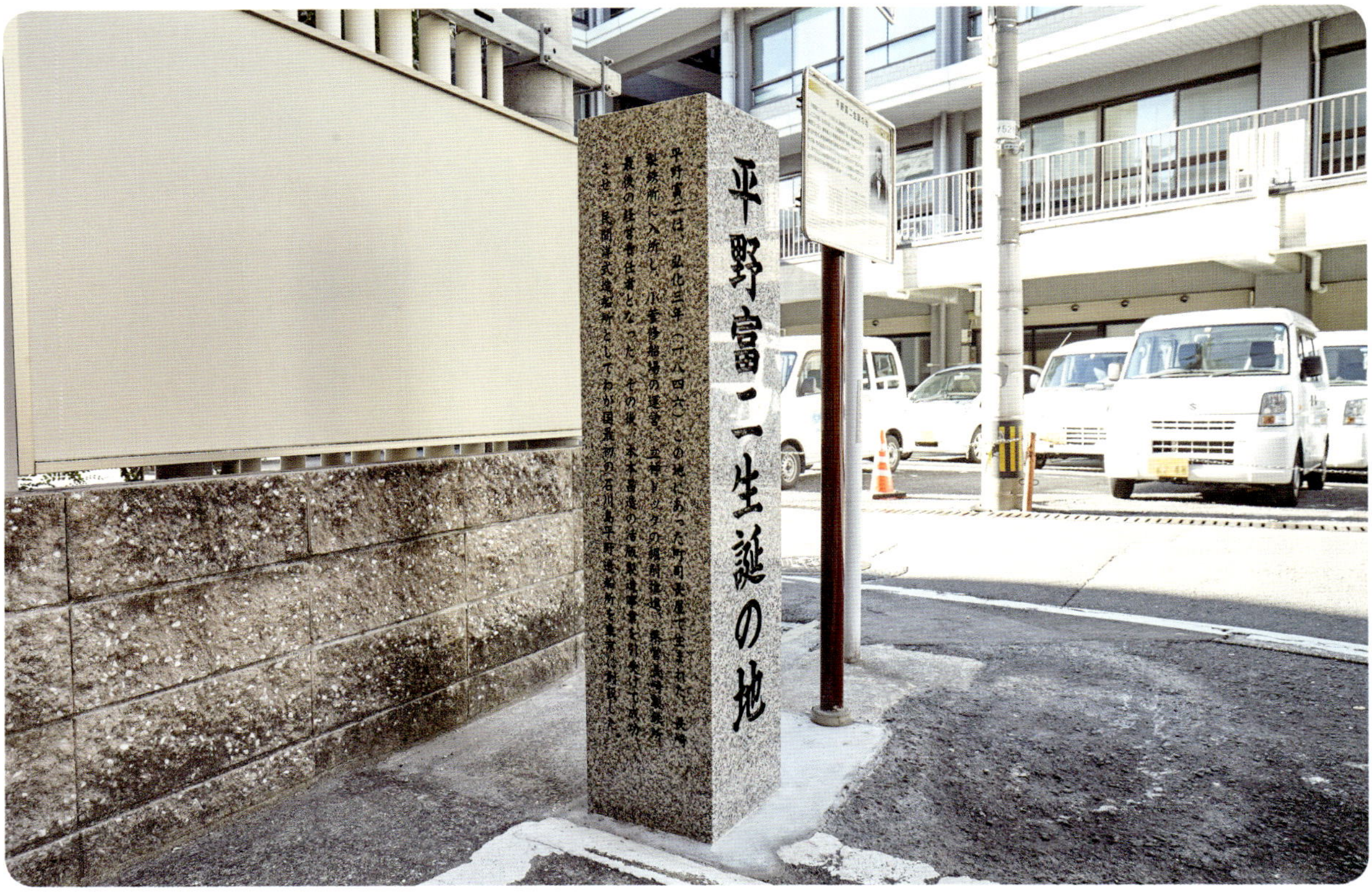
平野富二生誕の地

記念式典
平野富二
生誕の地 碑
除幕式
11月24日（土）
11時より開催
Hirano
平野富二生誕の地
平野富二生誕の地碑建立有志の会 二〇一八年建立

この先50m
直進右折は
できません。

富二生誕の地
長崎市長　田上富久殿

明治産業近代化のパイオニア
平野富二 生誕の地 碑建立 記念祭
2018年11月23日(金・祝)—25日(日)
Birthplace of Tomiji Hirano
会場：長崎県勤労福祉会館　主催：「平野富二 生誕の地」碑 建立 有志の会
記念講演

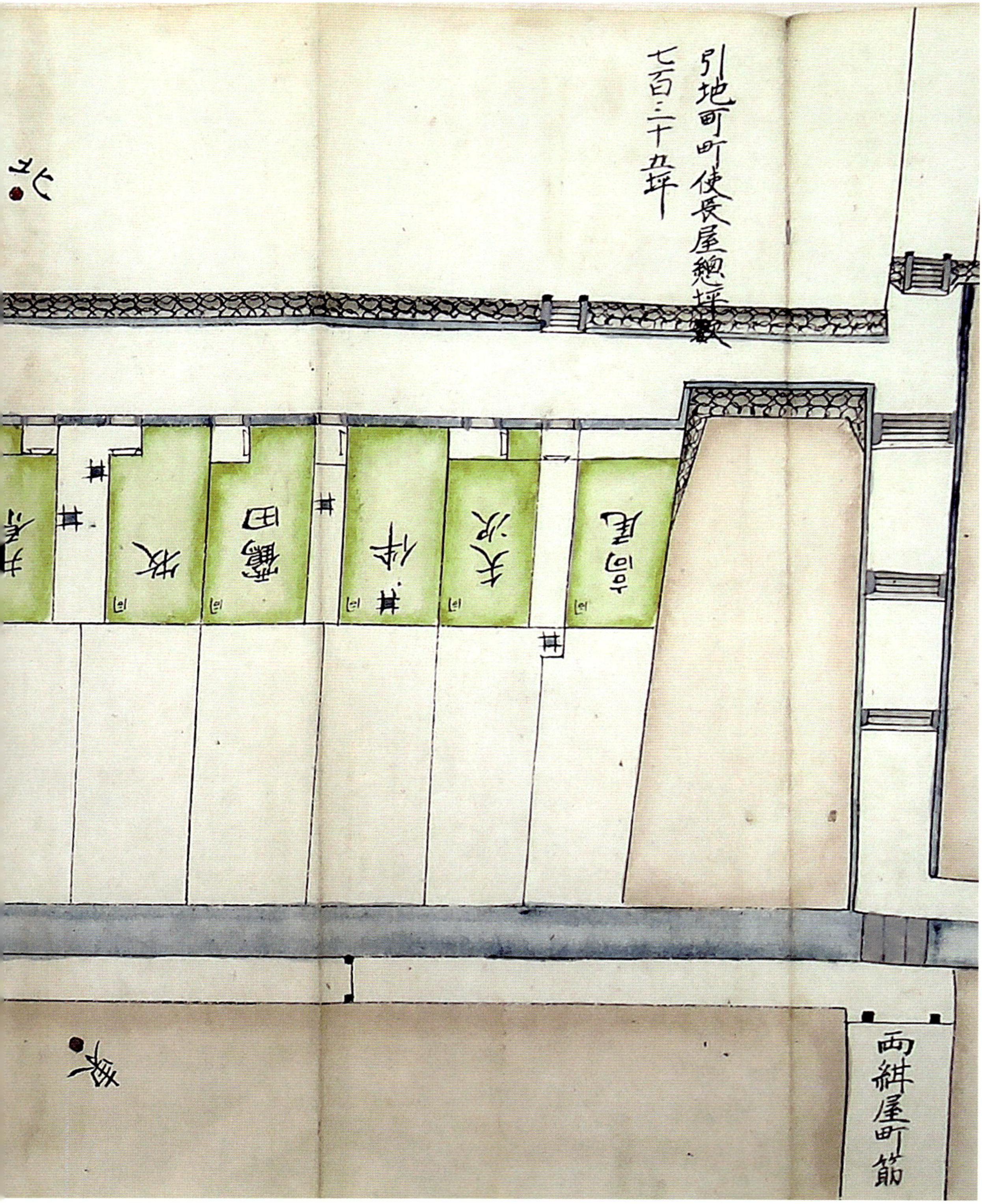

平野富二の生誕地〔矢次家〕が描かれている。

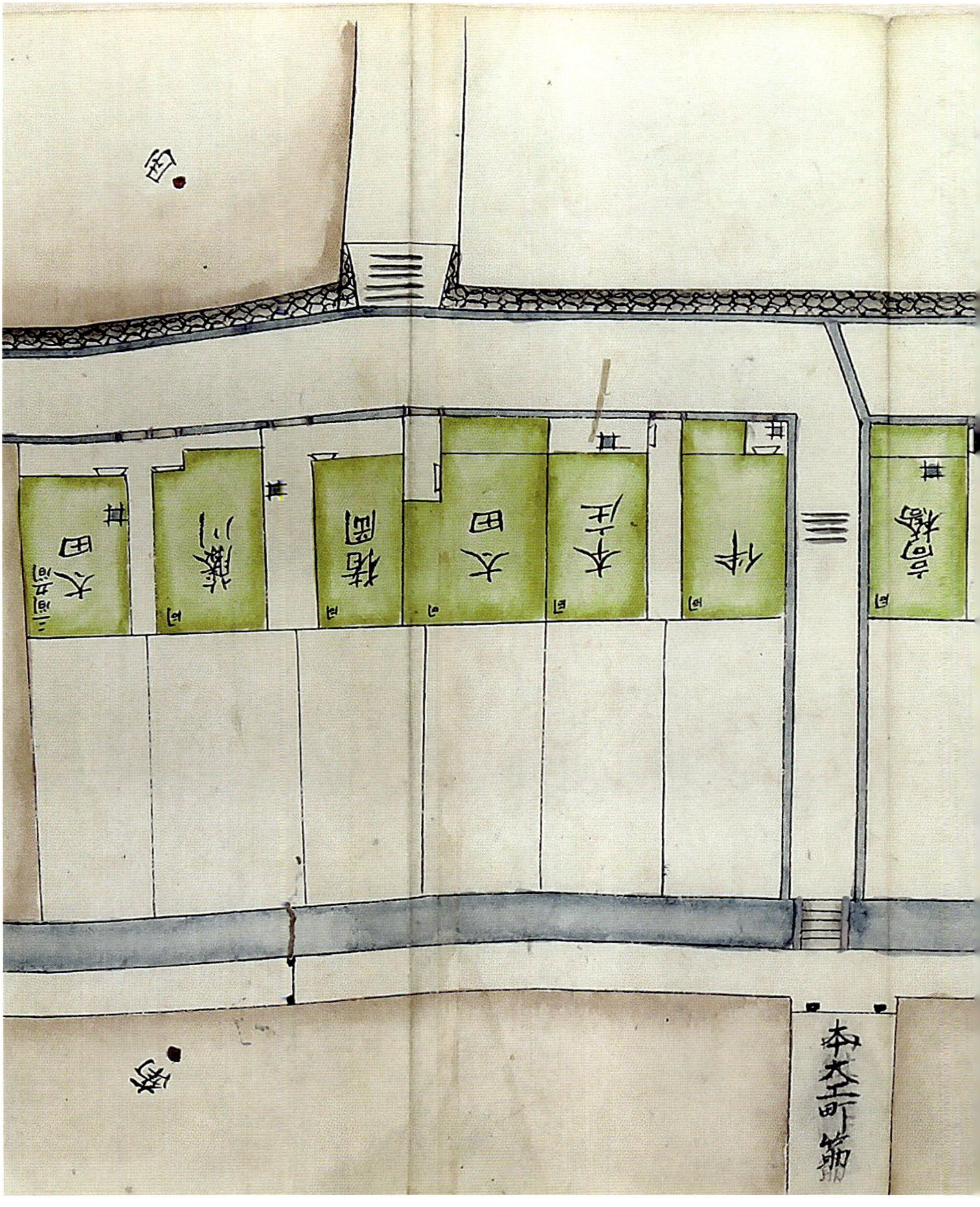

『長崎諸役所絵図　引地町町使長屋絵図』（国立公文書館所蔵）

長崎市によって設置された長崎さるくボード

発刊の辞

わが国産業近代化のパイオニアである平野富二の生誕地に記念碑を建立し、明治百五十年の記念すべき年に当たる二〇一八（平成三〇）年一一月二四日に除幕式をおこない、長崎市に寄贈することができました。

平野富二は、幕末の長崎に生まれました。長崎製鉄所の完成直後に抜擢されて機械技術者として育成され、本木昌造の下で蒸気船の機関手として経験を積みました。その知識と経験を基にして、のちに世界遺産となった小菅修船場の初代所長として活躍し、立神ドックの開削を建言して自ら工事を推進し、長崎県営時代の長崎製鉄所最後の経営責任者として、長崎の繁栄を図りました。

その後、本木昌造に招かれて活版製造事業に身を投じ、東京に進出、活版印刷の全国的な普及に貢献しました。かたわら、わが国最初の私設洋式造船所を東京石川島の地に設立して、造船・機械製造・構造物加工組立などの分野で明治前期の産業近代化に貢献しました。

二〇一六（平成二八）年のことになりますが、この年が平野富二生誕一七〇周年に当たることから、これを機会に平野富二の生家である矢次家のあった場所を調査しました。

その結果、古絵図の中からその場所を明記した資料が見出され、長崎の方々のご協力を得て、現在の長崎県勤労福祉会館（長崎市桜町九番六号）の建つ土地の一画であることが判明しました。

同年五月の連休を利用して朗文堂アダナ・プレス倶楽部（現サラマ・プレス倶楽部）の主催で「Viva la 活版　ばってん長崎」が長崎の長崎県印刷会館で開催され、本木昌造・平野富二ゆかりの地を巡る「崎陽探訪・活版さるく」に含めて、平野富二生誕の地を紹介しました。その内容は『タイポグラフィ学会誌09』に掲載されています。

そのような経緯があって、造船や印刷に関わりのある多くの方々から平野富二生誕の地に記念碑を建立する希望がよせられました。東京と長崎の発起人により計画がなされ、「平野富二生誕の地」碑　建立　有志の会が結成され、二〇一六年一二月『明治産業近代化のパイオニア「平野富二生誕の地」碑　建立　趣意書』を発行して賛同者を募った結果、企業・団体・個人の多くの方々に有志の会の会員となって頂き、資金面でのご協力を得ることができました。また平野家と矢次家のご理解とご協力も賜りました。

記念碑建立の土地は長崎市の所有地であることから、長崎市役所の関係者の方々にご検討を頂き、使用許可を頂きました。建立後の石碑は有志の会から長崎市に寄贈させて頂き、その傍らに長崎市により「さるくボード」説明板を設置して頂きました。

長崎の文化人であった西道仙は平野富二の七回忌に当たって撰文を寄せ「貧而不屈　富而不驕　興家報国　遺績昭昭」（貧しくとも屈折せず、富んでも驕慢とならず、家を興して国に報いた。遺された業績は明らかである）としています。また、十三回忌に建立された記念碑に寄せた当時の文部大臣榎本武揚は、「漸乎　鑿實幹心膂」（優れた工業人は実践の中で習熟し、その基幹を充実させることに心身を捧げ尽くした）の篆額を寄せています。

このように高く評価された平野富二の業績について、これまで長崎では、本木昌造の陰に隠れてほとんど知られていませんでしたが、ごく最近になって郷土の偉大な先人の一人として認識されるようになりました。

これを機会に、長崎の一般市民や長崎を訪れる多くの方々が、この記念碑により平野富二の遺徳を偲び、今後の指針として頂くことを念じております。

『平野号　平野富二生誕の地碑建立の記録』の刊行に当たり発刊の辞といたします。

二〇一九（令和元）年五月三〇日

「平野富二生誕の地」碑　建立　有志の会
代表　古谷昌二

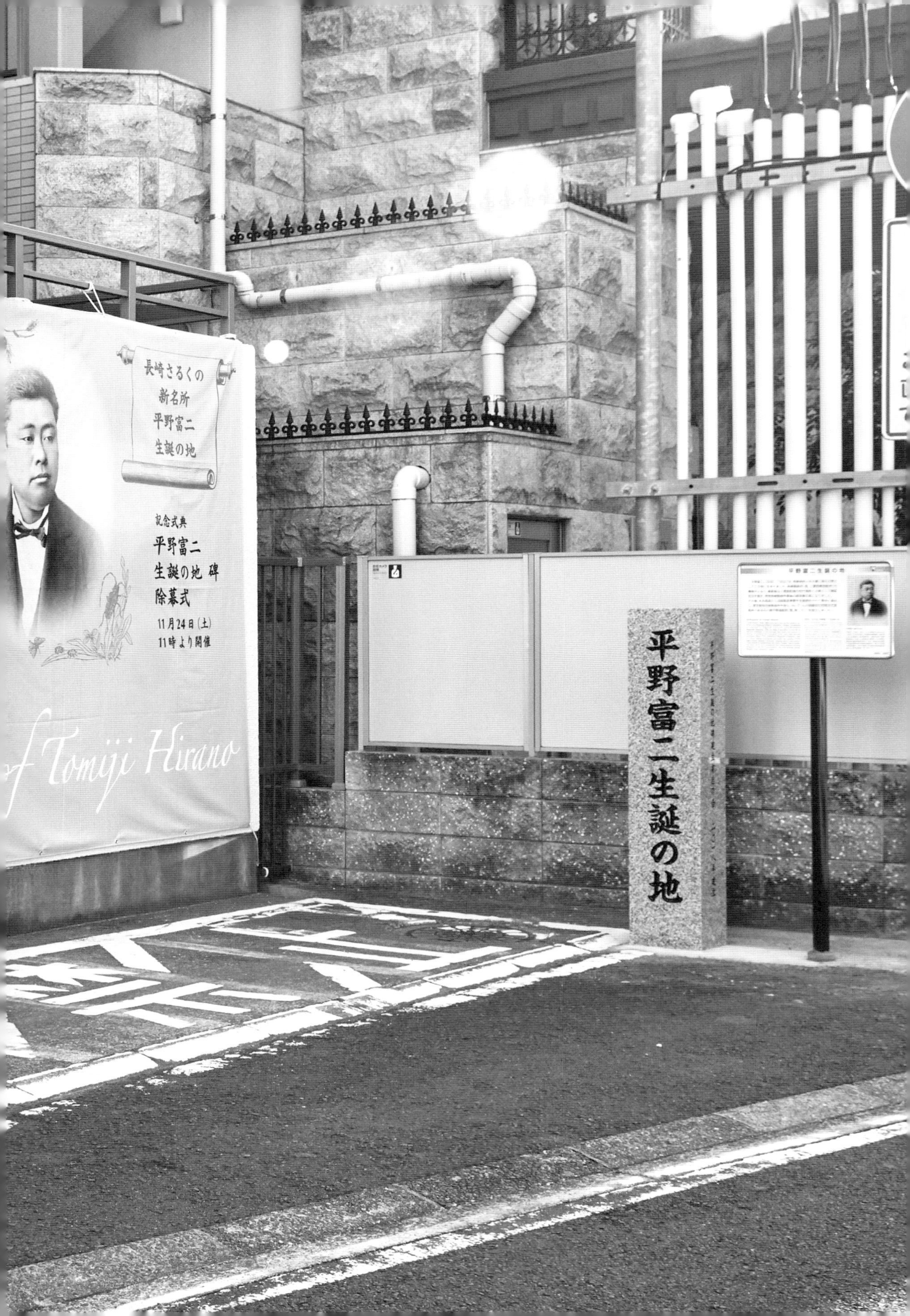
長崎さるくの
新名所
平野富二
生誕の地
記念式典
平野富二
生誕の地 碑
除幕式
11月24日(土)
11時より開催
平野富二生誕の地
平野富二生誕の地

明治産業近代化のパイオニア
平野富二　生誕の地　碑建立　記念
Birth
2018年11月23日（金・祝）―25日（日）
会　期：2018年11月23日（金・祝）―25日（日）
時　間：23日（金・祝）15:00―19:00／24日（土）10:00―19:00／25日（日）10:00―17:00
＊展示のほかに、講演会、活版ゼミナール、ミニ・活版さるくを開催いたします。
会　場：長崎県勤労福祉会館 4階（長崎県長崎市桜町9―6）　入場料：無料
主　催：「平野富二 生誕の地」碑 建立 有志の会

目次

記念式典

二〇一八〔平成三〇〕年一一月二三日〔金・祝〕―二五日〔日〕に、平野富二の生誕の地現地〔矢次家跡〕である現 長崎県勤労福祉会館にて、『明治産業近代化のパイオニア「平野富二生誕の地」碑 建立 記念祭』が開催された。〔碑についての詳細は三五七頁からの「建碑関連事項詳細」を参照〕

同記念祭では、平野富二を顕彰する『記念展示』や『記念講演』、活版印刷を実際に体験する『活版ゼミナール』、平野富二ゆかりの地を解説する『江戸・東京活版さるく 解説』、『崎陽探訪・活版さるく 解説』をおこなった。また実際に碑の周辺の平野富二ゆかりの地を巡る『ミニ・活版さるく』を一一月二五日〔日〕に開催した。

＊

一一月二四日〔土〕には、記念式典「平野富二生誕の地」碑 除幕式を長崎県勤労福祉会館一階の碑前にて、また祝賀会を長崎県勤労福祉会館四階にて挙行した。

記念式典当日の式次第、および来場者代表によるご祝辞を、当会にて編集したものをここに記録する。

「平野富二生誕の地」碑 建立 記念祭

記念式典

二〇一八年一一月二四日（土）

長崎県勤労福祉会館

平野富二生誕の地 現地（矢次家跡）

この先50m
直進·右折は
できません。

除幕式　記念撮影

除幕式　平野富二生誕の地碑前　一一時より

有志の会　古谷昌二代表よりご挨拶

除幕式

長崎市長　田上富久様　ご祝辞

贈呈式　古谷代表より長崎市長へ碑の贈呈

長崎歴史文化協会理事長　越中哲也様　ご祝辞

平野家　平野富二曾孫　平野義和様　ご祝辞

手締め

記念撮影

手締め（音頭　片塩二朗）

祝賀会　長崎県勤労福祉会館四階

長崎県印刷工業組合理事長　山口善生様　ご祝辞

株式会社ＩＨＩ九州支社長　吉原　毅様　ご祝辞

長崎史談会元会長、長崎都市経営研究所所長
宮川雅一様　ご祝辞と乾杯の音頭

〔お食事〕

タイポグラフィ学会会長　山本太郎様　ご祝辞

矢次家　矢次めぐみ様　ご祝辞

平野家　平野富二玄孫　平野正一様　ご祝辞

ご来賓の皆さまのご紹介〔司会／春田ゆかり〕

株式会社モリサワ相談役　森澤嘉昭様

尚古集成館前館長、株式会社島津興業常務取締役
田村省三様

三菱重工業株式会社　長崎造船所　史料館
稲岡裕子様

現地交渉担当　日本二十六聖人記念館
宮田和夫氏への謝辞

お食事の「吉宗（よっそう）」。慶応二年（一八六六年）、長崎市万屋町（現在は浜町）で、吉田宗吉信武が「吉宗」を屋号として、茶碗むし、蒸寿し専門の店として開業したのがはじまり。明治の写真家・上野彦馬も吉宗の正月風景の写真をのこした。

「平野富二生誕の地」碑 建立 有志の会

代表　古谷昌二

有志の会　古谷昌二代表よりご挨拶

「平野富二生誕の地」碑の除幕式に多くの方々のご参列を賜り、心から感謝いたします。

本碑建立有志の会を代表して、ひとことご挨拶申しあげます。

平野富二は幼名を矢次富次郎と称していました。

幕末に今の三菱重工業 長崎造船所の前身である「長崎製鉄所」でエンジニアとしての基礎教育を受け、明治になって「ソロバンドック」として名高い「小菅修船場」の初代所長として活躍しました。

また、長崎の繁栄策として大形船舶を修理できる「立神ドック」の開削を建言して、大規模土木工事を推進し、それによって失業対策にも貢献しました。

長崎製鉄所が長崎県から工部省に移管されたとき、平野富二は「長崎県営長崎製鉄所」最後の経営責任者として引渡しをおこない、長崎製鉄所を去りました。このとき数え年で二六でした。

その後は本木昌造の活字製造事業を引受けて成功し、さらに印刷機の国産化をおこない、わが国の活字版印刷技術の普及と向上に貢献しました。

そもそも、この石碑を建立するにいたった契機は、一昨年、平野富二の生誕一七〇周年に当たり、平野富二が引地町の町司長屋（ふるくは町使長屋とあらわされた）で生まれたことを手掛かりに、地元長崎の方々のご協力を得て、あらためて調査をかさねたことに起因します。その結果、この地を生誕の地として確定することができました。

そこで明治百五十年に当たる今年に、いわば「明治産業近代化のパイオニア」である平野富二を記念する石碑を、この生誕の地に建立することを企画し、企業・組合・学会・個人の方々からなる「平野富二生誕の地」碑　建立　有志の会を設立し、募金により石碑の建立が実現しました。

石碑建立に当たっては、長崎市のご理解とご協力により、適地に用地をご提供頂きました。また、長崎市民や観光客の理解を深めるために「さるくボード」を設置して頂きました。

この石碑は「平野富二生誕の地」碑　建立　有志の会から長崎市に寄贈し、末永く長崎市の発展のためにお役に立てて頂きたいと存じております。どうぞ宜しくお願い申しあげます。

長崎市長　田上《たうえ》富久様　ご祝辞

皆さん、おはようございます。平野富二先生、生誕の地の碑の建立おめでとうございます。

そしてこの碑を長崎市にご寄贈いただけるということで、心から感謝を申しあげます。

今年は明治維新からちょうど百五十年という記念の年、締めの年になります。当時の状況は、世の中がひっくり返るくらい大変な出来事が続いていた時代ですが、時代の変化に翻弄された皆さんがたくさんおられた中で、時代の変化をエネルギーにして、そこに自分の生きる道を見いだしたり、ビジネスチャンスをつくったり、そういった変化を積極的に取り入れて、自分の人生、自分の道を切り開いていった方たちもおられます。

長崎でいいますと、本木昌造先生はもちろんそうですし、上野彦馬先生もそうです。それから統計学の祖といわれる杉亨二先生などもそうだとおもいますが、そういう積極的に時代の変化を受け入れ、取り入れていった方のおひとりが、この平野富二先生であるとおもいます。

しかしながら、これまでは平野富二先生のお名前と業績は、ほとんどの長崎市民の方たちはよく知らないという状況にありました。今回この碑を有志の皆さんが浄財を募り、志を形にするかたちで「平野富二生誕の地」碑の建立をいただいたことは、この平野先生の存在とその功績を、のちの時代に伝えていくためには、とても大きな仕事をしていただいたとおもいます。

特に今の時代というのは、ある意味では明治維新と同じくらいに、あるいはそれ以上に

長崎市長　田上富久様

大きな変化をしている時代といえます。その変化の様相はずいぶん明治維新の頃とは違いますが、やはり大きな変化の時代といえます。

その変化をエネルギーにして、そして、その中で自分たちが生きていく道を切り開いていく。そういうお手本として、今の時期に「平野富二生誕の地」碑が建立されたことの意味は、とても大きいのではないかとおもいます。

この碑を建立することをおもい立ち、さまざまなかたちで協力をして、実現にこぎ付けられましたすべての関係者の皆さまに、心から敬意を表したいとおもいます。

そして、子どもたち、孫たちも、この碑を見て、こういうひとが長崎出身の方の中にいたということを、これからは知っていただけることになりました。この場所が長崎の歴史を伝える場所になっていけるかとおもいます。長崎市としてもしっかりと管理をさせていただきたいとおもいます。

あらためて、本日の「平野富二生誕の地」碑の建立を心からお祝い申しあげますと共に、この碑がこれからそういう役割をしっかり果たしていただくことを願いながら、皆さま方おひとりおひとりのご健勝とご活躍もあわせてご祈念申しあげまして、私からのお礼のご挨拶にさせていただきます。

本日は大変おめでとうございます。

長崎歴史文化協会理事長　越中哲也様

長崎歴史文化協会理事長　越中哲也様　ご祝辞

ご祝辞というほどのこともありませんけれども、ひとことご挨拶。

この平野富二っていう名前は長崎の歴史資料にはあまり出てこないのです。どうしてそんなことになったかといいますと、もともと長崎の印刷業のことが地元で知られるようになったのは、藤木喜平〔＊1〕さんがおられたのです。この方が一九一八（大正七）年に『長崎市史』をお作りになるとき、ご本人が印刷業者でもありましたから平野富二を加えたかったそうです。

その時の調査は古賀十二郎《じゅうじろう》先生〔＊2〕があたられました。

ところが当時の長崎の印刷関連資料からは平野という姓が出てこなかったんですよ。古賀先生がご存知の平野姓は、元オランダ通詞、元唐通事とありました。唐通事の名門で馮《ほう》六《ろく》を祖とする平野家の墓地が興福寺にありますが、どうもこれとは関連が無いとなったのですね。それで調査未了のまま長崎市史から洩れることになりました。

平野富二とは、矢次が本姓だったのはのちに知られました。古賀先生とお弟子さんだった渡辺庫輔《くらすけ》さんは、矢次家からどうして平野家にいったのかをお調べになり、記録も残されました。また長崎の印刷史には本木昌造の名前が出てきます。本木昌造はよく知られていますね。本木昌造の資料には平野富二とはとても仲がよかったと書いてあります。そういうひと、平野富二の名が、どうして、どこで洩れたのかということを、私が若い頃に調べたことございました。ここですよ、長崎町司の矢次家ですね。すぐそこが牢屋だったんですよ。道反対のそこが。

平野富二はこの矢次の家では次男でしたから、当時のならいとして別家平野家をたてたわけですね。また平野富二には後継ぎの男子がいなかった。これも当時としては不幸なことでした。長崎の資料では「長崎製鉄所」に関係していたこと、本木昌造の指示でよそにいったとかいろんなことが分かりましてね。これらはすべてあとからのことです。

長崎の印刷業とはわが国の原点です。ですから印刷を通じて新しいことをするのが長崎の印刷業の特色ではなかろうかとおもっております。そうおもうと、平野富二が近代活字製造、近代造船事業に挑んだということも納得できます。これ以上詳しいことは本で読んでくださいませ。失礼いたします。

＊1　大正―昭和時代の実業家。長崎高商・現 長崎大学卒、長崎の用紙商に勤務ののち印刷業・藤木博英社、浜屋百貨店を創立。長崎史談会会長として機関誌『長崎談叢』刊行。一八八九―一九八二。

＊2　長崎学の基礎を築いた郷土史研究家。東京外国語学校・現 東京外語大学卒。広島で英語教師を務めたのち帰崎。

一九一九年長崎市史編修事業に参加し「長崎史風俗編」を執筆。一八七九―一九五四。

越中哲也〔えっちゅう　てつや〕

大正一〇（一九二一）年、長崎市に光源寺の息子としてうまれる。龍谷大学文学部を卒業し復員後、長崎市立博物館に学芸員として勤務。昭和四九（一九七四）年、長崎市立博物館館長に就任。昭和五六（一九八一）年、長崎市立博物館館長を定年退職。昭和五七（一九八二）年、長崎歴史文化協会設立、理事長就任。昭和五八（一九八三）年、純心女子短期大学英米文化科教授となる。平成一〇（一九九八）年、純心大学長崎学研究所研究員となり、現在顧問。長崎地方文化歴史研究家であり『ながさきぶらぶら節』に出てくる長崎学の第一人者・古賀十二郎の孫弟子にあたる。長崎史や長崎を中心とした美術・工芸の研究と紹介に努めるかたわら、数多くの執筆活動や監修を手掛ける。長崎くんちや精霊流しの季節になると、解説者としてテレビに出演し、長崎の人びとに愛されている。著書に『長崎の西洋料理』（第一法規出版株式会社）、「写真集・長崎」（国書刊行会）ほか多数。

長崎歴史文化協会

昭和五七（一九八二）年五月、長崎における歴史文化を研究し、各文化団体とも連携の上、地域文化の発展に寄与することを目的として設立。関係図書資料を整備し、必要に応じて一般に公開し、長崎に関する歴史文化の調査研究に対し適切な助言・指導をおこなう。また、長崎に関する古文書・史料で未刊・未発表のもの、その他学術的に価値あるものについて整理し発刊をおこなっている。平成三一（二〇一九）年三月に同協会は幕を閉ざした。

平野家　平野富二曾孫　平野義和様

平野家　平野富二曾孫　平野義和様　ご祝辞

本日はお忙しいところ、このような盛大な除幕式を開催していただきましてありがとうございます。ただいま紹介いただきました平野富二の曽孫にあたる平野義和でございます。

いまから一七年前に、富二の生家である矢次家の墓跡や、富二の痕跡を探すために、息子の正一と晩秋の長崎の地を訪れたときには、ここに「平野富二生誕の地」碑を建立していただくことになろうとは、夢にもおもいませんでした。

あのときは、三菱重工業株式会社 長崎造船所 史料館で学芸員をされていた松本孝様から頂いた資料から、三宝寺のうしろ山の傾斜地（禅林寺とび地）を登り、すでに東京多磨霊園に移設されていた矢次家墓地の跡地を見つけました。

また偶然、今回もお世話になりました「小森石材店」様からの情報をもとに、富二の母・矢次美彌《みね》が建立した「平野富二碑」を、無縁となって積みかさねられていた石材の中から発見し、東京・谷中霊園の平野家墓地に移築しました。この時は二〇〇二（平成一四）年のことでしたが「平野富二没後百十年祭」としてご披露し、除幕式をさせていただきました。

あれから一六年、今度は長崎で祖先の生まれ育った地を調査いただき、その場所を特定していただきました。そしてこの場所に「平野富二生誕の地」碑を建てていただくことになりました。

この碑を建てていただくまでの間にも、ＩＨＩのＯＢ、高松昇様、古谷昌二様により富二に関わる本を出版していただきました。また、朗文堂やタイポグラフィ学会の皆さまの協力で展示会を開催していただきました。

平野家・家祖の富二は、寝食を忘れ、仕事一途に専念していたとされます。また、あくまでも現場主義を貫き、労働者と一緒に一食三銭の弁当を食べていたのが富二でした。そうした姿は当時でも、ほかの経営者とは違う姿勢だったかもしれません。

平野富二が亡くなって一三〇年近く経とうとしているいま、このように富二に光を当ててくださった皆様に感謝を申しあげ、お礼とさせていただきます。

平野富二碑

この碑は、若くして逝ったわが子平野富二を悼んで、母親の矢次美祢《やつぐみね》の発願により、当時長崎一の言論人とされた西道仙の撰、平野幾《き》み（碑文では次女喜美子）の書を得て、明治三一（一八九八）年初冬に長崎・禅林寺の矢次家塋域に建立された。自慢の息子を、自慢の父を、近親の女性が心をこめて祖廟に建立した清楚なものである。

その後長崎の『平野富二碑』の存在は、わずかな文書記録によって紹介されたばかりで長年忘却されてきた。また矢次家の墓地はすでに棄縁されているとの風聞もあった。それが平成一三（二〇〇一）年一一月二四日に平野義

平野富二碑（東京・谷中霊園）

和・正一父子の現地調査の結果、矢次家の墓苑は東京多磨霊園に移設されていたものの、この貴重な碑が発見された。そして平成一四（二〇〇二）年、「平野富二没後百十年記念祭」を機縁として、平野家墓苑（谷中霊園乙一一号一四側）に移築され、除幕・披露のはこびとなったものである。（資料：『平野富二没後百十年記念祭』平野家がある）

長崎県印刷工業組合理事長　山口善生様　ご祝辞

ご紹介いただきました長崎県印刷工業組合の山口善生《よしお》と申します。よろしくお願いいたします。

本日、「平野富二生誕の地」に碑の建立がなりました。今回の建立に際しまして「平野富二生誕の地」碑　建立　有志の会の皆さま、またご尽力いただきました皆さまに敬意を表したいとおもいます。

平野富二は長崎にうまれ、若年のうちから「長崎製鉄所」でエンジニアとしての基礎教育を受け、世界遺産の「小菅修船場」の初代所長として、またほかにも多方面で活躍をしております。ところが先ほど長崎市長も話されていましたが、なかなか長崎人として平野富二を知り得ているひとは少なかろうかとおもいます。私もそのうちのひとりですが、今

長崎県印刷工業組合理事長　山口善生様

回の機会を得まして少し平野富二の経歴をひも解きました。

富二は二七歳の折り大きな市場をもとめて、長崎活版製造所の社員八名を伴い、明治五年七月に東京神田和泉町に「長崎新塾出張活版製造所」の看板を掲げました。この会社はのちの東京築地活版製造所として東洋一の活字製造所となり、現在ではデジタル化されましたが、いまなお「築地体活字」として広く親しまれております。その翌年には、わが国初の国産鉄製活字版印刷機の製造販売もしております。

長崎の皆さんには、東京でどういうことを平野がしたのかということは、なかなか情報として入っていないとおもいますので、ほかにもいくつかエピソードを申しあげますと、明治に入って水道を設置するときに、水道管として採用するのにヨーロッパ製か日本製かで議論があったそうです。平野は国産の鉄管を使用しようと政府に働きを掛けるなど尽力して国内産業の発展に寄与しました。また東京で皆さんがご利用になる山の手線の一部の区間も、平野が建設に関わっていたことも知ることができました。

その中でもわれわれ長崎県印刷工業組合、また長崎の印刷人として特記すべきことは、平野が印刷に非常に関係が深かったことであります。

明治二年、本木昌造が「長崎製鉄所」を辞職し、本格的に「長崎新町活版所」「長崎活版製造所」を開設しましたが、まもなく事業が困窮を来すに至り、明治四年に「長崎県営長崎製鉄所」最後の経営責任者として「長崎製鉄所」を辞した平野を、活版製造事業の片腕ということで同社に招いています。そういう関係の中で生まれたのが本木昌造と平野富二のつくった近代鉛鋳造活字です。そしてこれをこの世にあまねく知らしめたことです。

江戸時代には手書きであった文書が、活字で印刷版を作った「活版印刷」を利用して、数多くの印刷物に仕上げることができるようになったことは長崎の誇りです。そしてその事業に加わった平野の働きがとても大きなものだったとおもいます。窮地にあった「長崎活版製造所」への入社直後から、労務管理、品質管理を厳格にし、無駄を省く経営方針を築き上げ、本木昌造の事業を継承・発展させたのが平野富二です。

それから長崎を離れ、東京で活字製造と印刷機器製造、各種印刷事業を展開し、明治一八年に有限責任東京築地活版製造所を設立し、社長に就任し、いろいろな活動をおこないました。残念ながら造船と重機械製造とは違って、この事業は平野の没後、関東大地震の影響もあって昭和一三年に清算解散されています。

現在は活版印刷を商いとしてやっていく事業所は少ない状況にありますが、近代印刷の基礎を築いたのは本木昌造とその一番弟子である平野富二です。これは長崎において今後大事にしていくものであるとおもいます。

今回の「平野富二生誕の地」碑の建立にあたりまして、私どもが本木昌造と並んで大切にすべき、継承していくべきものを作っていただいたという気持ちでおります。これが全国の皆さんのご好意でここまで至りましたことを肝に銘じて、われわれ長崎県の印刷業界のものとして、これを広く知らしめる働きに多少なりとも貢献できればとおもっております。本当にご苦労いただきました皆さまに敬意を表し、感謝を申しあげてご挨拶といたします。本日はありがとうございました。

長崎県印刷工業組合

昭和三一年二月一四日創立。印刷業に関する指導・情報収集等が事業の主目的であるが、我が国近代印刷の創始者である本木昌造の偉業を讃え、その遺徳を偲び永久につたえることを目的として、昭和六〇年七月に本木昌造顕彰会を組織して活動している。その活動の一つとして祥月命日である九月三日に毎年墓参法要をおこなっている。また、平成一一年から一五年にかけて諏訪神社に残されていた「種字」の調査・検討を契機として、「本木昌造・活字復元プロジェクト」（主唱：本木昌造顕彰会、株式会社モリサワ、印刷博物館）を発足し、本木昌造がおこなった蝋型電胎法による活字母型製作及び活字鋳造の工程を復元した。長崎県印刷会館にはその工程が展示されている。

株式会社ＩＨＩ九州支社長　吉原 毅様　ご祝辞

只今ご指名に預かりました、株式会社ＩＨＩ九州支社の吉原 毅《たけし》でございます。本日はお招き頂きまして、厚く御礼申しあげます。

本日は「平野富二生誕の地」碑の建立、まことにおめでとうございます。

私どもＩＨＩは、今年で創業から一六五年を迎えることができました。現在の民間企業の形となりましたのは、平野富二が明治政府から「石川島造船所」の払い下げを受け、一八七六（明治九）年に民間初の洋式造船所である「石川島平野造船所」を創設したことにはじまります。

幕末の混乱期に際して、平野富二は官営製鉄所での職にあって翻弄されたために、「何人にも制約を受けない造船所の創設」を志し、また「蒸気船の国産化」の必要性を強く感じていて、寝食を忘れて事業に心血を注いだと聞いております。

「石川島平野造船所」の創業時には、洋式船に不慣れな職人集団を先頭に立って指導し、開業三ヶ月で第一船を完成させました。そしてその船を顧客へ引き渡したあとも、自ら操船して運転指導をおこなったそうです。このような人材の育成と、お客さまへの真摯な心遣いは、今なお私たちの目指すべきところと存じております。

株式会社IHI九州支社長　吉原 毅様

当社は経営理念として「技術をもって社会の発展に貢献する」ことと、「人材こそが最大かつ唯一の財産である」という二つの理念を掲げております。日本の産業近代化のパイオニアであり、私たちの事業の「祖」である平野富二の意志を継いで、創設以来積み上げてきた技術と人材の力で、これからも社会の発展に貢献できるよう、努力を重ねて参りたいと存じます。

最後になりましたが、本日お越しの皆さまのご健康とご多幸、そして素晴らしい人材を生んだ長崎のますますのご発展を祈念しまして、ご挨拶とさせていただきます。ありがとうございました。

株式会社ＩＨＩ

一八五三年に徳川幕府の造船所として創業。平野富二が明治政府から払い下げを受けた一八七六年に民間初の洋式造船所である「石川島平野造船所」を創設。近年は総合重工メーカーとして、エネルギーシステム、各種プラント、物流システム、ジェットエンジン、宇宙開発など、事業を多岐に展開。二〇〇七年、より先進的なグローバルブランドへの成長を目指すため、社名を石川島播磨重工業株式会社から株式会社ＩＨＩに変更した。

長崎史談会元会長、長崎都市経営研究所所長　宮川雅一様

長崎史談会元会長、長崎都市経営研究所所長　宮川雅一様

ご祝辞と乾杯の音頭

ただ今ご紹介いただきました宮川雅一でございます。私は長崎の歴史というものは意外に短いものだとおもっております。つまりあまり長くない歴史ですけれども、そのすごく凝縮された長崎の歴史を極めて愛好する長崎市民のひとりでございます。

誠に僭越ではございますが、ご指名をいただきましたので乾杯の音頭を取ることをお許しいただきたいとおもいます。

乾杯に先立ち簡単にお礼を述べさせていただきます。朗文堂の片塩二朗様。終止表立つことなく、さまざまなお心配りをされて、本日このような晴天の日に、皆さんに喜んでいただく会を設けていただきましたことを、長崎市民のひとりとして厚く御礼を申しあげます。

この片塩様のご手配によりまして、古谷昌二様を代表とする「平野富二生誕の地」碑建立　有志の会ができまして、先ほど素晴らしい除幕式がおこなわれ、各位からのご挨拶をいただきました。これら有志の会の皆さま方に対しましても、長崎の一市民といたしまして、心から御礼を申しあげたいとおもう次第でございます。

きょうは平野富二様のご子孫の皆さま方も列席されておられます。このような平野家のますますのご繁栄のご様子を、おそらくご先祖さまは喜んでご覧になっておられることと存じます。そういう意味におきまして、まずもって平野家のますますのご発展を祈念させていただきます。

それでは平野富二先生の、本当に数々の、わが長崎に対するご貢献、さらにはそれを超えて日本に対するご貢献に心から御礼を申しあげ、平野家のますますのご繁栄を祈念いたしまして、皆さま方と共に杯を挙げたいとおもいます。

乾杯！

宮川雅一〔みやがわ　まさかず〕

昭和九（一九三四）年、長崎市の老舗の酒類・食料品店にうまれる。勝山国民学校・新制長崎中学校・長崎東高等学校卒。昭和三二（一九五七）年、東京大学法学部卒業後、自治庁（自治省を経て現 総務省）に入る。以来、自治省・大蔵省（現 財務省）・公営企業金融公庫（現 地方公共団体金融機構）・福岡・滋賀・愛媛・香川各県庁に勤務。昭和五四（一九七九）年、公益財団法人日本都市センター研究室長から長崎市助役に就任。昭和六一（一九八六）年、助役を退職し、長崎都市経営研究所を設立。

現在、長崎史談会会長を経て同理事、長崎釈尊鑽仰会会長、長崎近代化遺産研究会会長、唐寺研究会代表幹事、長崎聖福寺大雄宝殿修復協力会世話人代表、長崎ちびっ子くんち実行委員会会長、出雲大社長崎分院・松森《まつのもり》天

満宮・伊勢宮の各責任役員など。著書に「長崎散策」シリーズ、『宮川雅一の郷土史　岡目八目』、『長崎偉人伝　高島秋帆』ほか。

タイポグラフィ学会　会長　山本太郎様　ご祝辞

タイポグラフィ学会の山本です。タイポグラフィ学会は二〇〇五年に設立された、小さな研究学会ですが、一五年ほどの活動の歴史は大きな成果を重ねてまいりました。

ヨハネス・グーテンベルクが一四四〇年代に近代的な活字版印刷術を開発しました。その技術はひろく拡散され、連綿と受け継がれ発展し、また改良されて、現在のデジタル文字組版の技術に継承されています。その歴史を検証・研究する、あるいはその六五〇年を優に超える歴史の中で、各国で様々におこなわれてきた改良・改善・工夫なども研究対象としています。

その他にも活字版印刷術・タイポグラフィの成果として生み出されてきた、膨大な印刷物・書籍なども収集・研究にあたっております。すなわち、正確で、読みやすく、質の高い印刷物を作ろうという努力を重ねてきた先達に学び、それを現代のタイポグラフィに反

タイポグラフィ学会　会長　山本太郎様

映させようという目的でタイポグラフィ学会は設立されました。

したがいましてタイポグラフィ学会の会員は、クオリティーの高い印刷物を作るために、また、時代に適合したタイポグラフィのあり方を探り、実践するために、過去の蓄積を研究し、現代に活かそうと努力をしています。

さて「平野富二生誕の地」碑 建立 有志の会の方々におかれましては、長年にわたって長崎に端を発する近代産業——近代活字版印刷術と、造船・機械製造の開拓者の一人としての平野富二を中心テーマとされ、地道な調査・研究をされてまいりました。そして有志の会会員には、わがタイポグラフィ学会会員の方もおられます。その調査・研究の成果として、平野富二の生誕の地が歴史資料から発見されました。

さらにこの生誕の地に記念碑を建立することが企画されました。そのことにおおいに感銘を受けまして、タイポグラフィ学会としましても、これに賛同し協力をさせていただいております。

本日ここに、有志の会のかたがたの念願でありました碑がまさに建立されました。まことに喜ばしいことであり、また歴史的にも非常に重要な出来事と考えます。

有志の会の古谷昌二代表の著作『明治産業近代化のパイオニア　平野富二伝　考察と補遺』がございますが、それを抄訳したものの英訳版を作り、記念誌にも掲載したいということで、翻訳の作業に当たらせていただきました。また二〇〇二年のことでしたが「平野富二没後百十年祭」のときにも同じような翻訳作業をさせていただきました。あれからもう一六年も経過したのかとおもうと感慨がございます。展示室に英語版のテキストが印刷されて用意されております。外国のかたに平野富二の業績をお伝えしたいというときのお役にたてばと存じます。

英訳に際しては平野富二関連書籍を読むことになります。二回の翻訳だけでなくタイポグラフィ資料としても何回か読ませていただきましたが、第一に感銘したのが、平野富二は単に先見の明があったというだけではないことです。きわめて超人的な努力とバイタリティーによって、非常に広範囲にわたって、近代産業の基礎を築く重要な事業を手掛け、しかもそれを短期間のうちになし遂げたところに驚嘆いたしました。

平野富二が達成した多くの事業が、現在の私どもの社会を支える基礎となっていることを考えますと、本日の碑建立という喜ばしい事柄を契機として、私たち自身もまた、それぞれの仕事において、また研究において、さらに精進し、平野富二がかつて構想したような、あるべき未来を導くことができるよう、努力を継続しなければならないと考えます。

改めまして平野富二生誕の地碑の建立をお祝いしたいとおもいます。本日はまことにおめでとうございます。

タイポグラフィ学会

二〇〇五年八月、タイポグラフィという技芸に学問的な基盤を与え、その成果を実技・実践に生かし、有効で豊かな展開を通して社会に貢献することを目的として設立。

学会の活動は、右の目的の達成のためにタイポグラフィを専門的に研究発表する場、または真摯な議論と考察の結果を表明する場を設けて、広く深い認識を共有することに主眼がある。

矢次家《やつぐ》　矢次《やつぎ》めぐみ様　ご祝辞

このたびは皆さまのご尽力により素晴らしい碑が完成して、心からお祝い申しあげます。ご紹介にありましたように、私は矢次《やつぎ》めぐみと申します。(矢次家は現在は「やつぐ」から「やつぎ」に改称している)。平野富二さんの兄、矢次家《やつぐ》九代目を継いだ矢次和一郎(幼名重平のち温威とも)が高祖父、ひいひいおじいちゃんになるわけです。

私にも富二さんと同じ血が数滴混じっていますので、こんな高いところからお話しすることになって恐縮しているんですけれども……。朗文堂の片塩さんから「矢次さん、矢次家の長崎での場所が特定できました!」ってお知らせをいただいて、正直どんなお屋敷か

矢次家　矢次めぐみ様

なって思ったのですが、公開された古地図を拝見すると、わが家とそんなに変わらないかな……という短冊状の家がならび、この真ん中の家ですと教えていただきました。

のちに億万長者になる富二さんですが、それでもここで兄と遊んだり、けんかをしたりしながら、あまり広いとはいえない、ここの場所、ここの家で育ったとおもいますと、かえって親近感というか近しい気持ちが湧いてまいりました。

時々、こういう富二さんと矢次の家に関する新規の発見がありますと、古谷昌二さん、平野の正一さん、片塩さんから教えていただいております。私はまったくこういったことを調べたり、参加もせずに受け取るばかりなのです。

ＮＨＫの『ファミリー・ヒストリー』という番組があります。わが家ではその視聴者のような気分でご先祖様をみております。ですから次々と先祖のいろいろな事実が有志の方によってつまびらかにされることは、ありがたく、感謝の気持ちでいっぱいです。

ただ、なぜ私がここに居るのか、なぜご挨拶をしているのか、そう考えますと、皆さんの調べたものをもとに、たくさんの偶然と歴史のいたずらのようなものもありますし、富二さんだけではなく、先祖のひとりひとりが努力したという結果だとおもいます。ですから私に、これでいいのかな、もっと努力しなきゃいけないなって、その都度おもうわけです。

この活動も、先ほどから拝見しておりますと、どうやら次のステージ、より刺激的な舞台に移っているようにお見受けしております。これからは、ゆかりのひとばかりではなく、もしかしたら、まったく富二さんを知らない一般の方々に、もっともっと富二さんのことを知っていただく段階にきているのかなとおもいます。

この有志の会に、さらに大きな花が咲きますことを心から応援しております。どうもありがとうございました。

平野家　平野富二玄孫　平野正一様　ご祝辞

本日はお忙しいところ、たくさんの皆さまにご参加賜り、かくも盛大な祝賀会となりましたこと、感謝申し上げます。ただいま紹介いただきました、平野富二の玄孫《げんそん》にあたる平野正一です。

この「平野富二生誕の地」碑の建立にあたり、とりわけ長崎市、長崎県の皆さまをはじめ、現地長崎の方々にはご努力とご協力を頂いたと伺っております。

また費用の面でも、ＩＨＩをはじめとして、三菱重工業 長崎造船所、長崎県印刷工業組合、またひろく全国の関連企業の皆さま、個人の有志の方々からご寄付をいただきました。

平野家　平野富二玄孫　平野正一様

今回、長崎の地役人の町司長屋であった矢次家の跡地であり、また平野富二生誕の地であるこの場所において「平野富二生誕の地」記念碑を建てていただくことになりました。子孫のひとりとして心より感謝を申しあげます。

平野富二は江戸の末期、時代の最先端の文化と情報が集中していた長崎の地に生まれ、長崎の人々をはじめ、全国から留学・遊学してくるひとたちとも交流し、刺激を受けて成長しました。

本木昌造はもちろんのこと、坂本龍馬、山尾庸三、井上勝、大隈重信、大浦慶、池原香穉《かわか》、杉山徳三郎、中村六三郎など、有名無名に限らず、良き先輩と良き友人に恵まれ、それがのちの富二の大きな財産になりました。

そんな富二は、活字製造と印刷、造船と海運、土木、鉄道、鉱山など、様々な事業を短期間の内に展開して、四六年余りの短い人生を駆け抜けました。これは長崎時代の「小菅修船場」、「立神ドック」の開鑿《かいさく》などの経験が大きく活かされ、影響を及ぼしていたのではないかと推察します。

本年は明治百五十年にあたりますが、いま振り返れば、富二が活動した明治初期とは、まだ産業や工業も黎明期で、未熟で稚拙な時代だったかもしれません。そんな時代に、馬車馬のように昼夜分かたず働き、少しでも便利で、人々の役に立てるものを創ろうとして、日々考え、活動していた富二の息遣いにおもいを馳せる場所に、この記念碑がなることができれば幸いです。

最後に「平野富二生誕の地」碑の建立にお世話になったすべての方々に、改めて感謝を申しあげ、ご挨拶とさせていただきます。本日はありがとうございました。

ご来賓の皆さまのご紹介

〔司会／春田ゆかり〕

ひきつづきまして、ご参集いただきました方々をご紹介させていただきます。

まずは、ご遠方の大阪より株式会社モリサワ相談役、森澤嘉昭《よしあき》様にお越しいただいております。隣の展示室には長崎県印刷工業組合様のご協力によって、二〇世紀―二一世紀初頭に展開されました「本木昌造・活字復元プロジェクト」の成果品の金属活字を展示しておりますが、森澤嘉昭様はこのプロジェクトに多大な貢献をされた方でございます。

株式会社モリサワ相談役　森澤嘉昭様

大阪から参りました森澤嘉昭《よしあき》でございます。

私どもモリサワは文字の会社で、父・森澤信夫《のぶお》が写真植字機を発明し、特許取得からまもなく一〇〇年を迎えます。モリサワは写真植字法、写植活字から創業しましたが、写植活字は近年すっかりデジタル化されました。それでも文字というものがなくなる訳ではありません。モリサワの社是は「文字を通じて社会に貢献する」という会社でございます。

「本木昌造・活字復元プロジェクト」は五年ほどかかりましたが、本木昌造さんがのこされた活字を金属活字で復元しました。その復元活字で印刷した名刺をつくりました。だいぶ以前のことですが、長崎の印刷業界の若手のかたがたにご協力いただいて印刷しました。この貴重な活字で五〇枚くらい刷りましたでしょうか。先程、その最後の一枚を長崎市長にお渡ししましたら、市長が「これ、ええわ。作ってくれ」とご冗談をまじえながら、とても喜んでおられました。そんな状態の活字の名刺をお配りしているのが現状でございます。

森澤嘉昭でございます。どうぞよろしくお見知りおきを。

株式会社モリサワ相談役　森澤嘉昭様

株式会社モリサワ

ＩＴ革命が進む二一世紀を迎え、国際化を進める日本の社会の中で、情報流通を担う「文字」というメディアもまた、想像を超えた変貌を遂げようとしている。株式会社モリサワは一九二四年七月、森澤信夫が写真の原理で文字を現して組む方法を世界に先駆けて考案し、その発明模型を「邦文写真植字機」と名付けて特許を申請したことを端緒とする。この世界ではじめてという画期的な写真による文字＝写真植字を発明して以来、一貫して「文字の未来」をみつめて研究・開発を続けてきた。人類の貴重な財産である「文字」文化の発展に寄与するとともに、社会への貢献を果たしていくことがモリサワの創業以来変わらぬ熱い願いとされている。

森澤様、お言葉を頂戴いたしましてありがとうございました。

続きまして、鹿児島より、尚古集成館前館長、現 株式会社島津興業常務取締役の田村省三様にお越しいただいております。

明治二年に、本木昌造一門が薩摩藩より活字と活版印刷機を購入しています。また本木昌造が関与した大阪活版所は、大阪に先端技術を導入しようとした元薩摩藩士の五代友厚の出資と懇望を受けて、五代・本木の両氏によって設立されました。その間本木昌造は五代に借財があって、逝去後に平野富二がその返済に当たったといういきさつがございます。このように長崎と薩摩・鹿児島は、近代活版印刷の発展にまつわる深いつながりがございます。

尚古集成館前館長、株式会社島津興業常務取締役

田村省三様

尚古集成館前館長、株式会社島津興業常務取締役　田村省三様

田村でございます。挨拶は短くちょっとだけ。当社は現在ＩＨＩ様と一緒に仕事をさせていただいております。木質バイオマスの仕事をさせていただいており、尚古集成館長時代の活字研究とあわせ、なにかと平野富二さんが興された事業とご縁があるなと感じております。どうぞよろしくお願いいいたします。

尚古集成館

島津家の資料を収蔵展示する博物館として大正一二年に開館。株式会社島津興業が運営している。周辺の敷地は、幕末島津斉彬によって近代産業がおこされた工場群「集成館」跡で、昭和三四年国の史跡に、本館の建物（旧集成館機械工場）は、同三七年に重要文化財に指定された。また、隣接する旧島津家別邸「名勝仙巌園」の敷地と共に平成二七年「明治日本の産業革命遺産」の構成資産として、世界文化遺産に登録された。同館では幕末の版字彫刻士三代目木村嘉平による活字（重要文化財）も所蔵している。

株式会社島津興業

大正一一年、旧薩摩藩主島津家の家業の一部を株式会社化したことに始まる。現在、名勝仙巌園・尚古集成館の運営等の観光事業、ゴルフ事業、地域開発、山林業、薩摩切子製造等の事業を展開している。

続きまして、地元の長崎、三菱重工業株式会社 長崎造船所 史料館、稲岡裕子《ひろこ》様がご参集されております。ご紹介させていただきます。

三菱重工業株式会社 長崎造船所 史料館　稲岡裕子様

「ながせん」こと、わが三菱重工業株式会社 長崎造船所の関係者が私ひとりの参加で申し訳ございません。三菱重工業の本当のはじまりは本木昌造さんと平野富二さんでございます。本木昌造さん、平野富二さんというと印刷のひとかと思われがちですが、われわれにとっては近代重工場のはじまりの方で、とても先見の明がありまして大切な方だとおもっております。

船を造るためには修繕の所からはじまりますが、おふたりは長崎製鉄所時代からその大切さを説かれ、実践されていました。その後平野さんは東京に行かれて活字製造と印刷機器製造の東京築地活版製造所を興されましたが、やはり造船事業が忘れられなくて、IHIさんの最初の石川島造船所を当時の政府から拝借し、のちに買収されて石川島平野造船所を設立されました。これは造船界では民間で最初のことです。

ですから三菱「ながせん」は、「イシハリ」さん〔*1〕のうしろから追いかけているようなものですから、平野富二さんは本当にすばらしい方だとおもいます。ただ、それが長崎でなかなか知られていないことが残念でした。今回の碑の建立を契機として、平野さんとはどういうひとだろうと疑問に思った方に、地元長崎でもいろいろと活動していただけたらすばらしいなとおもいます。きょうは本当におめでとうございます。

＊1　明治九年平野富二により石川島平野造船所設立。明治四〇年唐端清太郎により播磨船渠《せんきょ》設立・のち播磨造船所と改称。この石川島造船所と播磨造船所が合併したため、造船界では愛着をこめてイシハリとする。

三菱重工業株式会社　長崎造船所　史料館

長崎造船所が日本の近代化に果たした役割を後世に残すことを目的として、一九八五（昭和六〇）年一〇月に開設。現在の史料館の赤煉瓦の建物は、一八九八（明治三一）年七月三菱合資会社三菱造船所の鋳物工場併設の「木型場」として建設されたもので、三菱重工業株式会社発祥の長崎造船所に現存する最も古い工場建屋であり、世界遺産「明治日本の産業革命遺産」（二〇一五年登録）の構成施設の一つとなっている。館内には、一八五七（安政四）年に長崎造船所前身の長崎溶鉄所建設が着手されたときから現在にいたるまでの九〇〇点にのぼる貴重な史料が展示され、長崎造船所の歴史的変遷を紹介している。

三菱重工業株式会社 長崎造船所 史料館

稲岡裕子様

ありがとうございました。今お話がありましたように、平野富二は明治二年に長崎製鉄所の小菅修船場の所長を務めまして、その後二五歳、数えで二六の若さで「長崎製鉄所」最後の経営責任者に昇進しました。現在も長崎造船所の第一船渠の通路側面に設置されている「立神ドック由来碑」には、平野富二が立神ドックの建設に功績があった記録が残されています。稲岡様ありがとうございました。

最後に、日本二十六聖人記念館の宮田和夫さんをご紹介させていただきます。

当会は、代表や事務局をはじめとして、長崎県外の在住者も多く在籍しております。

そのため宮田さんには、遠方の会員に代わって、たびかさなる現地交渉にお骨折りをいただき、大変お世話になりました。ここに重ねて御礼申しあげます。ありがとうございました。

宮田和夫氏

平野富二 略伝

現在、知られる限りもっともふるい平野富二像。推定、明治6年撮影。旅姿で、丁髷に大刀小刀を帯びた士装として撮影されている。（平野ホール所蔵）

平野富二 家族との写真。明治23（1890）年頃に撮影されたと見られる平野富二と二人の娘の写真が平野家に残されている。数少ない平野富二の写真の中で、家族と一緒に写した写真はこれが唯一と見られる。（平野ホール所蔵）

平野富二 略伝

長崎奉行所地役人で世襲の町司（ふるくは町使ともあらわされた）を勤める矢次豊三郎とみ祢の次男として長崎引地町で出生。幼名は富次郎。数え年三歳で父と死別。

一二歳のとき、兄和一郎の下で部屋住みの身であるにもかかわらず、特例を以て長崎奉行所隠密方御用所番に採用され、奉行所に出仕。

一八六一年四月（文久元年三月）、長崎製鉄所が落成。再度、特例を以て長崎製鉄所機関方見習となる。製鉄所御用掛となっていた本木昌造の下でオランダ人技術者から機械学を学び、エンジニアとしての基礎を築く。

その頃、長崎滞在のイギリス人A・W・ハンサードが英字新聞発行のため新聞印刷伝習を兼ねて若者を募集。それに応募した本木昌造一門に加わる。

二年間の見習期間を終えて、一八六三年三月（文久三年二月）、長崎製鉄所機関方に任命され、蒸気帆走輸送船「チャールズ」号（長崎丸）と「ヴィクトリア」号（長崎丸一番）の乗組員となる。

船長本木昌造の下、機関手として乗船することが多く、関門海峡経由で大坂・江戸を往復する中で、長州藩の攘夷運動や鹿児島砲撃後のイギリス艦隊の動向視察など、数々の歴史的場面に遭遇。

数え一八歳のとき縁あって長州藩蔵屋敷の家守吉村為之助の養子となり、吉村富次郎と改名。

一八六四年一二月（元治元年一一月）、本木昌造が船長を務める「ヴィクトリア」号で江戸から長崎への帰途、暴風雨で難破し八丈島に漂着。全員上陸後、「ヴィクトリア」号は沈没。一二月末（和暦一一月末）から翌年五月初旬（慶応元年四月中旬）まで、八丈島滞在を余儀なくされる。

一八六六年七月（慶応二年六月）、長崎港内巡視用軍艦「回天丸」の一等機関方に任命される。同年八月（和暦七月）、軍艦「回天丸」に乗艦し、第二次幕長戦争の小倉沖海戦で活躍。将軍徳川家茂の死去の報により、老中小笠原壱岐守を長崎から大坂まで送り、次いで、将軍の霊柩に随伴して江戸に向かう。

江戸に到着後、軍艦「回天丸」が江戸軍艦所所属となり、軍艦所一等機関手の内命を受けたが、すぐに内命取消となる。

内命取消の理由が、養子先の長州藩関与であることを察知し、養子縁組を解消。矢次家始祖の旧姓を継いで平野富次郎と改名。

一八六七年四月（慶応三年三月）、土佐藩参政後藤象二郎の招きで土佐藩の蒸気船器械方となる。長崎土佐商会を拠点として、土佐や兵庫を頻繁に往復。

同年八月（和暦七月）、長崎の花街でイギリス軍艦イカルス号の水夫二人の斬殺事件が発生。イカルス号事件と呼ばれる国際問題となり、坂本龍馬率いる海援隊員に嫌疑、富次郎乗船の土佐藩船が犯人逃亡幇助を疑われる。

九月中旬から一〇月初旬まで（和暦八月初めから九月半ばまで）の調査の間、行動を共にした坂本龍馬と徹夜で国の将来を語り合ったという。

一八六七年一月（慶応三年一二月）長崎駐在の土佐藩参政佐々木三四郎（高行）から辞令を受けて土佐藩を去る。

一八六八年二月（慶応四年一月）、長崎製鉄所機関手に復帰。幕府軍艦「朝陽」を兵庫まで回航するに当たり一等機関手として乗組み、大坂赴任の大隈八太郎（重信）の面識を得る。

新政府直轄の長崎府による経営となった長崎製鉄所の新組織で、頭取本木昌造の下、機関方として製鉄所職員に登用され、一八六九年一月（明治元年一二月）、第一等機関方となる。

同年四月（明治二年三月）、イギリス商人トーマス・グラバーから買取った小菅修船場の技術担当所長に任命される。その結果、船舶の新造・修理設備がなく経営に行き詰まっていた長崎製鉄所に大きな収益をもたらす。さらに、立神ドックの築造を建言してドック取建掛に任命され、大規模土木工事を推進、多くの人夫を雇うことによって長崎市中に溢れる失業者の救済にも貢献。

その間、元締役助、元締役へと長崎製鉄所の役職昇進を果たし、一八七〇年一二月（明治三年閏一〇月）、長崎県の官位である権大属に任命され、長崎製鉄所の事実上の経営責任者となる。その時、数えで二五歳。

折しも長崎製鉄所が長崎県から工部省に移管されることになり、工部権大丞山尾庸三が経営移管準備として長崎を訪れ、帳簿調査などで誠実な対応振りを高く評価される。

長崎製鉄所の工部省移管により、一八七一年五月（明治四年三月）、長崎製鉄所を退職。造船事業こそ自分の進むべき道と心に決めていたことから、工事途中の立神ドック完成とその後の運営を願い出るが果たせなかった。

一八七一年八月（明治四年七月）、活版事業で窮地に追い込まれていた本木昌造から活版製造部門の経営を委嘱され、経営方針の見直しと生産体制の抜本改革を断行、短期間で成果を出す。需要調査のため上京、活字販売の見通しを得る。

一八七二（明治五）年二月になって、安田古まと結婚し、新居を長崎外浦町に求める。近代戸籍の編成に際して平野富二と改名して届出。

同年八月（和暦七月）、新妻と従業員八人を引き連れ、東京神田和泉町に活版製造所を開設、「長崎新塾出張活版製造所」とする。活字販売と共に活版印刷機の国産化を果たし、木版印刷が大勢を占める中、苦労しながら活版印刷の普及に努める。

政府、府県の布告類や新聞の活版印刷採用によって活字の需要が急速に伸張したため、一八七三（明治六）年七月、東京築地に移転。翌年、鉄工部を設けて活版印刷機の本格的製造を開始。平野活版製造所または東京築地活版製造所と称する。

事業主である本木昌造が、一八七五（明治八）年九月三日、長崎で病死。大阪活版所設立のために五代友厚から融資を受けた負債を肩代わりして月賦弁済する。

一八七八（明治一一）年九月、本木昌造没後三年祭を長崎で挙行。東京の事業を本木家に返還、嫡子本木小太郎を所長とし、その後見人となる。

一八八五（明治一八）年六月、有限責任株式組織化に当たり社長に選任される。一八八九（明治二二）年六月、社長を辞任。以後、活版事業から一応手を引く。

その間、活字見本帳の発行、フィラデルフィア万国博覧会（一八七六年）と内国勧業博覧会（一八七七年・一八八一年）への出品、上海出張所修文館の設立（一八八三年）、福沢諭吉の要請で李朝朝鮮国にハングル活字と印刷機の納入（一八八三年）、ロンドン万国発明品博覧会に出品（一八八六年）、清国での活版需要調査（一八八九年）など、内外での販路拡大に力を入れる。

活版製造事業と並行して、一八七六（明治九）年五月、長崎製鉄所時代の同僚杉山徳三郎が横浜製鉄所を借用して機械製造事業を開始したことから、経営陣に参加して活版印刷機を製造。山尾庸三の要請でイギリス人技師アーチボルド・キングを迎え、職工頭とする。

同年一〇月三〇日、海軍省から石川島修船場の跡地を借用して、石川島平野造船所（現 株式会社ＩＨＩ）を設立。民間洋式造船所の嚆矢となる。直ちに東京築地活版製造所の鉄工部を石川島に移転し、印刷機を含む機械製造を開始。河川用低喫水式小形蒸気船を開発して内国通運会社向けに通運丸シリーズを連続建造。東京で唯一のドックを活用して洋式船舶の修理をおこなう。

多額の投下資本と運営資金を必要とする造船事業で、薩長閥と政商とは一線を画す立場をとったことから、絶えず資金不足に悩む中、第一国立銀行の渋沢栄一と第十八国立銀行（長崎）

の松田源五郎から支援を受けて苦境を乗り越えてきたが、一八八九（明治二二）年一月、個人会社を改め、有限責任東京石川島造船所とし、渋沢栄一、梅浦精一を委員に迎え、常任委員となる。沿海運航用小形蒸気船通快丸シリーズを建造し、協力者稲木嘉助と共に東京湾内の海運業に進出。

一八七九（明治一二）年一二月、横須賀海軍造船所から横浜製鉄所を借用し、石川島造船所の分工場とする。一八八四（明治一七）年、横浜の建物・器械類を石川島に移設。翌年、払下げを受ける。

一八八五（明治一八）年三月、海軍省から一等砲艦「鳥海」を受注。一八八八（明治二一）年一二月、公式試運転を終えて海軍省に引渡す。わが国民間造船所で建造した最初の軍艦となる。かたわら、函館の渡辺熊四郎の要請に応じて函館器械製造所（現 函館どっく株式会社）の設立に協力。新潟の荒川太二と共同で運輸会社を設立。

造船事業と並行して各種陸上設備を手掛け、隅田川最初の鉄製橋「吾妻橋」の架設、わが国最初の電動式エレベーターを浅草凌雲閣に設置、わが国最初の商業用水力発電所である京都蹴上発電所にペルトン水車を納入など、時代の先端を行く製品を次々と世に送り出す。

フランスのドコビール社と契約して組立式軽便鉄軌と車両類の輸入販売をおこない、その応用事例を示すため現在の山手線大崎・渋谷間の土木工事を請負う。その結果、鹿島組、足尾銅山に納入。平野土木組を設立して、日本鉄道会社東北線各所の土木工事を請負う。その他、横浜創設水道設備の水道鉄管等運搬請負、横須賀海軍工廠の各種土木工事請負、碓井馬車鉄道の鉄軌・車両の納入など、多くの実績を残す。

若い頃から持病を抱えていたが、一八八六年（明治一九）年五月から、再三にわたり脳溢血を発症。酒類を断って静養に努め、事業整理と株式組織化を計る。しかし、人に頼まれれば次々と新事業に手を出し、余暇を楽しむことはなかった。

一八八九（明治二二）年に東京湾内を運行する各社が合同して東京湾汽船会社（現 東海汽船株式会社）を設立し、取締役に就任。

一八九二（明治二五）年一二月二日、日本橋小舟町の会場で水道鉄管国産化について演説中に卒倒し、翌日、脳溢血で死去。満四六歳二月であった。東京谷中墓地に埋葬される。

葬儀は親戚惣代として同郷の中村六三郎（国立東京商船学校、現 東京海洋大学の校長）が勤めた。遺族は妻古《こ》ま、二女津類《つる》、三女幾《き》み。長女古とは夭逝、二女津類が相続。法学者・社会運動家で、戦後の世界平和に尽力した平野義太郎（一八九七月三月五日―一九八〇月二月八日）は嫡孫に当たる。

東京谷中霊園の平野家墓所に「平野富二碑」（撰文は西道仙、書は三女幾み）、同管理事務所横に「平野富二君碑」（篆額は榎本武揚、撰文と書は福地桜痴）、東京築地のコンワビルの敷地に「活字発祥の碑」がある。

二〇一六（平成二八）年一二月、「長崎諸役所絵図」（国立公文書館所蔵）から引地町町使長屋

の旧在地が判明し、平野富二の生家の場所が特定された。「平野富二生誕の地」碑　建立　有志の会が結成され、二〇一八（平成三〇）年一一月「長崎県勤労福祉会館」（長崎市桜町九番六号地先の歩道脇）に「平野富二生誕の地」碑が建立・除幕されて長崎市に寄贈された。

参考文献

・「長崎新塾活版所東京出店ノ顛末幷ニ継業者平野富二氏行状」東京築地活版製造所　初稿　明治二四年三月
・「平野富二君ノ履歴」『印刷雑誌』第一巻　第四号―第六号　秀英舎　明治二四年五月―七月
・『東京石川島造船所五十年史』新井源水著　東京石川島造船所　昭和五年一二月
・『本木昌造・平野富二詳伝』三谷幸吉編　詳伝頒布刊行会　昭和八年四月　非売品
・「石川島物語」、島森銀次郎著　『石川島技報』第三巻第八号―第五巻第一五号　昭和一五年―昭和一七年
・「富二奔る―近代日本を創ったひと・平野富二」『Vignette』08　片塩二朗著　朗文堂　二〇〇二年一二月
・『活版印刷発達史―東京築地活版製造所の果たした役割―』板倉雅宣著　印刷朝陽会　二〇〇六年一〇月
・『石川島造船所創業者　平野富二の生涯』上下巻　高松昇著　株式会社ＩＨＩ　二〇〇九年八月　非売品
・『明治産業近代化のパイオニア　平野富二伝　考察と補遺』古谷昌二編著　朗文堂　二〇一三年一一月

原案作成

古谷昌二（二〇一七年四月三日）

次頁からの文章は、「平野富二　略伝」を英訳したものである。

It is believed to be a portrait photograph
shot at the Ministry of Finance's Printing Bureau,
according to the information seen
on the photograph.

The Personal History of

Tomiji Hirano

Shoji Furuya

The Association for Building
a Monument at the Birthplace of
Tomiji Hirano

2018

INTRODUCTION

Tomiji Hirano was a Japanese industrialist who lived during the Meiji Era (1868–1912). He was born on October 4, 1846, and died on December 3, 1892. He was the last CEO of Nagasaki Ironworks (currently the Nagasaki Shipyard of Mitsubishi Heavy Industries Group), and the founder of Ishikawajima Hirano Shipyard (currently IHI Corporation). He was also a founding board committee member of Tokyo Bay Steamship (currently Tokai Kisen Co.), and also served as a member of the Board of Directors of the company. He formed the Tokyo Tsukiji Type Foundry, and made great contributions to the dissemination of the art of typography and letterpress printing during the Meiji Era in Japan. The type foundry continued its business until it was dissolved on March 17, 1938. Tomiji Hirano was one of the most eminent pioneers in the modernization of Japan's industries.

4

＊一部白地頁は省略した。

BIOGRAPHY

TOMIJI HIRANO was born in the town of Hikiji-machi, Nagasaki, as the second son of his father and mother, Toyosaburo and Mine Yatsugi. His father was an officer at the Nagasaki Magistrate's Office, as well as an officer at its local office in the town where the family was living by succession. His childhood name was Tomijiro. His father passed away when he was two years old.

Although he was still dependent on his elder brother, Waichiro, he was allowed to start to serve the Nagasaki Magistrate's office as an intelligence staff member when he was only eleven years old.

In April of 1861, Nagasaki Ironworks started its operation. Again, it was exceptional that Tomiji Hirano was assigned as an apprentice engineer. Under the supervision of Shozo Motogi, he learned mechanical engineering from Dutch engineers, and trained to become a skilled engineer.

He became a member of the team of young men organized by Shozo Motogi. Motogi had applied for a position to learn printing system at a printing house established for an English newspaper to be published by A.W. Hansard, an Englishman, and Motogi invited some young men, including Hirano.

After the two-year apprenticeship, Hirano was appointed to Engineer of Nagasaki Ironworks, and became one of the crew members of the steam transport ships Charles (Nagasaki-maru) and Victoria (Nagasaki-maru No. 1). He often got on board as an engineer under Captain Motogi. The ship repeatedly went

＊この英語文書は、催事配布用に左びらきの単独の冊子として製作されたものを、本誌掲載にあたり右びらきに再録したものである。

to Edo and Osaka through the Kanmon Straits, and he encountered various incidents including military activities in support of the anti-foreign movement by the Choshu Domain. He once had a task of observing the activities of a British fleet after its bombardment onto a battery owned by the Satsuma Domain in Kagoshima.

When he was seventeen years old, he was adopted by Shonosuke Yoshimura, the property administrator of the Choshu Domain Estate through a coincidental connection, and he was renamed Tomiji Yoshimura.

In December of 1864, when the Victoria was on her way home back from Edo to Nagasaki, her captain was Motogi, but the ship was wrecked by a storm, and cast ashore on Hachijojima island. After all the crew landed, the ship sank, and they had to stay there from late December to early May of the following year.

In July of 1866, he was appointed to Senior Engineer of the naval patrol warship Kaiten.

In August of 1866, he boarded the Kaiten, and served in a seabattle off the coast of Kokura during the Second Baku-Cho War between the Choshu Domain and the Shogunate. Having received the news that Shogun Iemochi Tokugawa died, he sailed Ikinokami Ogasawara, a member of the shogun's Council of Elders, from Nagasaki to Osaka, then he commandeered the Kaiten for Edo, keeping following the boat carrying the remains of the late Iemochi Tokugawa.

After the Kaiten returned to Edo, the ship became under the jurisdiction of the Warship Institute of the Shogunate, and he was informed unofficial instructions as the Senior Engineer of the Warship Institute, but the information was soon withdrawn,

because of the fact that his adoptive family had relations with the Choshu Domain conflicting with the Shogunate. He dissolved the adoption and returned to his original family name, Tomijiro Hirano.

In April of 1867, invited by Shojiro Goto, Chief Retainer of the Tosa Domain, he was appointed to Senior Engineer of the Tosa Domain. Although he was based in Tosa Trading Company in Nagasaki, which was the center of trading activities with foreign countries carried out by the Tosa Domain, he frequently needed to come and go between Tosa, Hyogo and Nagasaki.

In August, an incident where two mariners of the British Royal Navy warship Icarus were slain with a sword occurred on a street of brothels in Nagasaki. It became known as the Icarus Incident, and was a serious diplomatic issue. Members of Kaientai, a trading group led by Ryoma Sakamoto, were suspected to be the offenders. The boat that Hirano went aboard was also suspected to have been used to help the offenders flee.

It is said that from mid September to early October, Hirano spent his time with Ryoma Sakamoto, and they often discussed the future of Japan all night long.

In January of 1868, he received a transfer order from Sanshiro (Takayuki) Sasaki, Chief Retainer of the Tosa Domain, and he left the Tosa Domain.

In February of 1867, he resumed serving Nagasaki Ironworks as an engineer. On returning the Shogunate's warship Choyo to Hyogo, he went aboard the ship as Senior Engineer, and met Hachitaro (Shigenobu) Okuma who was assigned a post in Osaka. Nagasaki Ironworks was reorganized, and started to be run by the local government of the Nagasaki Prefecture under the

direct control of the new Japanese government after the Meiji Restoration. He became a member of the new organization of the ironworks, and was appointed as an engineer under the supervision by Motogi, President of the ironworks.

In April, he was appointed to Chief Technical Director of the Kosuge Ship-dock which was acquired from Thomas Blake Glover, a British merchant. He contributed largely to the growth of profit and revenue of the ship-dock. Also, he proposed to build a new dry dock in the Tategami area, and was appointed to Dock Construction Manager, and proceeded with the engineering and construction work of the dock. The construction needed hiring of many workers, and this helped in reducing unemployment in the Nagasaki region.

He was promoted to Assistant Executive Director, then to Executive Director of Nagasaki Ironworks.

In December of 1870, he was granted the title of Gondaizoku as an official of the local government of Nagasaki. This meant that he took all the responsibility for the management of Nagasaki Ironworks. At the time, he was 25 years old. It was decided that Nagasaki Ironworks would be transferred to the Ministry of Engineering, and Yozo Yamao, a superior official with the title of Gondaijo, visited Nagasaki to prepare the transfer of the management of the ironworks. Hirano assisted Yamao in proceeding with the preparatory work including examination of account books of the ironworks. His reliable assistance was highly evaluated.

Due to the transfer of Nagasaki Ironworks, he left the ironworks. As he believed that he should continue to work in the field of shipbuilding, he requested to be assigned to the task of

managing the construction of the Tategami Dockyard which was still under suspension, toward its completion, but his request was declined.

Shozo Motogi's type founding business was falling into a difficult situation. Motogi asked Hirano to be involved in the management of Motogi's type foundry. Hirano agreed and defined a new strategy for the type founding system, and resolutely proceeded with reforms of the production processes, and achieved success in a short period of time. He went to Tokyo in order to investigate the needs for printing metal type. There, he had a good future outlook of the sales of printing type.

In February of 1872, he married Koma Yasuda, and started to live in the town of Hokaura-machi of Nagasaki. As the Family Registry procedure was reformed and modernized by the new Meiji government, he renamed himself as Tomiji Hirano, and registered the name.

In August, he opened and started to manage a branch of the type foundry owned by Motogi at Izumicho, Kanda, Tokyo. He moved to the area with his wife and eight employees. The branch was named as Nagasaki Shinjuku Shutchou, and he made efforts in the sales of printing type, and also succeeded in producing a letterpress printing machine for the first time in Japan. In those days, wood block printing was still the most widely accepted method of printing in Japan, but he contributed greatly to the dissemination of the letterpress printing method, although he needed to overcome a lot of difficuties and obstacles.

In July of 1873, as various proclamations by local governments needed to be printed, and newspaper printing required the constant supply of a large amount of printing type, the growth of

the demands for type was rapidly accelerating. So, he decided to move the foundry to Tsukiji, Tokyo. The next year, he formed an ironwork division in the foundry, and started to manufacture letterpress printing machines on a large scale. The foundry started to be known as Hirano Type Foundry or Tsukiji Type Foundry.

On September 3, 1875, Motogi, the owner of the foundry, passed away of illness in Nagasaki. Hirano shouldered a loan of money that Motogi had gotten from Tomoatsu Godai, a political merchant in the early Meiji Era, and cleared the debt in monthly installments. Motogi had needed the money to build his Osaka Type Foundry.

In May of 1876, Tokusaburo Sugiyama, who used to be a colleague of Hirano's at Nagasaki Ironworks, leased Yokohama Ironworks and started a machine manufacturing business, and Hirano decided to join the business to manufacture letterpress printing machines. At the request of Yozo Yamao, a government official of the Ministry of Engineering, he hired Archibald King, a British engineer, as the leader of the workmen at the factory.

On October 30, he leased Ishikawajima Dockyard in Tsukuda, Tokyo from the Ministry of the Navy, and established Ishikawajima Hirano Shipyard (currently IHI Corporation). It was the first private shipyard that could build Western-style boats and ships in Japan. He moved the ironwork section of the Tsukiji Type Foundry to Ishikawajima, and started to produce machines including letterpress printing machines. He built a series of small paddle steamers with shallow drafts, and named them Tsuun-maru. Western style boats were also repaired at the dock, which was the only dock in Tokyo.

He took various mesasures to expand the sales channels of type products: he published type specimens, participated in the Philadelphia International Exposition in 1876, the Domestic Expositions in 1877 and 1881, founded the Shanghai Branch "Shubunkan" in 1883, exported a printing machine with Hangul character type to the Yi Dynasty in Korea at the request of Yukichi Fukuzawa in 1883, participated in the International Inventions Exhibition in London in 1885, and investigated the letterpress printing needs in Qing Dynasty China in 1889.

In September of 1878, a ceremony to commemorate the third anniversary of Shozo Motogi's passing was held in Nagasaki. Hirano returned the ownership of the business in Tokyo to the Motogi family, and appointed Kotaro Motogi, a Motogi family heir, as General Manager of the foundry in Tokyo, and Hirano became Kotaro Motogi's guardian.

In December of 1879, he leased the plant and facilities of Yokohama Ironworks from the Yokosuka Naval Shipyard in order to use it as a branch factory of the Ishikawajima Shipyard.

In 1884, the building and equipment of Yokohama Ironworks were moved to Ishikawajima branch, and sold to Hirano in the following year.

In March of 1885, he received an order to build the gunboat Chokai from the Ministry of the Navy. The gunboat was classified as a First Class Gunboat with a displacement of over 1,000 tons.

In June of 1885, when the type foundry was reorganized as a limited liability company, he was elected as president of the company.

In December of 1888, after the gunboat Chokai was built, an official sea trial was made, and the gunboat was delivered to the Ministry of the Navy. It was the first warship built by a private shipbuilding company in Japan. At the same time, he aided the founding of Hakodate Machine Manufacturing (currently Hakodate Dock Co., Ltd.) at the request of Kumashiro Watanabe in Hakodate, Hokkaido. In addition, he established a new transport company in cooperation with Taiji Arakawa in Niigata.

Besides running his main shipbuilding enterprise, he also started to expand the scope of his entire business, and built the Azumabashi bridge over the Sumida river, which was the first iron bridge built over the river. He also installed the first electric elevator in Japan in the bulding of the Asakusa Twelve Stories, Tokyo. Also, he succeeded in installing Pelton water wheels at the Keage Power Plant in Kyoto, which was the first hydroelectric power plant in Japan. He and his companies introduced various innovative, modern products into society.

Also, he made a sales agreement with Decauville, a French manufacturing company providing narrow gauge railway systems, and started to import and sell their modular railway track elements and railway cars. In order to showcase its applications, he participated in a civil engineering project for what is now the Yamanote railway line between Osaki and Shibuya, Tokyo. As a result, he succeeded in selling and delivering the railway related products to Kajimagumi, the predecessor of the current Kajima Corporation, and to Ashio Copper Mine. He formed Hirano Civil Engineering Group (Hirano-doboku-gumi in Japanese) and received orders from Nippon Railway for the civil work projects for railway lines in the Tohoku (northeastern) region

of Japan. Furthermore, he was involved in the transportation of iron water pipes and other equipment for the water works in Yokohama, and he also undertook civil works for the Yokosuka Naval Arsenal, and provided the Usui Horse Tramway with railway track elements and railway cars. The range of his accomplishments was very broad.

He was afflicted with a chronic illness from his earlier years, and since around May of 1886, he experienced brain hemorrhages from time to time, and as a result, the cure involved rest, and avoiding alcoholic drinks. He started to work on the reorganization and incorporation of his businesses. However, he often found himself starting new business upon request instead of taking the much needed rest.

In 1889, he resigned from the position of president of Tsukiji Type Foundry. From that point forward, he was not involved in the business of type founding and letterpress printing.

The business of ship building required a great amount of capital and operating funds. As he kept the stance of not relying nor depending on any relations with the Satcho Domain cliques (led by political and business leaders of the former Satsuma and Choshu Domains) or similar political merchants, he always suffered from insufficient funds. Eiichi Shibusawa of The First National Bank and Gengoro Matsuda of The Eighteenth National Bank (in Nagasaki) helped Hirano overcome this kind of financial problem. He reorganized one of his private companies and made it a limited company, and renamed it Tokyo Ishikawajima Shipyard, and invited Eiichi Shibusawa and Seiichi Umeura as the company's Committee Members (board members), and he also became a Full-time Committee Member.

He built a series of small coastal steamers named Tsukai-maru with Kasuke Inagi's cooperation. He and Inagi entered the shipping business within the area of Tokyo Bay.

In 1889, some shipping companies doing business in the area of Tokyo Bay were merged, and Tokyo Bay Steamboat Company (currently Tokai Kisen Co., Ltd.) was formed. He became one of the Board of Directors of the company.

On December 2, 1892, while making a speech at an industry meeting in Kobune-cho, Nihonbashi, Tokyo, he fell unconscious, and died from a cerebral hemorrhage the next morning. He was 46 years and two months old. His remains were interred in the Yanaka Cemetery, Tokyo.

The funeral service was officiated by Rokusaburo Nakamura, Headteacher of the National Tokyo Merchant Marine School, who represented the bereaved family, including Tomiji Hirano's wife, Koma, second daughter, Tsuru, and third daughter, Kimi. His first daughter, Koto, preceded Hirano in death. Yoshitaro Hirano, a widely known jurist, who was born on March 5, 1897 and died on February 8, 1980, was the grandson of Tomiji Hirano.

The inscription on one of the two stelae (grave marker) for Tomiji Hirano in the Yanaka Cemetery in Tokyo read: 平野富二碑 ("grave marker for Tomiji Hirano"). The text on the stele in the Hirano Family plot was written by Dosen Nishi, a famous journalist who lived during the Meiji Era, and its original lettering was made by Kimi Hirano, while the other stele neighboring the administration office of the cemetery has text written by Ochi Fukuchi, a well-known and influential journalist and writer who also lived during the Meiji Era. The text begins with the words: 平野富二君碑 ("Stele for Mr. Tomiji Hirano"). Framed text placed

in the upper part of the stele was written by Takeaki Enomoto, who used to be a Shogunate vassel before the Meiji Restoration, and a military officer and statesman during the Meiji Era. There is another stele relating Tomiji Hirano to the site of the Konwa building in Tsukiji, Tokyo.

15

How Did the Nagasaki Shinjuku Type Foundry Open Its Tokyo Branch? – What Did the Successor Tomiji Hirano do? Tokyo: Tokyo Tsukiji Type Foundry, March 1891.

「平野富二君ノ履歴」

"Tomiji Hirano's Biography", *Japan Printer*, Volume 1, Issue No. 4–No. 6. Tokyo: Shueisha, May–July, 1891.

17

BIBLIOGRAPHY

『東京石川島造船所五十年史』

Arai, Gensui. *The Fifty-year History of The Tokyo Ishikawajima Shipyard.* Tokyo: Tokyo Ishikawajima Shipyard, December 1930.

『活版印刷発達史—東京築地活版製造所の果たした役割—』

Itakura, Masanobu. *The History of the Development of Letterpress Printing – The Roles and Accomplishments of the Tokyo Tsukiji Type Foundry.* Tokyo: Insatsu Choyokai, October 2006.

「富二奔る—近代日本を創ったひと・平野富二」

Katashio, Jiro. "Tomiji Runs – One of the men who built Japan in the modern age", *Vignette*, Issue 08, Tokyo: Robundo, December 2002.

『明治産業近代化のパイオニア 平野富二伝 考察と補遺』

Furuya, Shoji. *Biography of Tomiji Hirano, a Pioneer in the Industrial Modernization in the Meiji Era – Considerations and Supplements.* Tokyo: Robundo, November 2013.

『本木昌造・平野富二詳伝』

Mitani, Kokichi. *Detailed Bibliography of Shozo Motogi and Tomiji Hirano.* Tokyo: Shoden Hampu Kanko, April 1933.

「石川島物語」

Shimamori, Ginjiro. "The Ishikawajima Story", Volume 3, Issue Nos. 8–15, *Ishikawajima Engineering Review.* Ishikawajima Tokyo: Heavy Industries Co., Ltd., 1930–1942.

『石川島造船所創業者 平野富二の生涯』

Takamatsu, Noboru. *The Life of Hirano Tomiji, the Founder of Ishikawajima Shipyard.* in two volumes. Tokyo: IHI Corporation, August 2009.

「長崎新塾活版所東京出店ノ顛末幷ニ継業者平野富二氏行状」

16

This short biography of Tomiji Hirano was written in Japanese by Shoji Furuya on April 3, 2017, and translated into English by Taro Yamamoto on October 10, 2018. Ken Lunde and Lance/Studio Katsushi Lance provided minor suggestions for the translated text.

Typesetting: Taro Yamamoto

英訳協力：山本太郎、ケン・ランディ、ランス（合同会社工房勝士ランス）、組版：山本太郎

平野富二 年譜

平野富二 年譜

〔注〕年齢は数え年、●は私的事項、明治五年までの月日は和暦（陰暦）による

年号	西暦年	数え年	平野富二事績	関連事項
弘化三	一八四六	一	●八・一四　長崎奉行所町司矢次豊三郎・み祢の二男として長崎引地町に於いて出生。幼名は富次郎	◆この頃、本木昌造は通詞仲間と洋式印刷術の研究を始める
弘化五 嘉永一	一八四八	三	●四・一　父矢次豊三郎と死別●｜　数え年六歳の兄重之助が十二歳として家督相続を認められ、町司御抱入となる●一一・一〇　妹ていが出生。	◆二・二八　改元して嘉永となる ◆一二・｜　本木昌造は長崎会所がオランダから輸入した印刷機を通詞仲間と共同で買取る
嘉永五	一八五二	七		◆この頃、本木昌造は電胎法による鉛製鋳造活字を用いて和蘭対訳辞書を印刷
嘉永六	一八五三	八	●この年　書道・書読の修学開始	◆六・三　ペリー艦隊が浦賀沖に来航◆七・二三　幕府は江戸湾内海に台場築造を決定◆九・一三　幕府は大船建造の禁を解く
嘉永七	一八五四	九		◆一・二　水戸藩により石川島で大船（「旭日丸」）建造着手◆一・一六　ペリー再来航し、横浜小柴沖に艦隊集結◆一一・四　安政の大地震発生◆一一・初旬　石川島で大船の進水がおこなわれたが、船底が川床に食い込み、移動困難となる ◆一一・二七　改元して安政となる
安政一				◆一二・二　ロシア軍艦「ディアナ」号が駿河湾で沈没
安政二	一八五五	一〇		◆三・二二　伊豆戸田村で洋式帆船「ヘダ」号が完成◆一〇・一九　本木昌造は長崎奉行から活字板摺立掛を命じられる◆一〇・二二　長崎海軍伝習所開設◆一二・｜　伊豆戸田村で洋式帆船「君沢形」六艘が完成

安政 四	一八五七	一二	◆一〇・ー　長崎奉行所隠密方御用所番となる	◆四・一一　江戸築地の講武所内に軍艦教授所設置◆五・ー　石川島に於いて「君沢形」四艘の建造指令◆一〇・一〇　長崎製鉄所起工◆一二・一　横浜で完成した「旭日丸」が幕府に引渡される
安政 五	一八五八	一三	◆三・ー　杉山徳三郎と共に武術御見分を免除	◆六・一九　日米修好通商条約締結
安政 六	一八五九	一四		◆五・二八　長崎・神奈川・箱館開港　◆九・ー　本木昌造が活字を用いた『和英商賈 対話集 初編』を出版◆一〇・一〇　長崎海軍伝習所のオランダ教師団帰国◆一〇・ー　石川島に於いて「君沢形」四艘が完成
安政 七 万延 一	一八六〇	一五		◆三・一八　改元して万延となる
万延 二 文久 一	一八六一	一六	◆この年　長崎製鉄所機関方見習となり、機械学を伝習◆五・ー　ハンサードによる外字新聞の発行伝習に本木一門として参加	◆一・ー　本木昌造、長崎製鉄所の御用掛となる◆二・一九　改元して文久となる◆三・二五　長崎製鉄所第一期工事落成
文久 二	一八六二	一七		◆五・ー　石川島に於いて砲艦「千代田形」が起工◆一一・一二　西暦一月一日
文久 三	一八六三	一八	◆二・ー　「チャールズ」号・「ヴィクトリア」号の乗組機関方となる◆四・ー　「チャールズ」号（船長本木昌造）に乗込み、大坂に向けて航海。大坂にて海防参務姉小路少将の御座船として運転◆七・ー　「ヴィクトリア」号（船長本木昌造）に乗組んで小倉に向かう。途中、若松港で長州浪人の襲撃を逃れる◆一〇・ー　「ヴィクトリア」号で大坂まで航海◆一二・三〇　「ヴィクトリア」号で大坂から長崎に向かう途中、寄港した御手洗港で薩摩藩に貸与中の僚船「チャールズ」号が長州藩の砲撃に遭って沈没の報を聞く●この年　長崎新町の長州屋敷に居住する吉村為之	◆五・一〇　幕府が朝廷に奉答した攘夷期限のこの日を待って、長州藩が下関海峡を通航する外国船の攘夷実行に出る◆七・二　石川島に於いて砲艦「千代田形」が進水◆七・二　イギリス艦隊が鹿児島を砲撃

年号	西暦	年齢	事項	一般事項
文久 四 元治 一	一八六四	一九	助の養子となり、吉村富次郎と改名	◆一一・二二 西暦一月一日 長崎立神に於いて軍艦打建所の用地造成開始◆二・二〇 改元して元治となる◆六・二〇 オランダ公使ポルスブルークが長崎製鉄所の経営につき江戸の幕閣に宛てた建議書を提出◆八・五 四ヶ国連合艦隊が下関を砲撃◆一〇・ー 石川島の施設拡張の機材購入のため肥田浜五郎が渡欧
元治 二 慶応 一	一八六五	二〇	◆七・ー 長州藩蔵屋敷が幕府によって没収される◆九・ー 「ヴィクトリア」号（船長本木昌造）を運転して大坂に向け航海、大坂に到着後、江戸に向け航海◆一一・一八 「ヴィクトリア」号は長崎に向け江戸を出港◆一一・二四 「ヴィクトリア」号は遠州灘で暴風に遭って難破し、八丈島に漂着◆四・一八 本木昌造と共に八丈島神湊から出港して、江戸に向う◆六・ー 薩摩藩の「平運丸」で江戸から長崎に帰着	◆一一・四 西暦一月一日◆二・ー 横浜製鉄所起工。フランス海軍士官ドロートルが首長となる◆四・七 改元して慶応となる◆五・一六 将軍家茂は第二次長州征伐のため江戸を出発◆七・ー 長崎立神に於いて軍艦打建所の用地造成完了◆八・ー 本木昌造は江戸滞在中に「製鉄所の儀御尋に付申上候書付」を幕閣に提出◆九・一一 本木昌造は江戸から長崎に帰着◆九・二〇 横浜製鉄所竣工、栗本瀬兵衛が専任（所長）に就任◆九・二一 将軍家茂は入京して長州征伐の勅許を賜る◆九・二七 横須賀製鉄所起工
慶応 二	一八六六	二一	◆ー 長崎港巡視用軍艦「回天」の一等機関方となる◆七・二七 幕長戦争の小倉沖海戦で「回天」を運転して活躍◆八・四 老中小笠原壱岐守に従い、長崎から「回天」	◆一一・一五 西暦一月一日◆一二・ー 長崎立神での軍艦打建て差止めを当局から示達◆一・ー 薩長同盟が成立◆六・七 幕府と長州との四境戦争が始まる◆六・ー 長崎奉行所で軍艦「回天」を購入◆七・一八 海軍操練所を海軍所と改称◆七・二五 土佐

を運転して、悪天候の中を大坂に向けて出港◆九・三 将軍家茂の霊柩を乗せた「長鯨丸」に随伴する「回天」を運転して江戸に向かう◆九・一 幕府から江戸軍艦所所属の一等機関手任命の内命あり◆九・一 「回天」に搭乗して長崎に戻る◆九・一 幕府から内命取消を伝達され、その処置に憤懣して辞意を表す●この年 内命取消事件により養子先吉村家と協議の上、離縁。祖先の平野姓を継いで平野富次郎と改名

藩参政後藤象次郎が洋式船舶と銃砲類買付けのため総勢三十三人で長崎に到着◆七・二〇 将軍家茂が大坂城で薨じた◆七・三〇 老中小笠原壱岐守が小倉から戦線を脱出し、軍艦「富士山」で長崎に去る◆八・一九 老中小笠原壱岐守が兵庫に到着◆八・二〇 幕府は将軍徳川家茂の喪を公表◆八・二六 土佐藩参政後藤象二郎は万次郎等五人を連れ、長崎を発って上海に向かい、現地で船舶購入を手配◆九・一九 幕府は征長軍の撤兵を布告◆一〇・二四 土佐藩の命により万次郎等四人が長崎を発って上海に再渡航し、蒸気船・帆船を購入

慶応 三

一八六七

二二

◆三・一 土佐藩に雇われ同藩の蒸気船機械方となる◆六・末 長崎で購入したばかりの土佐藩砲艦「若紫」に乗組み土佐の浦戸港に向かう◆七・七 「若紫」に乗組み長崎を出港して兵庫に向かう◆七・二五 「若紫」に乗組み兵庫から土佐の浦戸港に到着◆八・八 土佐の須崎港に碇泊中の「夕顔」船上でイカルス号事件の参考人として尋問を受ける◆八・一九 長崎運上所でイカルス号事件の参考人として再度尋問を受ける、この間、坂本竜馬と面識を得る◆九・一〇 イカルス号事件が落着し、長崎市内の拘留を解かれる◆一〇・一七 修復を終わった「夕顔」に搭乗して長崎を出航、その後兵庫と土佐の間を数回往復◆一一・一 「空蝉」故障により仮修復のため兵庫に回航◆一一・二七 仮修復を終わった「空蝉」を長崎に回航◆一二・六 「空蝉」乗組みを解任され、土佐藩解雇の辞令を佐々木三四郎から渡される

◆一一・二六 西暦一月一日

◆一・一三 土佐藩参政後藤象二郎が長崎に於いて亀山社中を率いる坂本龍馬を料亭に招いて面会◆一・一 石川島に於いて「千代田形」が完成◆四・一 坂本龍馬は土佐藩から脱藩罪赦免の申渡しを受け、海援隊の隊長就任を命じられる◆七・七 イギリス軍艦「イカルス」号の水夫二人が長崎寄合町の路上で惨殺◆一〇・一三 倒幕の密勅が下る◆一〇・一五 将軍徳川慶喜が大政奉還を申出◆一一・一五 坂本龍馬が京都で刺客の襲撃を受けて死亡◆一一・二七 土佐藩蒸気船「空蝉」によって坂本龍馬暗殺の報が長崎にもたらされる

一八六八

◆一二・七 西暦一月一日

年号	西暦	年齢	事項
慶応 四		二三	◆二・一 長崎製鉄所機関手に復帰◆五・一 一等機関手として軍艦「朝陽丸」に乗組み、長崎から兵庫軍艦所まで回航。この時、大隈八太郎（重信）と面識を得る◆六・一 本木昌造と共に長崎からイギリス貨物船「コロマンデル」号に搭乗し、京都に派遣される◆一 京都で用済みの後、アメリカ定期航路汽船「コスタリカ」号で長崎に帰着◆八・一 長崎製鉄所機関方として製鉄所職員に登用される
明治 一			◆一二・一八 第一等機関方として年間十人扶持、業給金十八両を支給決定
明治 二	一八六九	二四	◆三・一 機関方のまま小菅諸務専任を命じられる◆九・初 製鉄所元締役助（小菅修船場諸務専任）となり、配下にイギリス人デヴィッド・ブレイキー等を置き、船舶造修に当たる◆九・一 民部省に「立神修船所繁栄策」を建議◆一一・二〇 立神修船所のドック取建掛（兼任）の辞令

◆一二・七 兵庫開港◆一二・九 王政復古の大号令が発令

◆一・三 鳥羽伏見の戦いが始まる◆一・六 将軍徳川慶喜は数名を従え、大坂城を脱出◆一・一四 長崎奉行河津伊豆守が奉行所を退去し、江戸に去る。この時、支配定役格本木昌造に長崎製鉄所の経営管理を委任◆一・一六 土佐藩佐々木三四郎、薩摩藩松方助左衛門等が長崎会議所を興し、奉行所事務を掌る◆二・一四 九州鎮撫総督沢宣嘉・同参謀井上聞多が長崎に入る◆二・一六 長崎会議所を改め、長崎裁判所とし、井上聞多が同所参謀兼務となる◆四・四 征東軍先鋒総督が江戸城に入る◆閏四・一 官軍が横須賀製鉄所を公収◆五・四長崎裁判所を長崎府とし、澤宣嘉が知事、井上聞多が判事となる◆六・一九 井上聞多は府判事兼長崎製鉄所御用掛となる◆七・一七 江戸を東京と称し、鎮将府を置く◆七・二四 本木昌造は吉田鶴次郎と共に長崎製鉄所頭取に就任◆八・一 長崎で鉄（くろがね）橋の落成式挙行
◆九・八 改元して明治となる
◆一〇・一三 江戸城を皇居とし、東京城と称する
◆一一・一九 西暦一月一日◆同日 新潟開港
◆一一・一九 山尾庸三・野村弥吉（後の井上勝）がイギリス留学から帰国◆一二・六 小菅修船場が落成

◆二・一 太政官を東京に移転◆三・一一 長崎府は小菅修船所をグラバーから買収し、引渡を受ける◆三・一 イギリス人デヴィッド・ブレイキーを修船頭として雇用◆五・一八 榎本武揚等が五稜郭を出て函館戦争が終結◆六・一七 版籍奉還を許可し、藩知事を置く◆六・二〇

を受ける

長崎府を県に改め、長崎府判事野村宗七（盛秀）が知事となる◆七・八　官制改革により二官六省を置き、大蔵省・民部省などが新設される◆八・－　本木昌造は病気を理由に長崎製鉄所頭取の退職願いを提出◆八・一八　井上聞多は大阪駐在の造幣頭専任となる◆九・五　本木昌造は、申し出により長崎製鉄所頭取を解任され、機械伝習方懸教頭として長崎製鉄所に籍を残す、製鉄所御用商人出身の副頭取青木休七郎が頭取兼任に就任◆九・一六　井上聞多は西四辻大阪府知事を伴い長崎府務改革のため長崎に到着◆一○・上旬　上海から美華書館のウィリアム・ギャンブルを招聘し、長崎製鉄所付属活版伝習所に於いて迅速活字版製造技術の伝習を開始◆九・－　長崎県知事野村宗七は平野富次郎の建議を受けて上京し、建設資金の借用を申請◆一○・一二　井上聞多は民部大丞兼大蔵大丞に就任

明治　三　一八七○　二五

◆六・－　青木頭取不在の間、製鉄所の諸事を幹部合議により運営することを上申◆七・－　頭取助品川藤十郎と共に元締役助のまま本局に勤務し、製鉄所頭取職を合議制で運営することを命じられる◆九・－　人事異動により元締役に昇格◆閏一○・一六　長崎県権大属に任じられる◆一一・－　東京からの調査官派遣に対する準備を命じられる

◆一一・二九　西暦一月一日

◆三・－　本木昌造は長崎製鉄所を退職◆三・－　本木昌造は五代友厚と謀り大阪活版所を開設◆五・三　民部大丞山尾庸三は横須賀・横浜・長崎の各製鉄所を総管し、事務を委任される◆九・－　大阪の高麗橋が完成◆閏一○・二○　工部省が新設され、横浜製鉄所はその管轄となる◆同日、横須賀製鉄所事務取扱山尾庸三は工部権大丞なる

明治　四　一八七一　二六

◆一・二一　山尾庸三による旧帳簿調査で十分な説明ができず、進退伺を提出◆三・一六　長崎県権大属を罷免されて、長崎製鉄所を退職◆－　長崎艸莽として「立神郷修

◆一一・一一　西暦一月一日

◆一二・八　神奈川県令井関盛良の要請により本木昌造が設立した横浜活板社から『横浜毎日新聞』を創刊

◆一・九　工部少輔山尾庸三が帳簿調査のため長崎に到着

◆一・一三長崎製鉄所頭取青木休七郎は部下一味と共におこなった経理不正により罷免される◆四・四　戸籍法が布

明治　五

一八七二

二七

船場之儀ニ付申建候書付」を提出◆七・―　本木昌造に呼ばれて活版事業の継業打診を受ける◆七・―　本木昌造の新塾活版所に入社し、経営改革に着手◆九・―　東京に活字の販路を求めて、大阪経由で長崎を出立◆　―　東京で活字を販売し、二千円余を得る◆　―　東京からの帰途、大阪に立寄り、アンチモニーを購入◆一一・―　成果を得て長崎に帰着

●　―　長崎丸山町安田清次・むらの長女古まと結婚●　―　引地町の生家を出て長崎外浦町に家を購入して移転●二・―　戸籍編成に際し、平野富二と改名して届出◆二・―　『新塾餘談　初編一』に活字見本を掲載◆七・一一　東京に活版製造出張所を開設するため新妻と社員八名を連れて長崎を出立◆七・一七　一行は横浜に到着◆七・―　東京神田佐久間町東校表門通りの文部省活版所内に長崎新塾出張として活版製造所を開設◆八・一四　同日付の『横浜毎日新聞』に横浜活板社名で活字類の製造・発売を広告◆八・二九　埼玉県から四号活字を受注◆一〇・―　『新聞雑誌』第六十六号の付録として活字見本と印刷機など販売を広告

告され、翌年二月一日より施行とされる◆四・七　横浜製鉄所は横浜製作所と改称◆四・九　長崎製鉄所は長崎県から工部省に移管され、長崎造船所と改称◆五・一〇　新貨条例が制定され、一円を単位とする◆六・―　本木昌造は東京芝口に活版所設立を計画◆六・―　本木昌造は大学・東校・南校の活板御用掛に任命される◆七・一四　廃藩置県の詔勅◆七・―　文部省活版所が設立◆八・―　井上勝は鉄道寮の鉄道頭に就任◆一〇・―　本木昌造は小幡正蔵を東京に派遣して文部省活版所内に活版所を開設◆一一・―　東京府内を六大区・九十七小区に区画、長崎では彼杵郡五十五ヶ村が大区三十五、小区三五〇に区画制定される

◆一一・二一　西暦一月一日

◆一一・二二　工部省勧工寮に活字局が設立される

◆一一・二九　貴族・華族・士族・平民の身分制が制定された◆二・一　同日から戸籍法により戸籍検査編成を開始◆二・二一　『東京日々新聞』創刊号が発行◆二・二六　銀座の大火で銀座・京橋・築地一帯を焼失◆二・二八　兵部省が廃されて海軍省・陸軍省が新設、横須賀造船所・横浜製作所は海軍省の管轄となる◆四・―　石川島に本格的なドックの新築が決定し、修船場として整備される◆六・―　駅逓頭前島密の指導により「陸運元会社」が設立◆九・一二　新橋・横浜間の鉄道開通◆一〇・八　海軍省は工部省の横須賀造船所と横浜製作所の移管を受ける◆一〇・一六　横浜製作所は横浜製造所と改称◆一〇・三〇　石川島造船所は石川島修船所と石川島造兵所に二分され、修船所は主船寮の管轄下となる◆一一・四　横浜製造所は横浜製鉄所と設立当初の名称に戻る◆一一・九　太陰暦を廃し、

				太陽暦に改める改暦が公布される◆一一・二八　徴兵告諭が公布される ◆一二・三　改暦により明治五年一二月三日を明治六年一月一日として、以後、太陽暦を採用する
明治　六	一八七三	二八	◆四・一　福岡県庁活版局に印刷機と活字を納入◆夏　築地二丁目二〇番地の土地一二〇坪余を購入◆七・一　新潟県活版局に印刷機と活字を納入◆七・一　長崎新塾出張活版製造所を築地の仮工場に移転◆八・一五『東京日日新聞』に移転広告◆一二・二五　自費で官築した煉瓦家屋の引渡しを受ける●この年　長女古登が誕生	◆四・二六　勧工寮活字局が民間への活字払下げの新聞広告を出す◆九・一五　銀座煉瓦街二百十六戸が完成◆一二・五　海軍省主船寮の所管であった横浜製鉄所は横須賀造船所から分離し、大蔵省駅逓寮の管轄となる
明治　七	一八七四	二九	◆五・一　本木昌造が上京し築地の活版所を視察◆五・一　築地の活版所に鉄工部を設け印刷機の本格的製造を開始◆一〇・一　築地川の仮橋架設で二十円を東京府に寄付◆一一・五　鋳物師関本伝五郎に納品督促の郵便葉書を出状	◆一・一　横浜製鉄所は郵便蒸気船会社に貸与される◆五・一八　海軍省は主船寮を石川島に移転し、石川島修船場を主船寮本庁として艦船修理を管轄◆九・一　内務省が新設され、駅逓寮はその管轄となる
明治　八	一八七五	三〇	◆春　本木昌造が再度上京、相談の結果、本木昌造の生存中、養老金として月二〇〇円を支給決定◆五・初　本木昌造が療養先の京都で発病し、急遽、病床を見舞う◆五・一〇　横浜製鉄所の建屋一棟を神奈川県から杉山徳三郎と共に落札◆六・一六　築地の隣接地（二丁目二三番地）を購入約定●七・七　長女古登（数え年三歳）を病気で失う◆七・二四　築地川に水揚場石段の自費修復を申請◆八・中旬　本木昌造の容体悪く、看病のため長崎に向かう◆九・一六　本木昌造の葬儀を挙行し、長崎大光寺墓地に埋葬●九・三〇　二女津類が誕生◆九・一　五代友厚に対する本木昌造の負債を月賦で肩代わり弁済することに決定◆一〇・一六　本木昌造のために神式祭典を長崎松ノ森の千秋亭で挙行。その後、東京に戻る	◆一・二四　石川島造兵所は築地小田原町の海軍省兵器製造所に併合され、建物だけが残る◆二・一　「陸運元会社」が「内国通運会社」と改名◆五・一　海軍省は石川島での艦船新造を取止めて、建造中のもののみとする◆六・二〇　第一回地方官会議が開催される◆夏　本木昌造は小康を得て長崎に戻る◆九・三　本木昌造が長崎で病没◆一一・二八　内務大丞前島密は駅逓頭兼任となる◆一一・一　横浜製鉄所は郵便蒸気船会社の倒産により郵便汽船三菱会社に貸与される◆一二・二　杉山徳三郎等が横浜製鉄所の借用を許可される

明治 九

一八七六

三二

◆五・二三　横浜製鉄所の経営陣に参加し、印刷機械を製造◆六・一四　石川島修船所のドライ・ドック貸渡願書を提出◆七・四『東京日日新聞』に杉山徳三郎と連名で横浜製鉄所の広告◆七・一　アーチボルド・キングを雇用し、横浜製鉄所の職工頭とする◆八・三　石川島修船所の機械所・機械類を含めた貸渡しの追願書を提出◆九・一九　海軍省から石川島ドック・付属機械・地所の貸渡許可◆九・二八　石川島拝借上納金に関する願書を提出◆九・二九　水潜機械貸渡願書を海軍省に提出◆一〇・六　石川島ドック年限に関する願書を提出◆一〇・一　石川島に残された建物類の払下願書を海軍省主船局に提出◆一〇・二三　石川島に残された建物類十件の払下許可◆一〇・三〇　石川島拝借に関する海軍省主船局との約定書を締結◆一〇・一

石川島で使用の伝馬船等の払下願書を海軍省主船局に提出◆一〇・一　横浜製鉄所の経営陣から脱退◆一〇・一　この頃、横須賀造船所の職長稲木嘉助を石川島造船所に招聘し、造船工長とする◆一一・三　石川島造船所で建造する最初の船として「第二通運丸」の建造着手◆一一・四　石川島旋盤所建物を新設資材と引換に譲渡の願書を海軍省兵器局に提出◆一一・一四　石川島の伝馬船等、競争入札の結果、払下げを認可される◆一一・二二　石川島旋盤所の件、海軍大輔により不許可となる◆一一・一　製糸機械製造依頼のため信州・新潟の商人が石川島造船所に来訪◆一二・二七『横浜毎日新聞』に石川島ドックの広告を掲載◆この年　築地活版所内に活字仕上場と長屋二棟を建築、印刷器械類の製造着手したが、やがて石川島造船所構内に移転

◆八・一　国立銀行条例が改定される◆八・五　金禄公債証書が発行される◆八・三一　石川島修船所が閉鎖され、新設された主船局に所属する横須賀造船所に引継がれる◆九・二六　駅逓頭前島密が内務少輔に昇進◆一二・一　石川島の地所は平野富二に貸与された部分を除き内務省に返付される◆この年　明治天皇は、陸路、東北四県（福島・宮城・岩手・青森）を縦断し、函館から海路還幸◆この年

内国通運会社は横浜製鉄所に注文して「通運丸」三艘を建造、バランス悪く実用化されず

明治一〇　一八七七　三二

◆一・ー　石川島造船所で「第二通運丸」を完成。◆一・ー　横浜製鉄所で内国通運が建造した「第一通運丸」の改造を完了◆二・一八　「第二通運丸」に顧客を乗せて試運転◆二・ー　石川島造船所で「第三通運丸」を完成◆ー　京都・大阪に出張し、西南戦争の動向を注視◆ー　持病再発により、滞在一ヶ月で帰京◆三・ー　石川島造船所で「第四通運丸」を完成◆四・ー　石川島造船所で「第五通運丸」を完成◆六・上旬　木造帆船東雲丸の建造に着手◆六・末　病気療養のため草津温泉に赴く◆八・二一　内国勧業博覧会が開催され、築地活版製造所から鉛版活字を出品◆九・二一　東京府庁から区内学校へ一〇〇円寄付につき表彰状を授与される◆一〇・二〇　海軍省主船局に対し「石川島船渠拝借料向六ヶ年上納方之義ニ付奉願候書付」を提出◆一一・二九　主船局との間で石川島船渠等に関する再条約書を締結◆この年　石川島で製造した新造船は蒸気船四艘、合計七四トン、入渠修理船は風帆船三艘、合計七七〇トン

◆二・一四　鹿児島武装軍が鹿児島を進発し、西南戦争勃発◆二・ー　古河市兵衛は廃山同様の足尾鉱山を譲り受け、相馬家から半額出資を受けて共同経営に乗出す◆九・二四　西郷隆盛が自刃し、西南戦争が終結

明治一一　一八七八　三三

◆一・一　池原香穉（日南野史）から「活字造船　年々吉利」の画幅を贈られる◆一・七　木造帆船「東雲丸」が竣工◆同日、小形蒸気船「第一通快丸」の進水式を挙行、来賓福沢諭吉が祝辞◆二・ー　東京府知事に対し政府資金の拝借願を提出◆三・二五　東京府に対しPRのため「東雲丸」の写真・仕様書を上納する願書を提出◆四・二二　海軍省主船局に対し「石川島拝借御約定書箇条中更生追加等之義ニ付奉願候書付」を提出、このとき五代友厚の支援を受ける◆四・二七　横須賀造船所から艦材運漕用風帆船二艘の引合いに対し見積書と図面を提出、川崎正蔵と競合、

◆一・七　函館の渡辺熊四郎らが北冥社を設立し、平野活版所製の二枚刷印刷機一台を用いて函館新聞を創刊◆三・一七　神田黒門町から出火し大火となる◆四・ー　川崎正蔵が南飯田町に築地造船所を設立◆五・一四　内務卿大久保利通紀尾井坂で暴漢に襲われ死亡◆七・二九　井上馨が参議兼工部卿に就任◆一一・ー　東京府に一五区・六郡を設置

明治一二

一八七九

三四

期限内に修正図面の提出できず失注◆六・ー　神田大火で類焼した貧民救済のため寄付したことにより東京府から賞状を授与される◆八・一三　工部卿に就任した井上馨が石川島造船所を巡覧◆八・二二　石川島船渠等の貸渡約定書の改訂・追加・更生の約定書を締結◆八・ー　東京府と政府資金拝借につき交渉し、条件を申出◆九・初　長崎に赴き本木昌造の没後三年祭を挙行、その後、長崎活版製造所の旧株主に東京での事業報告を行ない、本木家に事業を返還し、別途、自分の事業を興すことを申し出る◆九・ー　海軍省主船局に対し石川島造船所の「船渠戸船御払下願」を提出◆一〇・一四　東京府知事に対し「第一通快丸」と「第二通快丸」の旗章を届出◆一〇・二二　石川島造船所で木造帆船「高麗丸」が進水◆一〇・二六　海軍省主船局に対し「船渠用シキップジュール（戸船）切組材・鉄部共御払下代金上納方証書」を本木小太郎を保証人として提出◆一〇・ー　海軍省主船局に対し「石川島地内ニ有之旧主船寮附鋳物場御払下ケ願」を提出、協議の結果、金額を修正した再願書を提出◆この年、東京府知事に対し拝借金再願書を提出◆この頃、或る人の紹介で渋沢栄一に面会し、しばしば借金を依頼し、造船業の振興を力説◆この年　石川島で製造した新造船は蒸気船二艘、風帆船五艘、合計九一〇トン、入渠修理船は蒸気船二艘、風帆船五艘、合計一、八三一トン

◆一・一一　海軍省主船局に対し「石川島旧鋳物所二棟御払下代金上納方証書」を本木小太郎を保証人として提出◆一・二一　長崎の活版製造所本局に於いて旧株主と協議し、石川島造船所を自分所有とし、築地の土地をこれまで三年

◆二・一二　松田道之が東京府知事に就任◆六・一九　日本橋浜町でコレラ発生、蔓延して多くの死者を出す◆一〇・ー　この頃から銀貨が急激に高騰◆一一・二六　稲木嘉助は東京・登戸・木更津間の渡船営業願を東京府知事に

間の報酬として貰い受ける◆一・ー　築地活版製造所社員曲田成を上海に派遣し、現地で活字の種字を彫刻させる手配をする◆二・二八　造船資本金の貸下げは内務卿によって却下される◆三・一八　稲木嘉助と共に東京・浦賀・館山間の渡船営業願書を東京府知事に提出◆四・二四　東京・浦賀・館山間の渡船を同日から開業する旨を東京府知事に届出◆五・九　八丈島流罪の近藤富蔵の赦免を働き掛けるため、同島出身の部下に指示して近藤富蔵に書簡を提出◆五・一六　稲木嘉助と共に東京・加知山・浦賀間の渡船営業願書を東京府知事に提出◆五・二二　東京府知事に宛てて築地活版製造所の前に流れる築地川の川端にアカシアの苗木自費植付の願書を提出◆六・一一・同郷先輩の杉享二を通じて勝海舟訪問の希望を伝達◆六・一九　単身で勝海舟を訪問◆六・二七　東京・加知山・浦賀間の渡船営業を東京府知事から認可◆七・八　稲木嘉助・藤倉五郎兵衛と共に東京・横浜間の渡船営業願を東京府知事に提出◆七・一七　「横浜製鉄所の拝借願」を東京府を通じて提出◆七・二四　東京・横浜間の渡船営業を東京府知事から認可◆七・ー　アーチボルド・キングとの雇用契約を見直し、石川島造船所の造機技師長とする◆一二・二六　日本橋箔屋町出火の大火により石川島造船所の建物類と造船用木材を類焼、多大の損害を被る◆一二・二七　海軍省主船局に対して拝借品の類焼を届出◆一二・三〇　横須賀海軍造船所との間で横浜製鉄所の貸渡締約書を保証人岩瀬公圃と連署により調印◆この年、東京湾浚渫により運輸の便を図ることを東京府知事や大隈参議に提言◆この年　石川島で製造した新造船は蒸気船五艘、風帆船五艘、合計一、〇四八

提出◆一二・六　函館で大火◆一二・二二　稲木嘉助は渡船営業を東京府知事から認可◆一二・二六　日本橋箔屋町から出火して日本橋・京橋一帯が焼失

明治一三 一八八〇 三五

トン、入渠修理船は蒸気船二艘、風帆船七艘、合計二、四一八トン
◆一・二八 『東京横浜毎日新聞』に横浜石川口製鉄所として広告を出し、営業を開始◆一・― 横浜製鉄所の倉庫品等の払下契約を締結◆三・― コレラ予防と給水費用として三十円を寄付したことにより東京府から賞状と木盃を授与される◆六・― 新潟に出張し、地元の廻船問屋荒川太二等と計画し、「安全丸」二艘を地元で建造し、蒸気機関を石川島造船所から供給することとする◆七・八 東京・横須賀間の小蒸気船運航営業を出願◆八・五 海員掖済会の設立と寄付金募集で発起人の一人となる◆八・一二　荒川太二と連名で新潟税関所轄の小蒸気船払下げ願書を提出◆八・二一 朝鮮修信使随員を築地活版製造所と石川島造船所に訪問受入れ◆八・二九 近藤真琴の要請により攻玉塾の塾生を石川島造船所に見学受入れ◆八・― 東京風帆船会社の創立出願で発起人の一人となる◆九・― 曲田成を同伴して北海道に出張し、函館の渡辺熊四郎等と小規模器械製造所の設立を協議◆一〇・下旬 曲田成を函館に残して帰京◆一一・二〇 新潟税関の小蒸気船払下げにつき大蔵省に出頭◆一一・― 大隈重信に宛てて華族資金の融資周旋を依頼する書状を出状◆一一・― 東京市区取調委員を委嘱される◆一二・二六 大隈参議と佐野大蔵卿が石川口製鉄所を訪問◆この年 横浜で会ったポルトガル人を築地活版製造所に雇用◆この年 石川島造船所で製造した新造船は蒸気船三艘、風帆船二艘、合計七七二トン、入渠修理船は蒸気船三艘、風帆船一艘、合計一、〇一四トン

◆六・― 東京府知事は「東京中央市区画定之問題」を府会に諮問◆八・一一 東京府知事は東京湾を巡視調査◆一一・三 政府は「工場払下該則」を布達。内務・工部・大蔵三章と開拓使に官設工場の漸次民有化を命令◆一一・― 東京府知事は「中央市区問題並地図」を民間団体に送付、新聞広告で民間の意見を諮問◆一一・― 『明治立志編』に「平野富二君小伝」が収録されて出版

明治一四 一八八一 三六

◆一・一四 福沢諭吉から造船技師志望者の紹介書簡を入

◆三・一 第二回内国勧業博覧会が開催◆四・七 農商務

手◆二・九　東京商法会議所臨時会に於いて理事・運輸船舶事務委員に選任◆二・一九　『東京日日新聞』に東京石川島造船所と横浜石川口製鉄所の連名で広告を掲載◆二・—　函館器械製造所に出資・設立◆三・一　第二回内国勧業博覧会に石川島造船所と築地活版製造所から出品し、それぞれ一等有功賞牌と二等有効賞牌を授与される◆四・—　東京府の公募に応じて東京商法会議所として建議するため「市区改正並築港之要項」を同会議所に提出◆五・三〇　新潟税関付属「新潟丸」・「北越丸」の借用を大蔵省から認可●六・九　三女きみが誕生◆六・—　東京府知事に宛てて「東京湾内汽船安全会社設立旨趣書及規則」を提出◆六・二三　新潟に出張し、地元の荒川太二と運輸会社を設立、別途、地元で「北山丸」を受注◆夏　築地活版製造所の支配人桑原安六を解雇し、代えて曲田成を函館から呼び戻して、支配人補助とする◆八・一九　東京府により東京湾内汽船安全会社の設立認可◆秋頃　白水炭坑から木道または鉄道による運炭設備の引合いあり、仙台木道を調査◆この頃　児玉少介の紹介でドコビール軽便鉄軌を調査◆九・二八　東京府知事に宛てて東京湾内汽船安全会社による東京・横須賀間の小蒸気船営業運航を出願◆一〇・一一　横浜石川口製鉄所の構内から出火し、倉庫と官舎を焼失◆一一・二一　東京・横須賀間小蒸気船運航につき東京府から許可通知あり◆一二・—　商法講習会の経費寄付につき東京府から感謝状を授与される◆一二・—　横浜石川口製鉄所の家屋焼失に伴う弁償の願書を横須賀造船所に提出◆この年　築地二丁目一三番地に煉瓦家屋一棟を新築◆この年　清朝体活字創製者の神崎正誼が築地活版製造所に押

省が設置される◆七・三〇　明治天皇は東北巡幸のため東京を出発◆一〇・一二　国会開設の勅諭が下る。同日、参議大隈重信が下野（明治一四年の政変）◆一一・一一　日本鉄道会社が設立◆この年　大蔵卿に就任した松方正義がデフレ政策を推進

し掛け抗議◆この年　石川島で製造した新造船は蒸気船六艘、風帆船一艘、合計六八九トン、入渠修理船は蒸気船一一艘、風帆船六艘、合計四、五四九トン

明治一五　一八八二　三七

◆一・ー　この頃、ドコビールの日本国内一手販売権を取得◆三・一七　アメリカ風帆船オットル号の修理引受を東京府に届出◆四・ー　完成した「北山丸」を新潟に向けて回航中、銚子口で難破し、多大の損害を被る◆七・ー　築地活版製造所から活字見本帳『西洋文字各種類見本』（改正）を発行◆九・一〇　造船部門の片腕であった稲木嘉助を病気で失う◆九・ー　神奈川県から横浜で二番目の鉄製橋である都橋を受注◆この年　千葉県に対し銚子港改良を具申したが採用されず、私費で港口の明神岩を破壊◆この年　銚子の増田三平から銚子・東京間の短時間運送について相談され、ドコビールによる私設鉄道を計画、併せて小蒸気船「三平丸」を受注◆この年　宮城県からドコビール式鉄軌と土砂運搬車を受注、さらに、港湾浚渫船を受注◆この年　築地の海軍兵学校向け蒸気暖房装置を納入◆この年　石川島で製造した新造船は蒸気船六艘、合計六〇四トン、入渠修理船は蒸気船一四艘、風帆船八艘、合計五、七一七トン

◆四・ー　内務省土木局臨時報告として『ドコービル鉄路略説』が出版される◆六・二七　日本銀行条例が制定・布告◆九・ー　秀英舎が鋳造部製文堂を創設して活版製造に乗出す◆一〇・一〇　日本銀行が開業◆一〇・ー　三菱会社に対抗して共同運輸会社が設立◆この年　大蔵卿松方正義の不換紙幣整理と増税強化の影響により景気悪化

明治一六　一八八三　三八

◆一・ー　ドコビールの一手販売契約期限を無期限に更改◆二・八　東京府に築地川沿岸に設置する「ボート釣築造願」を提出◆春・ー　築地活版製造所所員松野直之助を上海に派遣し、出張所として修文館活版所を設立◆春　築地活版製造所の構内である十四番地に煉瓦家屋一棟を新築●四・一八　本籍地を築地二丁目十四番地から同十六番地に変更届出◆五・三　発起人連名で千葉県令に対しドコビー

◆二・一五　東京電燈の設立許可◆二・ー　内務卿等が利根川視察の際、茨城県令等が利根運河開鑿の急務を建言◆四・一六　新聞紙条例改正により取締り強化◆四・一七　太政官布告により「船税規則」が新規に制定される◆六・二九　出版条例改正◆一〇・一六　東京商工会が東京府によって設立認可◆一一・二八　鹿鳴館が完成

明治一七

一八八四

三九

ルにより利根川・江戸川の両河岸を連絡する「鉄道架設願」を提出◆五・七　東京府に船渠料を表示した『東京石川島造船所船渠営業規則』を届出◆五・一一　東京府知事に対し「横浜石川口製鉄所引移方儀ニ付願」を提出し、海軍省に申請を出願●夏　築地活版製造所の地続き一六番地に平野邸を新築して移転◆七・二　発起人連名で千葉県令に「鉄道建築特許願」に架設概算書と営業概算見込を添えて提出◆七・一〇　銚子の増田三平のために建造した「三平丸」を買取り、「いろは丸」と改名して航運会社に現物出資◆七・二四　海軍省から横浜製鉄所の建物移転の許可あり。同時に移転着手と建物・機械に関する契約見直しを横須賀造船所と協議するよう指示あり◆七・-　横浜正金銀行と第二国立銀行に金庫を納入◆九・-　海軍省主船局と石川島船渠等拝借期限の延長契約を締結◆一二・二〇　東京商工会の発会式で会員認可証を手交される◆一二・-
　築地活版製造所に石版部を新設◆この年　石川島で製造した新造船は蒸気船四艘、合計五九一トン、艀船四艘、入渠修理船に蒸気船八艘、風帆船八艘、合計三、〇五一トン◆一・一六　東京商工会臨時総会に於いて商況報告委員の一人に選任される◆三・-　築地活版製造所に印刷部を新設◆三・-　横浜石川口製鉄所の建物・設備を石川島に移転の後の改約契約を横須賀造船所に出願◆春　京都博覧会にドコビール鉄軌と車両を出品◆四・一四　横浜で二番目の鉄製橋である都橋建設に対し神奈川県庁から賞状を授与される◆四・頃　横須賀造船所と横浜製鉄所の建物・諸器械物品の借用につき改約条約書を締結◆五・-　鉄道局から品川線の一部の線路開鑿工事を請負◆五・-　石川島造

◆一・-　東京府は東京湾浚渫工事を翌年二月まで実施◆一・-　鉄道局により川口・板橋・新宿・目黒・品川を結ぶ鉄道建設が起工◆四・二四　農商務省により「船舶積量測度規則ならびに方法」が制定◆五・一　日本鉄道の上野・高崎間が全通◆五・二二　農商務省により「汽船公称馬力算定方法」が制定◆七・七　長崎造船局が三菱会社に貸渡される◆一〇・一　農商務省により「商標条例」が施行◆一一・-　東京府知事芳川顕正が「東京市区改正」意見書を提出◆一二・二九　わが国最初の私設鉄道とされる

明治一八　一八八五　四〇

船所と独立した平野土木組を組織し、ドコビール代理人のデニー・ラリューを技師長として雇用◆五・ー　新潟の荒川太二が運輸会社の共同経営から脱退、経営改善のため政府に保護金支給を申請◆六・二〇　横浜から移設する家屋建築のため海軍省に杭打器械の借用願を提出◆六・ー　足尾銅山に横浜石川口製鉄所製の十馬力蒸気機関を納入◆七・二一　築地の文海小学校へ寄付により東京府から表彰される◆八・八　東京府にイギリス風帆船の入渠修理を届出◆一一・一　イギリス人造船技師ブレイキーを雇用◆一一・一七　横浜石川口製鉄所設備の石川島移転で、進捗を図るため横須賀造船所の十馬力船の借用を許可される◆一一・二三　東京府にドイツ風帆船の入渠修理を届出◆一一・ー　新潟税関の新潟丸・北越丸の運航補償として保護金を申請◆一一・ー　築地活版製造所の支配人に曲田成を任命◆一二・三　工学会へ寄付により同会の賛助員として登録される◆一二・ー　横浜石川口製鉄所にあった建物・機械類を石川島に移築落成◆一二・二五　石川島造船所内で出火し、移築・新築した家屋の一部を焼失◆この年　品川線開鑿現場に古河市兵衛・木村長七の訪問を受け、デニー・ラリューが応対◆この年　石川島造船所構内にあった築地活版製造所の印刷機械製造部門を閉鎖し、担当者を独立させる◆この年　石川島で製造した新造船は蒸気船六艘、合計四二八トン、艀船一〇艘、浚渫船一〇艘、入渠修理船は蒸気船一一艘、風帆船三艘、合計三、一八三トン

◆一・二〇　海軍省主船局に「壱等砲艦製造代価調書」を提出◆一・二四　新潟の運輸会社に対する政府保護金支給が認可される◆一・ー　平野土木組は横浜水道関連で神奈

阪堺鉄道が大阪・堺間で開業運転◆一二・ー　農商務省により「西洋形船舶検査規則」が制定◆この年　三菱会社と共同運輸会社の過当競争により造船不況となる◆年末　田中長兵衛は廃止となった釜石鉱山の地所と木炭・鉄鉱石の払下げを受ける

◆三・一　品川・新宿・赤羽間の品川線が開通◆三・九　海軍省は石川島造船所で建造中の砲艦を「鳥海」と命名◆三・ー　内務省雇工師ムルデルが同省土木局に「利根運河

川県からドコビール鉄路による鉄管輸送を請負◆一・－　東京府を通じて農商務省にロンドン万国発明品博覧会の出品説明として「我国活版ノ由来」を提出◆二・五　海軍省に対し石川島造船所構内に鋳造場等新設のため「建物新設願書」を提出◆二・－　足尾銅山の本口坑口から出沢選鉱場まで三ヶ所にドコビール軌道を敷設◆三・－　主船局から砲艦製造下命の「命令書」を下付される◆四・一七　東京府から当面使用されない手漕浚泥器二艘を、続いて二八日、小伝馬船二艘を預る◆四・－　築地活版製造所を長崎・大阪から独立させて株式会社組織とし、上海の修文館を独立させることを決定◆四・－　平野土木組は日本鉄道会社の関連工事として小山近傍の砂利運搬を請負◆五・－　足尾銅山の出沢選鉱場から直利橋精錬所までの傾斜路に複線のドコビール軌道を敷設◆五・－　横浜で三番目の鉄製橋である大江橋を架設◆五・－　ロンドン万国発明品博覧会に東京築地活版製造所から各種活字類を出品◆六・二六　有限責任東京築地活版製造所（資本金八万円、社長平野富二）を設立◆六・－　平野土木組は横浜水道関連の材料運搬請負入札に参加し落札◆七・三　小蒸気船による浅草橋・厩橋間の無料渡船を東京府に出願し、許可される◆七・一六　隅田川が平水に復したので渡船営業廃止を届出◆七・－　平野土木組は横浜水道関連で輸入鉄管等の陸揚請負入札に参加し落札◆七・頃　石川島造船所は社名を東京石川島平野造船所とし、商標を制定◆八・－　横須賀海軍造船所に対し「横須賀湾内へ汽船往復碇泊之儀ニ付願」を提出◆一〇・五　東京府に対して東京・横須賀間汽船運航のため横須賀の白浜に桟橋建設につき添書を出願◆一

計画」を提出◆五・九　日本銀行は初めて兌換銀行券を発行◆七・二　関東地方の集中豪雨により千住大橋と吾妻橋が流失◆七・一六　日本鉄道の大宮・宇都宮間が開業◆九・二〇　日本鉄道の宇都宮・白河間が起工◆九・二五　三菱・共同運輸が合併して日本郵船会社の創立規約が成立◆一二・二二　太政官を廃止して、内閣制とし、九省を設置、工部省は廃止され、その各事業部門は農商務省などに移管◆一二・二二　兵庫造船所は工部省が廃止されたのに伴い農商務省の所轄となる

明治一九

一八八六

四一

○・二〇　イギリスに発注した砲艦「鳥海」建造用機材搭載の商船が地中海で遭難、沈没した旨を海軍省主船局に報告◆一一・｜　石川島平野造船所の従業員全員に生命保険契約を明治生命保険会社と締結◆この年　渋沢栄一の斡旋により渋沢栄一・伊達家・鍋島家から合計十万円の資本提供を受ける◆この年　石川島で製造した新造船は蒸気船八艘、合計三九五トン、入渠修理船は蒸気船一〇艘、風帆船二艘、合計四、三五二トン

◆一・二五　砲艦「鳥海」の起工式を挙行◆一・｜　この月に発行された『史学協会雑誌』に「活版事業創始ノ説明」が掲載◆春　平野土木組は日本鉄道の石橋・宇都宮間と宇都宮・矢板間の土木工事ならびに箒川・鬼怒川の砂防工事を請負◆二・初旬　一等砲艦「鳥海」の建造着手◆二・二〇　東京府知事に対し横須賀白浜・長浦間の渡船営業願を提出◆二・｜　農商務省に宛てた「兵庫造船所拝借願」を作成◆三・二　東京府知事に宛てて「兵庫造船所拝借願」に対する「添翰願」を提出◆三・一八　農商務省に「営業資本金高」「拝借金之有無」「造船営業之来歴」を提出◆春　平野土木組は宇都宮・白河間の一部土木工事を請負◆四・一五　東京府知事に宛て「東京平野汽船組合設立願」を梅浦精一と連名で提出◆五・一　東京府から兵庫造船所拝借願が却下された旨の伝達あり◆五・初　海軍省艦政局に対して軍艦「鳥海」の落成期限延期願を提出●五・一〇　鬼怒川付近の出張先で脳溢血を発症、急遽、東京に移送◆五・｜　平野土木組は横須賀造船所構内の山地開削による用地造成工事を受注◆六・｜　東京府に有限責任東京平野土木組の創立届を提出●六・中旬　避暑と静養のた

◆二・一八　川崎正蔵は農商務大臣に対して兵庫造船所貸下願を提出◆四・二七　兵庫造船所の貸下は先願の川崎正蔵とすることが閣議に於いて決済される◆五・｜　大隈重信は伯爵を授与される◆七・｜　鉄道局長井上勝が東京・大阪間鉄道を中山道経由から東海道経由に変更を具申◆七・｜　東京・千葉・茨城の三知事が連名で「利根運河開鑿ノ議」を内務大臣に提出◆八・｜　東京・神奈川でコレラが蔓延し、明治期最大の流行となる

明治二〇

一八八七

四二

め日光に赴く●七・下旬　日光の静養先から帰京◆八・二八　造機技師長アーチボルド・キングがコレラで死亡◆八・－　東京平野土木組は白河・仙台間の一部鉄道工事を請負◆九・一　同日から興行を開始したチャリネ大曲馬団のために石油ランプを製作◆九・二九　吾妻橋鉄部組建方請負の受書を東京府知事に提出◆九・－　東京平野土木組は呉、佐世保鎮守府の建設地造成工事に入札したが失注◆一〇・－　東京平野土木組は横須賀鎮守府庁舎建設のため山地半腹切取造成工事を請負◆一〇・－　東京平野土木組は横須賀の吾妻山下運河開鑿の第一区工事を入札により落札し請負◆一〇・－　東京平野土木組はドコビール軽便鉄道による八王子鉄道の計画に協力◆一〇・二九　大隈重信に宛てて八王子鉄道計画に関する書簡を出状●一一・－　この頃、病気が再発して就床◆一一・－　横浜・八王子間のドコビールによる私設鉄道計画は不成立となる◆一二・三　吾妻橋鉄部の加工・組立工事に着手◆一二・－　匿名組合員の梅浦精一を石川島平野造船所の副社長として委任◆一二・二六　海軍省に対し旧横浜製鉄所の諸機械・建物の払下願を提出◆この年　渋沢栄一の提案により匿名組合を組織し、不足資金を調達◆この年　東京帝国大学に蒸気式暖房器を納入◆この頃　石川島平野造船所構内に徒弟寄宿舎を建て、養成教育を開始◆この年　石川島で製造した新造船は蒸気船一艘、一六・六総トン、ヨット一艘、浚渫機台船二艘、入渠修理船は三月までの実績として蒸気船一艘、風帆船一艘、合計五八八トン

◆一・－　平野土木組の利益計画を策定◆二・一五　勝海舟に対し建造中の船を一覧するよう要請●春　病気が再発

◆三・－　大倉組と藤田組の土木建築部門が合併して日本土木会社が設立される◆五・一二　両毛鉄道会社（社長田

し、知覚喪失・識別不安定となり、療養に努める◆三・二一　砲艦「鳥海」の進水に備えて東京府に対し川底浚渫を出願し、却下される◆三・三一　砲艦建造工事に付き海軍省に対し契約代価の増額を歎願◆四・六　有限責任東京平野土木組の役員を東京府に届出◆五・二六　発起人の一人として「甲信鉄道会社創立請願書」を内閣総理大臣に宛てて提出●夏季　伊香保・草津温泉に静養（推測）◆七・九　海軍省から旧横浜製鉄所の機械類・諸建物類の払下を許可される◆七・一〇　甲信鉄道会社発起人に対し内閣総理大臣から第一号仮免状が下付される◆七・－　碓氷馬車鉄道会社からドコビール軽便鉄道による簡易馬車鉄道布設の願書が提出され、計画に協力●初秋　箱根温泉に静養（推測）◆八・一四　同日付けで勝海舟から砲艦水卸しに出席できないとの書状を受け取る◆八・二〇　一等砲艦「鳥海」の進水式を挙行し、海軍次官樺山資紀の祝辞を受け、自ら報辞を述べる◆八・－　吾妻橋の鋳鉄製柱飾・高欄などを受注◆九・－　旧横浜製鉄所の機械類・諸建物類の初回代金を支払い、所有物として受取る◆九・－　東京平野土木組が両毛鉄道の小山・栃木間の線路工事を請負う◆一〇・一三　吾妻橋の鉄部組立工事を完成◆一〇・－　この頃、甲信鉄道計画と並行して沼津の外港である江の浦港の改築を計画◆一一・二〇　吾妻橋の鋳鉄製柱飾などを完成◆この年　石川島造船所構内に三階建煉瓦造の本社事務所を新築◆この年　東京府による澪筋浚渫と佃島地先埋立の入札に参加したが、日本土木会社が落札◆この年　石川島で製造した新造船は蒸気船一艘、八五・九トン、水雷艇四艘、合計一一二トン、砲艦一艘、六二二トン

口卯吉）が設立される◆五・－　政府により「私設鉄道条例」が公布◆一二・九東京府により吾妻橋の開通式挙行

明治二一　一八八八　四三

◆一・頃　江の浦港で埋立工事に着手◆三・一　碓氷馬車鉄道用としてフランスから輸入した鉄軌と客車を現地に搬入◆三・七　同日付け『時事新報』にデニー・ラリュー名で広告を出す◆三・二三　去る三月七日付けデニー・ラリュー名の広告に対し、東京府知事に始末書を提出◆三・二九　大隈重信に宛て若尾逸平と訪問予定の書簡出状◆春

東京平野土木組の廃業・解散を親族・故友が平野富二の健康を慮って決議◆四・四　デニー・ラリュー広告事件に対し外国人取扱規則を遵守する旨の請書を東京府知事に提出◆五・一　甲信鉄道発起人総会を大隈邸で開催◆五・一

横須賀吾妻山掘割第二区工事の入札がおこなわれて一番札となったが、二番札の日本土木会社が受注◆六・一　今木七十郎とデニー・ラリューが辞職、鉄道工事は早川知寛に譲る◆九・二一　内閣総理大臣に宛て「甲信鉄道会社設立及鉄道布設ノ免状下附ノ儀ニ付請願」を発起人連署で提出される◆一一・七　甲信鉄道の布設免状下付につき内閣から鉄道局と協議の指示◆一二・二七　一等砲艦「鳥海」の公試運転を終えて海軍省に引渡す◆年末　石川島平野造船所を匿名組合組織から株式組織として会社経営することを決議◆この年　石川島で製造した新造船は蒸気船一艘、二八・五トン、スチームピンネース一艘、ライター船二艘

◆一・一　『耐忍偉業　商人立志編　全』が発行され、「平野富二氏之伝」が掲載される◆二・一　大隈重信が第一次伊藤博文内閣の外務大臣に就任◆四・一　碓氷馬車鉄道の軌道布設着手◆四・二五　市制・町村制が公布される◆五・一　稲木勝が「第十三号通快丸」を建造◆八・一　東京市区改正条例が公布◆八・三〇　碓氷馬車鉄道の全線工事完了◆一二・九　東京府により吾妻橋の開通式挙行

明治二二　一八八九　四四

◆一・一〇　梅浦精一と連名で東京府知事に宛てて「東京石川島造船所設立願」を提出◆一・一七　有限責任東京石川島造船所が東京府から免許示達を受けて正式に発足◆一・二一　平野富二名義で借用していた石川島地所は新会社で引継ぐ旨を海軍省に届出◆二・一六　海軍省から借用

◆二・一　東海道鉄道の国府津・沼津間と沼津・静岡間が同時開通◆二・一一　大日本帝国憲法発布◆五・一　従来の東京一五区の範囲が東京市となる◆七・一　東京・神戸間の東海道鉄道が全線開通◆一〇・一八　外務大臣大隈重信は暴漢に爆弾を投げ付けられて片足を失う◆一二・一二

明治二三

一八九〇

四五

の石川島地所の一式払下を申請◆三・―　甲信鉄道発起人総代から内閣総理大臣に宛て「建築費予算増額ニ付請願書」を提出◆四・一　海軍省から船渠の付属設備のみ払下を許可◆五・三　活字・印刷機械類の清国各地での販路調査のため願書を外務省通商局に提出◆六・―　有限責任東京築地活版製造所の定款を定め、社長を辞任して本木昌造の嫡子本木小太郎を社長心得として後任とする◆七・一七　東京湾澪浚費を寄付したことにより東京府知事から賞状と賞品を授与される◆八・一　政府から甲信鉄道会社に対して甲府・松本間のみ鉄道布設認可の方針伝達あり◆一〇・五　発起人連署で東京府知事に宛て「有限責任東京湾汽船会社創立認可願」を提出◆一〇・三一　甲信鉄道は甲府・松本間のみの鉄道布設を認可し、御殿場・甲府間については再検討とすることが閣議で裁可◆一一・一四　東京湾汽船会社の臨時株主総会で取締役の一人として選任される◆一一・一六　渋沢栄一と連名で海軍大臣に宛てた石川島の地所と船渠の拝借料減額の願書を添えて東京府知事に提出◆この年　東京石川島造船所で最初の鋼鉄製船である「上川丸」を完成させ、北海道庁に納入●この年　長者番付瓦版『方今長者鑑』で東前頭五枚目に挙げられる◆この年　石川島で製造した新造船は蒸気船四艘、合計三五七・二トン、艀船五艘、ボート七艘、ダルマ船六艘

◆一・一三　榎本武揚から第二房州共立汽船会社の件で書状を受領◆一・三一　東京平野汽船組合の解散届を東京府に提出し、同日限りで解散◆一・―　東京電燈会社から浅草十二階凌雲閣の電動式エレベーターの巻揚機と昇降客室を受注◆三・五　東京石川島造船所で第一回株主総会を開

京都市は琵琶湖疏水による水力発電事業を京都市事業として実施することを決定

◆一・―　琵琶湖疏水工事の一環として水力発電用水路の建設に着手◆四・九　京都府において琵琶湖疏水土木工事の竣工式挙行◆四・二六　商法が公布◆五・―　米価の高騰により窮民が増加◆七・一　第一回衆議院議員の総選挙◆七・―　東京市区改正水道設計が決定◆一〇・二八　浅

催◆三・一九　石川島が海軍省所轄から宮内省所轄の皇室地付属となった。これに伴ない、宮内省から向う十五年間の貸下げ指令あり◆四・一　第三回内国勧業博覧会に小形蒸気船用並列高圧連成蒸気機関一基を出品◆四・―　東京湾汽船会社が商法公布により社名を東京湾汽船株式会社と変更◆四・頃　部下を伴い琵琶湖疎水工事を視察し、要路の人と面談◆七・一　衆議院議員の第一回総選挙に京橋区から立候補し、落選◆七・二　加賀地方の銅鉱山視察に出発◆七・一一　第三回内国勧業博覧会への出品に対し一等有功賞として賞状と銅牌を授与◆八・八　静岡県知事から江ノ浦・多比間新道開鑿費を寄付により賞状を授与◆八・―　加賀能美鉱業所の事業について原六郎と「契約互換証」を交わす◆一〇・二八　静岡県知事から江ノ浦・多比間の道路開鑿費追加寄付により賞状を授与される◆一一・一四　京橋区内の窮民救済のため精米購入費を寄付し東京府から賞状を授与される◆一二・―　石川島地所貸下期間について宮内省から明治五二年二月まで二十年間を許可される◆この年　京都府に百二十馬力ペルトン水車二台を納入、一二月に据付◆この年　電話加入の申込みを行ない、一六一番の電話番号を取得◆この年　石川島で製造した新造船は蒸気船二艘、合計一〇一・二トン、防禦艇一艘、スチームランチ二艘、艀船五艘、ダルマ船六艘、ボート七艘

草十二階凌雲閣が竣工◆一一・三　大日本帝国議会が開会◆一二・一六　東京・横浜に初めて電話が開通◆一二・―　京都の蹴上水力発電所にペルトン水車二基と発電機二基が設置される◆この年　山陰・北陸各地に米騒動が起こる

明治二四

一八九一

四六

◆一・―　経営に参画中の函館器械製造所を増資し、社名を函館造船所と改称◆四・二三　石川島の土地借用に関して宮内省に御料地拝借証書を提出◆七・一三　能美鉱業所の経営を原六郎から受託◆一〇・一四　東京市から鉄部加工組立を受注していた「お茶の水橋」が竣工◆一二・

◆一・二〇　帝国議事堂が焼失◆三　東京築地活版製造所に於いて「平野富二氏行状」初稿を編纂◆五・―　京都の蹴上水力発電所で一部発電を開始◆五・二六　浅草十二階凌雲閣のエレベーターが検査により構造不安定として運転禁止となる◆五・―　『印刷雑誌』（秀英舎刊）に「平

明治二五

一八九二

四七

政府に対して「西洋形帆船検査法廃止ニ関スル意見書」を提出◆この年　焼失した帝国議事堂の仮議院に暖房器を納入◆この年　石川島造船所内に鋳造工場新設◆この年　石川島で製造した新造船は蒸気船二艘、合計二二四・三トン、入渠修理船は蒸気船一四艘、風帆船八艘、浚渫船二艘、水雷艇一艘

◆一・―　東京湾浚渫工事存廃調査委員会の委員二、三名と面会し、先に東京市が日本土木会社に請負わせて実施した浚渫結果の現状と問題点を説明◆三・―　能美鉱業所の経営受託を途中辞退し、一切の権利を放棄◆三・二八　東京石川島造船所の臨時株主総会で新古諸機械の受託販売引受を決議◆四・―　『日本全国商工人名録　全』に東京石川島造船所と個人経営になる平野鉄軌方の広告を掲載◆六・一五　大日本私立衛生会から会員章（第六一九号）を授与される◆上半期　東京市から厩橋の鉄部製作を受注◆八・初　東京鋳鉄商の代表に加わって東京市に水道鉄管購買に関する請願書を提出◆一一・三〇　東京市に対し東京石川島造船所から水道用鉄管見積書を提出●この年　仙台出身の苦学生佐藤龍亮と知り合い、平野の姓を与えて、東京石川島造船所に入社させる◆この年　古河鉱業向けに自動式骸炭押出機械を製作◆この年　東京電燈会社向けに高速度発電汽機を製作◆この年　石川島で製造した新造船は蒸気船三艘、合計二八〇・四トン、競漕軽艇七艘、端艇三艘、入渠修理船は一五艘、その他の修理船多数●一二・二

日本橋小舟町の田口亭で水道鉄管国産化について演説中、卒倒して自宅に移される●一二・三　午前一時一五分に脳出血で死去●一二・五　東京谷中墓地に仏葬される

野富二君ノ履歴」が連載開始◆九・一　日本鉄道の上野・青森間が全通◆九・―　図書出版会社編纂『帝国実業家立志編』に「平野富二君」と題して略歴が掲載

◆五・―　東京水道用鋳鉄管購買示方書が東京市会で決議され、内外の指定業者に引合◆六・四　京都市水利事務所の開業式◆七・―　東京堂書房で出版された『実業家百傑伝』に「平野富二君」と題して半生の記録が掲載◆一一・一　「万朝報」が黒岩涙香によって発刊◆一二・五　東京市水道改良事務所に於いて水道鉄管見積の開札実施（明治二六・三・八　日本鋳鉄会社が請負）◆一二・一一　渋沢栄一は東京市の水道鉄管問題で誤解を受け、凶漢に襲われる

平野富二没後の記録年表

年号	西暦年	回忌	子孫の記録	関連事項
明治二五	一八九二	一	●一二・― 次女津類が家督を相続	
明治二六	一八九三	二		◆一・二一 東京石川島造船所は常任委員として梅浦精一を選任◆四・― 三益印刷部の出版になる瀬川光行編『商海英傑伝』に「平野富二君伝」が掲載◆八・― 故平野富二の追悼事業として「富二慈恵会」を設立◆九・五 東京石川島造船所は株主総会で社名を株式会社東京石川島造船所と改称し、増資して資本金二十五万円とする◆この年東京石川島造船所の職員・職工の有志により平野富二の記念碑建立の話合
明治二七	一八九四	三	●― 次女津類が青森県出身平野（旧姓堺）勇造と結婚 ●一〇・二〇 孫娘富美が次女津類を母として出生	
明治三〇	一八九七	六	●三・五 孫義太郎が次女津留を母として出生	
明治三一	一八九八	七	●四・― 次女津類は夫平野勇造と協議離婚 ●一二・三 母矢次み禰の発意により、郷里長崎の祖先の墓所に「平野富二碑」を建立	
明治三二	一八九九	八	●三・一五 母み禰が長崎で死亡	
明治三五	一九〇二	一一	●四・― 三女幾みは鹿児島県出身の山口省一郎に嫁す	
明治三七	一九〇四	一三		◆一一・二七 平野富二の十三回忌に当り谷中墓地に「平野富二君碑」の建碑式が挙行
大正 一	一九一二	二一	●一二・二一 妻古まが東京市京橋区で死亡。享年六一	
大正 七	一九一八	二七		◆一一・一八 わが国造船事業の先達として平野富二は宮内省を通じて従五位の位記を贈られ、遺族に伝達される

大正　八	一九一九	二八	●三・－　嫡孫平野義太郎によって谷中の墓標の傍らに贈従五位の記念碑を建立	
昭和　七	一九三二	四一		◆一二・三　三谷幸吉主催で追悼墓前祭が挙行
昭和　八	一九三三	四二	●平野津類によって『本木昌造・平野富二詳伝』が全国主要図書館などに寄贈	◆四・二〇　三谷幸吉の編輯になる『本木昌造・平野富二詳伝』が発行され、刊行頒布会の会員に頒布される
昭和一三	一九三八	四七		◆三・一七　東京築地活版製造所は臨時株主総会の決議により解散する
昭和一六	一九四一	五〇	●一二・三　嫡孫平野義太郎により谷中墓地において追悼会を開催	
昭和四六	一九七一	八〇		◆六・－　全日本活字工業会・日本活字協同組合によって東京築地活版製造所の存在した場所に「活字発祥の碑」を建立
平成一四	二〇〇二	一一一	●一二・一　平野家一同により平野富二没後百十年祭・平野富二碑移築除幕式を挙行	◆一二・三　朗文堂から片塩二朗著『富二　奔る——近代日本を創ったひと・平野富二』が刊行される
平成二一	二〇〇九	一一八		◆八・一　株式会社ＩＨＩから高松昇著『石川島造船所創業者　平野富二の生涯』（非売品）が刊行される ◆一二・三　株式会社ＩＨＩにより高松昇著『石川島造船所創業者　平野富二の生涯』献本式を挙行
平成二五	二〇一三	一二二	◆一一・三〇－一二・一　平野家主催による『平野富二伝　考察と補遺』刊行記念　展示・講演会が開催される	◆一一・二二　朗文堂から古谷昌二著『平野富二伝　考察と補遺』が刊行される
平成二八	二〇一六	一二五	◆二・－　この年が平野富二生誕満一七〇年に当たるため平野家の協力により記念行事を企画 ◆五・六－八　朗文堂主催、平野ホール協賛により平野富二生誕の地である長崎で「Viva la 活版 ばってん長崎」が開催される	◆三・－　東京と長崎の研究者たちにより、平野富二の生家が各種資料により特定される
平成二九	二〇一七	一二六	◆一一・二四－二六　朗文堂主催、平野ホール協力により東京上野桜木の日展会館新館で「メディア・ルネサンス	◆新春　有志による『平野富二生誕の地』碑　建立　有志の会が発足

平成三〇	二〇一八	一二七	平野富二　生誕一七〇年祭」が開催される ◆一一・二四　平野家・矢次家代表列席の下、長崎において「平野富二生誕の地」碑 除幕式が挙行される

作成　古谷昌二（平成三〇年一二月一四日改訂）

明治産業近代化のパイオニア

「平野富二生誕の地」碑 建立 趣意書

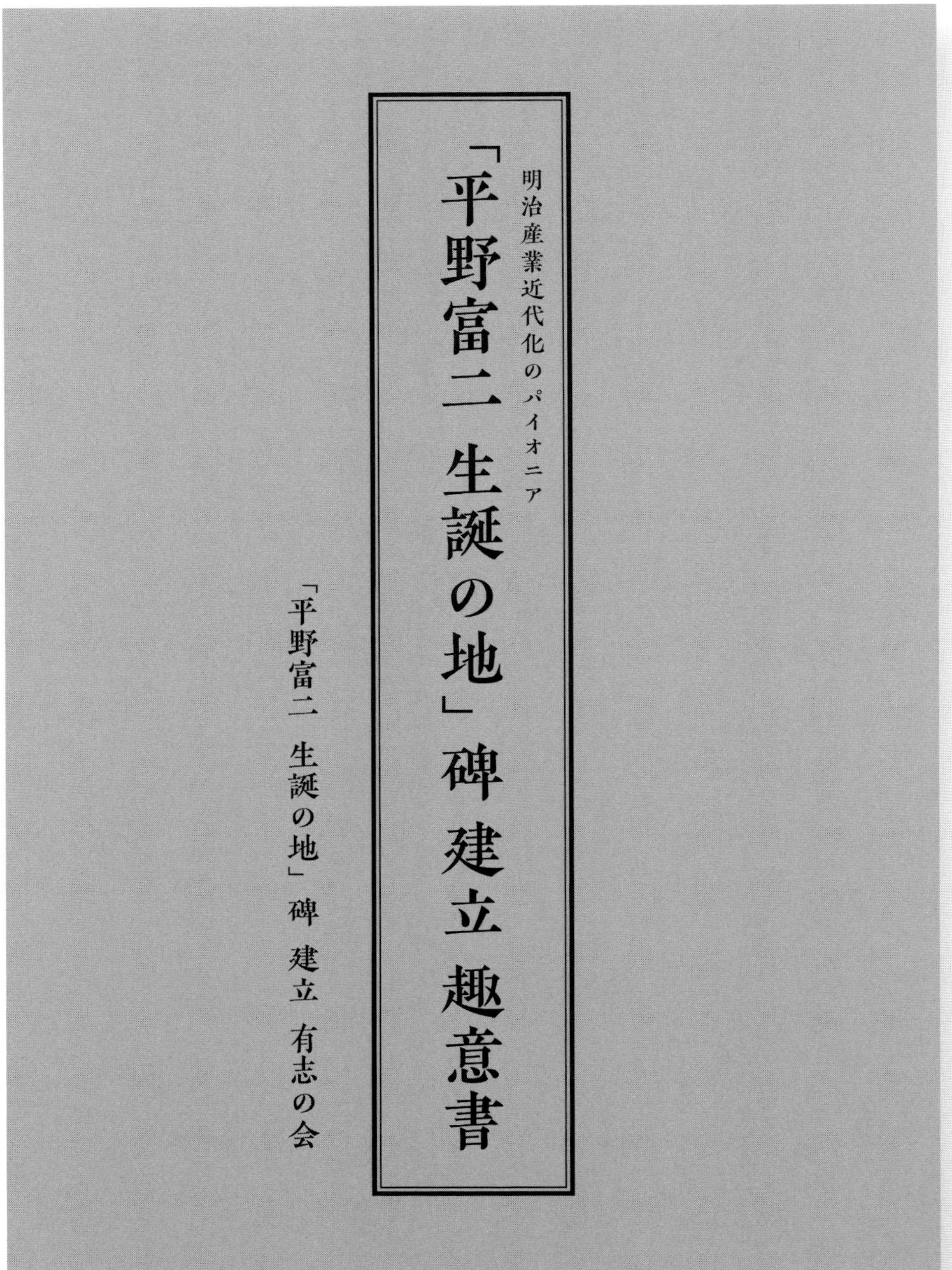

明治産業近代化のパイオニア

「平野富二 生誕の地」碑 建立 趣意書

「平野富二 生誕の地」碑 建立 有志の会

『明治産業近代化のパイオニア「平野富二生誕の地」碑 建立 趣意書』
発行：2016年12月、発行者：「平野富二生誕の地」碑 建立 有志の会　代表 古谷昌二

次頁からの文章は、2016年12月発行の『明治産業近代化のパイオニア「平野富二生誕の地」碑 建立 趣意書』を再録したものである。

「平野富二生誕の地」碑 建立 趣意書

本二〇一六（平成二八）年は、長崎の生んだ明治時代の実業家 平野富二の生誕一七〇周年に当たります。その記念を兼ねて、本年五月、活版に縁のある長崎市内の各地を訪問する「崎陽探訪・活版さるく」の計画がなされました。

計画の一環として、地元長崎の歴史研究家の方々のご協力を得て、平野富二の生家である矢次家の場所を示す歴史資料が発掘され、長崎県勤労福祉会館（長崎市桜町九番六号）の建てられている敷地の一画であることが判明しました。

これを契機として、「崎陽探訪・活版さるく」に参加したメンバーの中から、この場所に平野富二の記念碑を建立する要望が出され、現在、有志者により具体化のための検討ならびに予備調査がおこなわれています。

平野富二は、弘化三年八月一四日（一八四六年一〇月四日）、長崎引地町（町名変更により現存しない）に居住する町司矢次豊三郎の次男として生まれました。幼名は矢次富次郎と称し、後に兄の継いだ矢次家から独立して矢次家始祖の旧姓である平野姓を名乗り、次いで明治五（一八七二）年の近代戸籍編成に際して平野富二と改名しました。

長崎では、恩師である本木昌造の陰に隠れて、平野富二の知名度は高くありません。しかし、平野富二は、県営時代の長崎製鉄所において、その付属施設となった小菅修船場の初代責任者として抜擢され、長崎製鉄所の経営に大きく貢献しました。その収益により立神ドックの掘削を建言して長崎製鉄所を本格的な造船所とする道を造り上げました。この掘削工事は、当時、長崎市内に溢れる失業者の救済にも役立てられました。

その貢献が認められて長崎県官吏の資格である権大属に任じられ、長崎製鉄所が長崎県から工部省に移管された時の最後の経営責任者となりました。そのとき、平野富二は数え年で二十六歳でした。

今の三菱長崎造船所の前身は平野富二が貢献した長崎製鉄所であり、長崎造船所立神地区の壁面にある記念碑銘板には、平野富二の名前が記録されています。

工部省移管に伴い長崎製鉄所を退職した平野富二は、その後、活版製造事業で経営に行き詰まった本木昌造の要望を受けてその経営を引き継ぎ、短期間のうちに活字の品質とコストの問題を解決して、大量生産の技術を完成させて事業を成功に導きました。

後に平野富二が農商務省に提出した文書に、「創業の功は専ら本木氏に在りて、改良弘売の功は平野の力多きに居る。」と述べています。

本木昌造の創業した活版製造事業を軌道に乗せるため、平野富二は需要の中心地である東京に拠点を移しました。当時、公文書や書籍類は筆写や木版摺りで作成されていました。これらを活版印刷化することによって得られるメリットは大きく、それを宣伝すると共に、輸入に頼っていた活版印刷機の国産化を図りました。

その結果、官公庁や府県が発行する布告・布達類の活版印刷化が促進され、また、近代的新聞の普及に結び付き明治初期における文明開化の実現に大きく貢献しました。

平野富二は、長崎製鉄所時代に決意した「造船事業を興して国家に寄与する」との志望を実現するべく、一八七六（明治九）年、海軍省から旧石川島造船所の跡地を借用して、わが国最初の民間造船所を設立しました。そこでは、河川運行用の小形蒸気船を開発して内陸部への交通運輸の便を開き、海難事故の多かった海上運送で堅牢・安全な洋式船舶を建造、また、民間造船所としてわが国最初の軍艦建造をおこないました。

一八九二（明治二五）年一二月三日、平野富二は演説中に発症した脳溢血により病没しました。享年四十七でした。生前の功績により、「民設西洋型造船所の嚆矢たり。我邦造船事業の先達として従五位を贈し可然。」として一九一八（大正七）年に従五位を追贈叙位されました。

活版製造事業はもとより、造船事業に付随して蒸気船運輸、機械製造、橋梁・鉄構物架設、大規模土木工事など多方面の分野でわが国近代化のパイオニアとして貢献しました。

昨二〇一五（平成二七）年七月、世界文化遺産として「明治日本の産業革命遺産」が登録されました。その中に、長崎エリアとして八遺産が含まれており、平野富二の関係した長崎造船所の諸施設があります。

長崎市では観光推進の一環として市内の歴史的に由緒ある地を訪ね歩く「長崎さるく」がおこなわれています。これを機会に、その訪問地の一つとして、平野富二に由緒ある地を加えて頂き、そのような先人が長崎で生まれ育ったことを多くの方々に知って頂くことは意義あることと存じます。

ついては、先覧の偉業を回顧しこれを顕彰するため、平野富二生誕の地とされる長崎県勤労福祉会館のある敷地で、道路沿いの一画に記念碑を建立することが最適と考えております。

それを実現させるためには、土地所有者である長崎市と現使用者である長崎県の使用許可が必須となりますが、多くの賛同者を得て資金面でのご支援が欠かせません。また、長崎市関係団体のご理解とご協力も必要と考えております。

なにとぞ私共の趣意をご理解いただき、格別のご賛助を賜りたく懇願申し上げます。

二〇一六（平成二八）年一二月

発起人代表　古谷昌二

平野富二生誕の地　確定根拠

平野富二の生前に発行された東京築地活版製造所編纂『長崎新塾活版所東京出店ノ顛末　並ニ　継業者平野富二氏行状』によると、「平野富二氏、幼名ハ富次郎、長崎ノ士人、矢次豊三郎ノ二男、……、弘化三年丙午八月十四日、長崎ニ於テ生ル。」とある。

平野富二の生家である矢次家の記録「矢次事歴」によると、一八七四（明治七）年四月に記録された矢次家の住居表示は、第一大区四ノ小区引地町五十番地となっている。

矢次家の始祖矢次関右衛門は元大村藩士で、故有って浪人となり長崎に移り住んでいたところ、正徳三年（一七一三）、空席となった町使役を仰せ付けられた。後に町使は町司と表記されるようになるが、代々世襲して父豊三郎は矢次家八代目として町司を勤めていた。

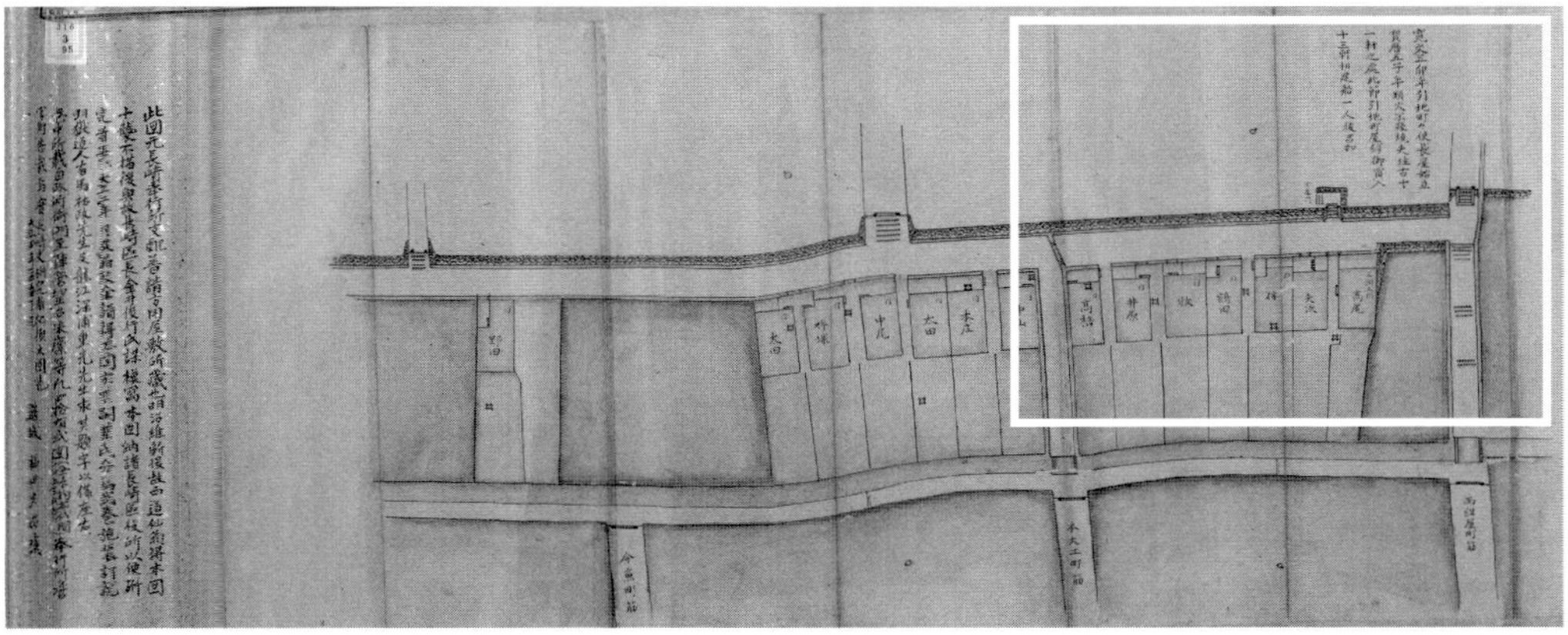

添付資料１

「長崎諸御役場絵図」第一巻、長崎歴史文化博物館所蔵

次頁図：上図の白枠部分の拡大図

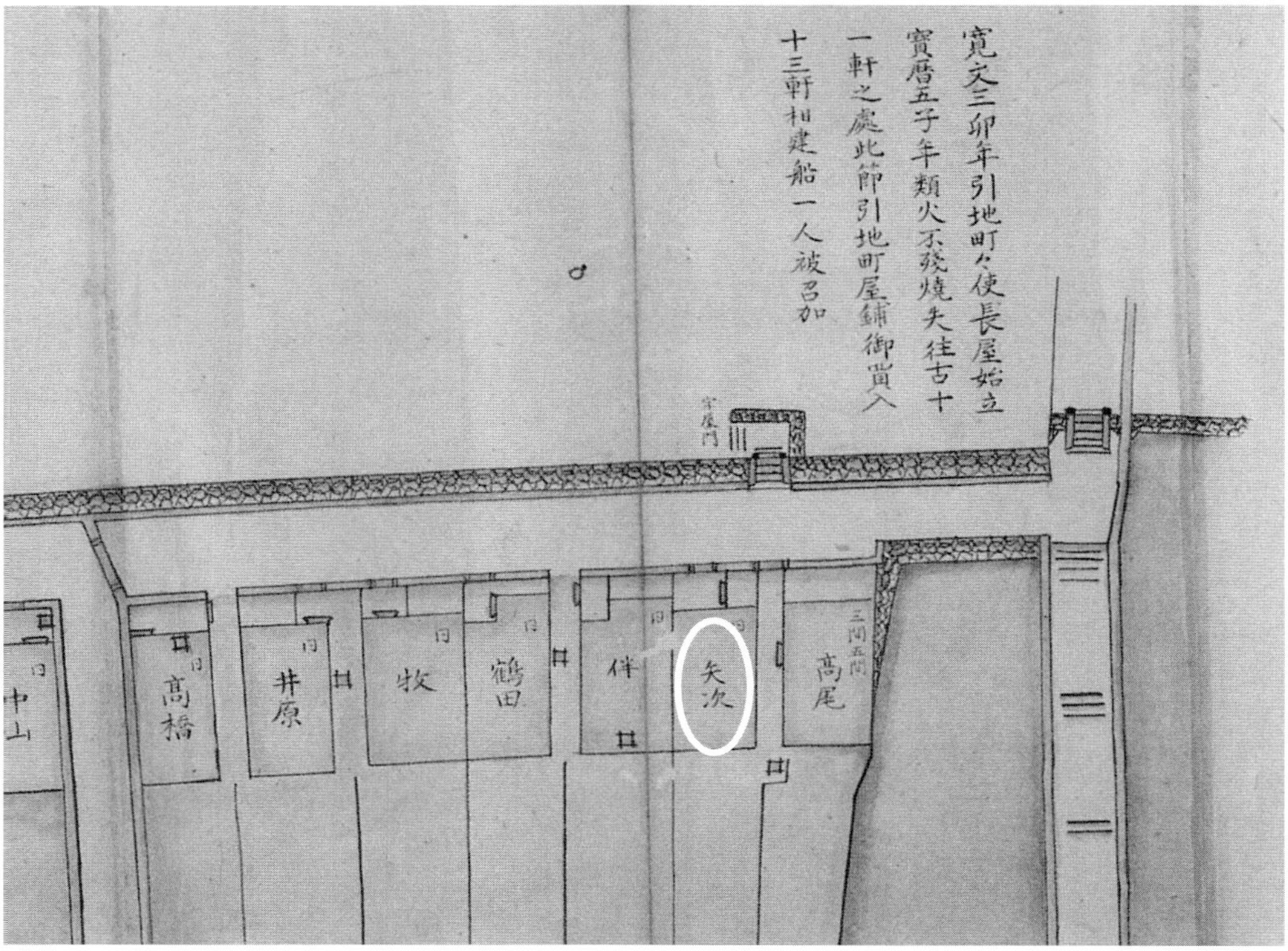
寛文三卯年引地町々使長屋始立
寶暦五子年類火不殘焼失往古十
一軒之處此節引地町屋鋪御買入
十三軒相建船一人被召加
高尾
矢次
伴
鶴田
牧
井原
高橋
中山

町使長屋は、寛文三（一六六三）年、現在の引地町に初めて建てられたが、宝暦五（一七五五）年に類焼したため建て替えられた。以前は十一軒（戸）だったものが十三軒（戸）となって、二軒（戸）が追加された。このことは「引地町町使長屋絵図」〈**添付資料１**長崎歴史文化博物館所蔵「長崎諸御役場絵図」第一巻〉に記載されている。

添付資料１は焼失後に建て替えられた町使長屋の絵図で、二棟ある長屋の各軒（戸）に入居名が記載されている。絵図で右側に描かれている長屋の右端から二番目に「矢次」と明記されている。

焼失前の町使長屋の絵図も別途存在するが、それには「矢次」の名前はどこにも記載されていない。そのことから、矢次家が引地町の町使長屋に入居したのは、建て替えられて二軒（戸）が追加されたときの一軒（戸）に入居したと見られる。

引地町町使長屋の位置は、明和年間（一七六五年

添付資料2　「長崎惣町絵図」明和年間制作、長崎歴史文化博物館所蔵

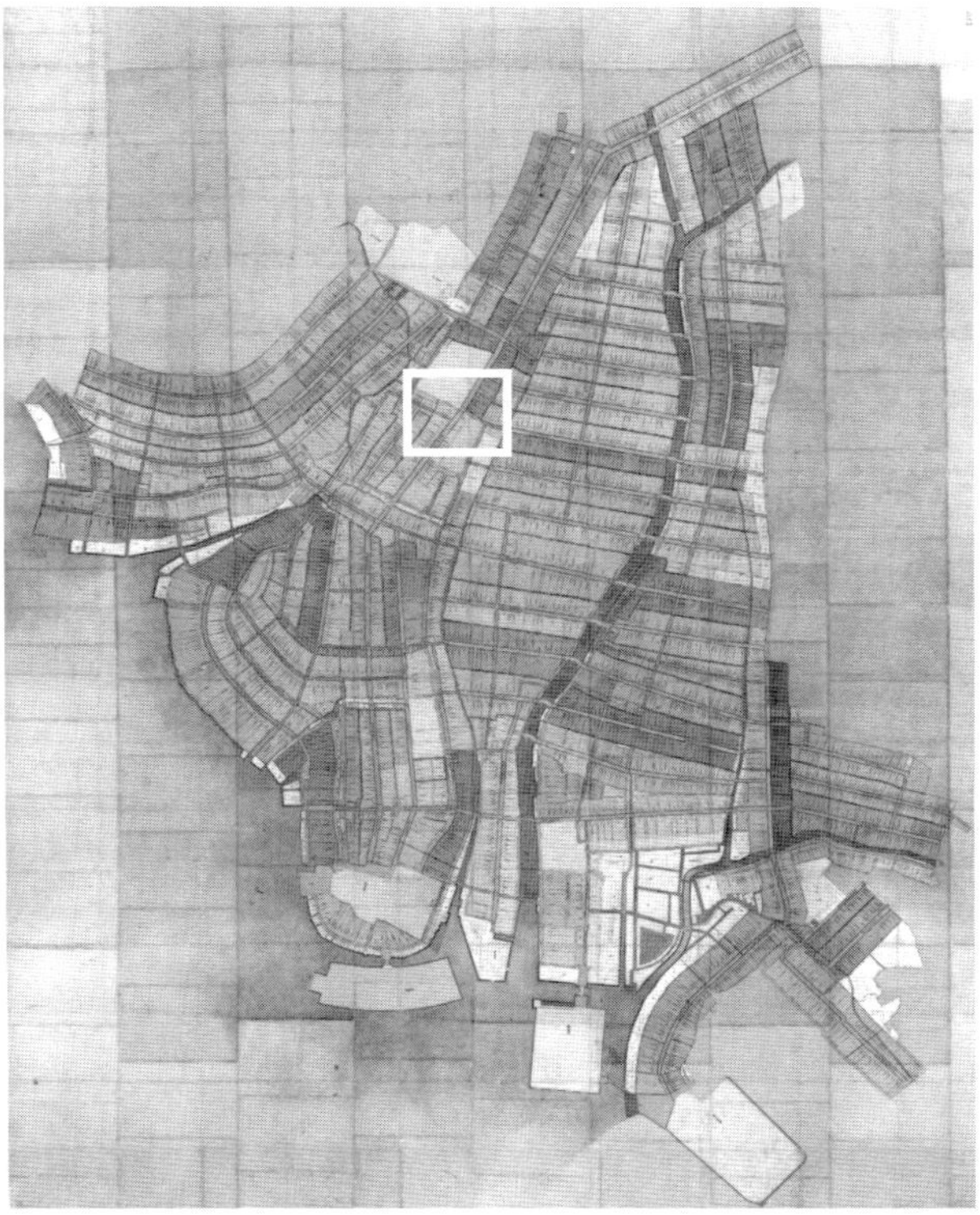

上図の白枠部分の拡大図

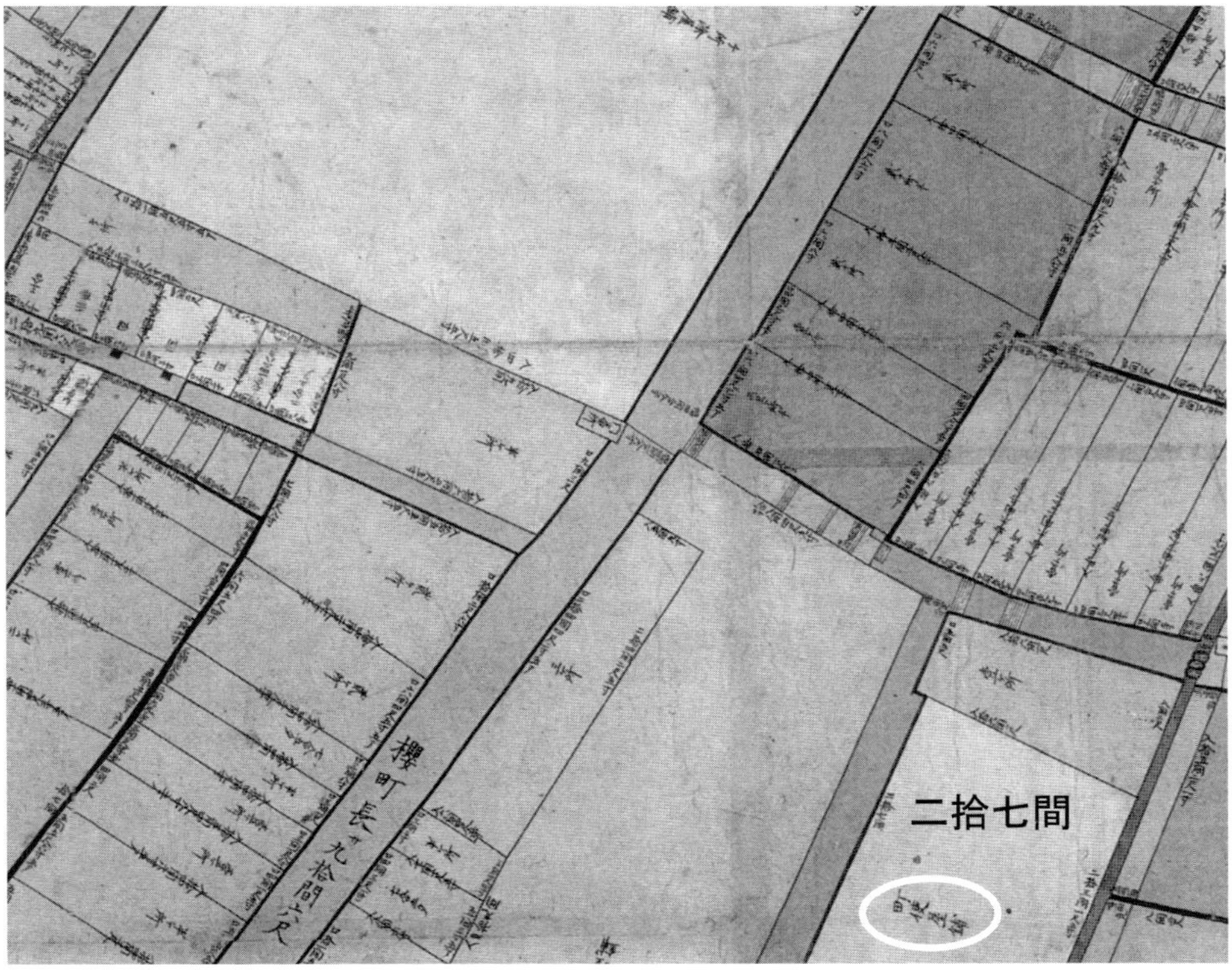

添付資料3

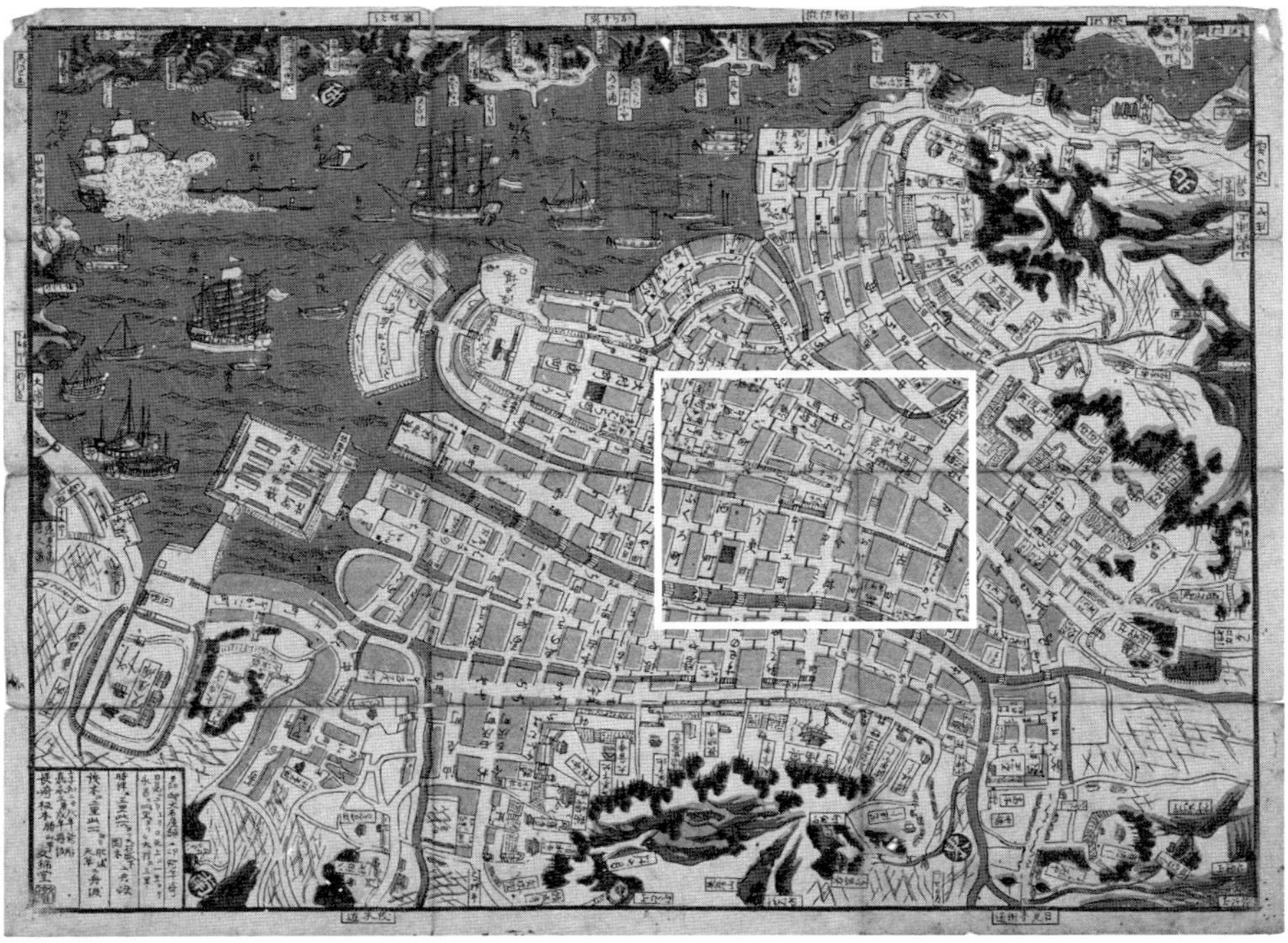

「長崎明細図」嘉永三年（一八五〇）再板、長崎勝山町文錦堂刊

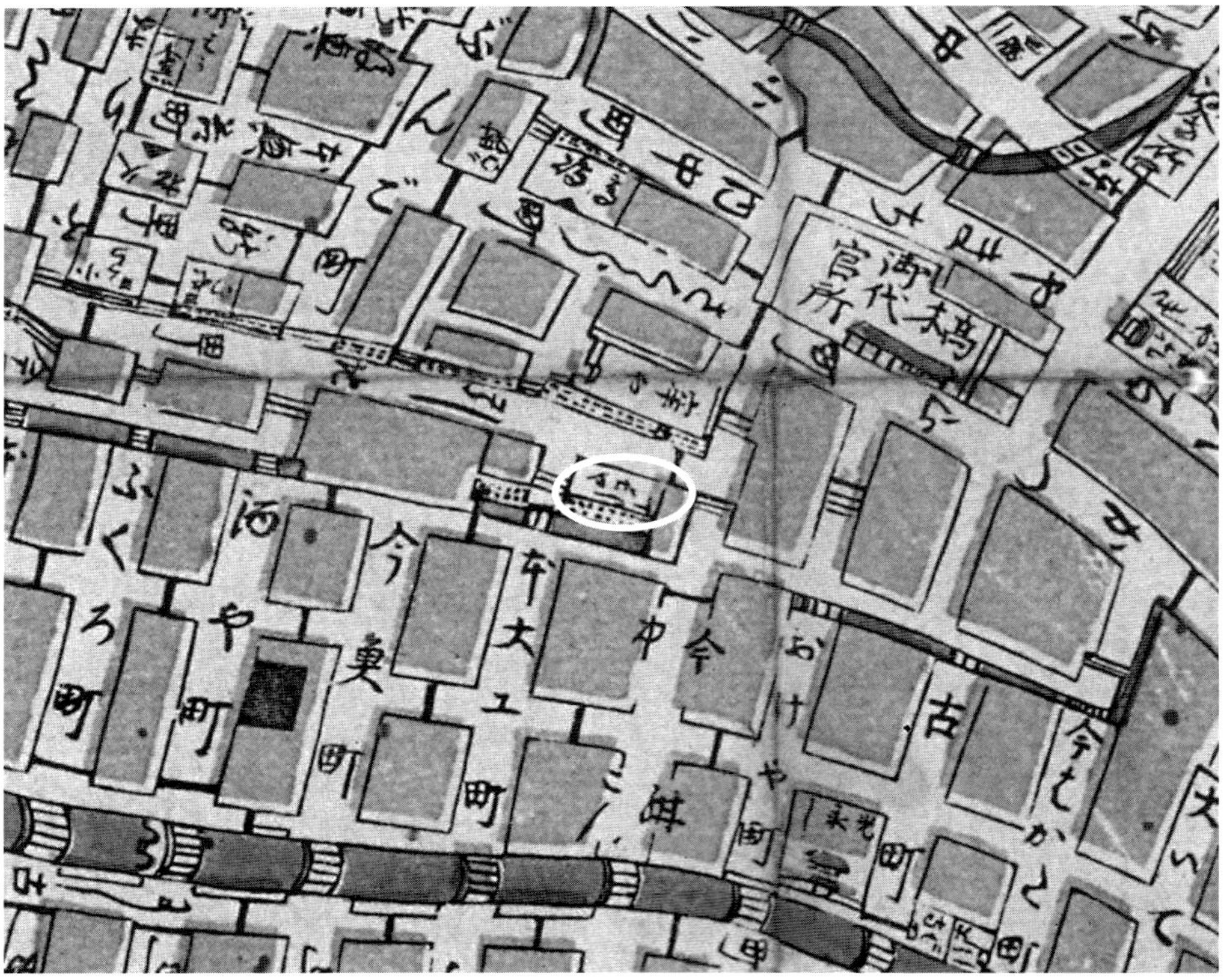

上図の白枠部分の拡大図

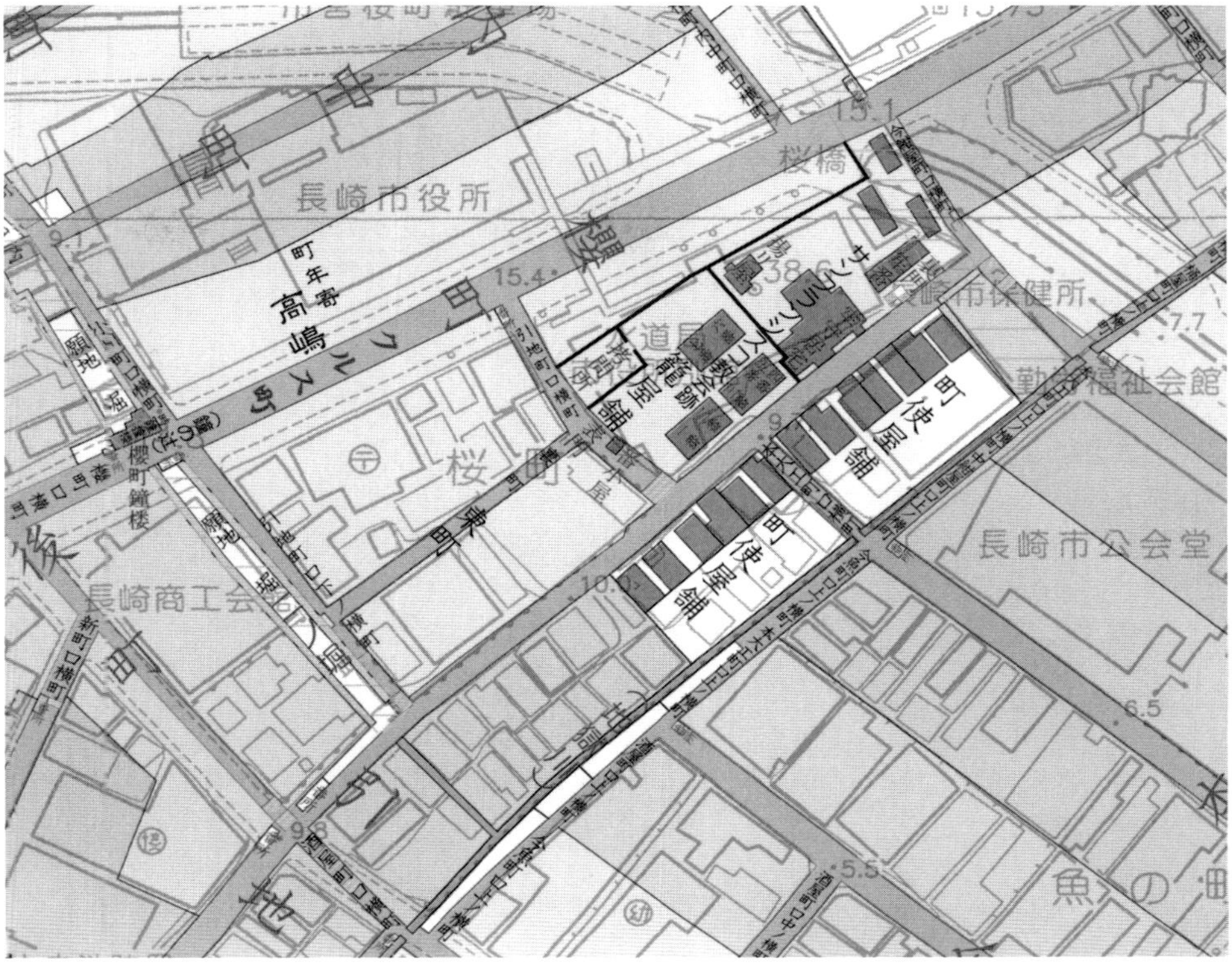

添付資料4　『復元！　江戸時代の長崎』布袋 厚 著から引用

頃）に作成されたと見られる『長崎惣町絵図』〈**添付資料2**　長崎歴史文化博物館所蔵〉に「町使屋舗」と表示されている。下って嘉永三（一八五〇）年に再板された『長崎明細図』〈**添付資料3**　長崎勝山町文錦堂刊〉には、その位置に「丁じ長や」と明記されている。嘉永三（一八五〇）年は平野富二が数え年五《いつつ》であることから、引地町にある町使長屋が生誕の地であると見ることができる。

添付資料1と類似の絵図が国立公文書館所蔵の「長崎諸役所絵図」に含まれている。その絵図を現在の長崎法務局の「国土基本図」に重ね合わせて合成し、「町使屋舗」と表示した地図〈**添付資料4**〉が布袋厚著『復元！　江戸時代の長崎』に掲載されている。それには現在の勤労福祉会館の建物などに重ね合わせて町使屋舗が描かれており、それによって矢次家の在った場所を確定することができる。

以上

〈備考〉平野富二生誕の地　位置確定目安

引地町町使長屋は、七戸建てと六戸建ての二棟の長屋が引地町筋の道路に面して建てられており、この二棟の長屋は本大工町筋に抜ける道路によって隔てられている。**添付資料2**によると、矢次家のある七戸建て長屋が建てられている敷地は、前面道路に沿って長さ二七間（当時、長崎では六尺五寸を一間としていたことから、これを換算すると約五三・一メートルとなる）と表示されている。一戸当たりの幅は平均約七・六メートルとなる。

焼失前の「町使町絵図」（添付省略）によると、同じ敷地と見られる場所にある六戸建て長屋には、五戸が間口五間、一戸が四間と表示されている。長屋内に路地は設けられていないので、長屋の全長は二九間となる。**添付資料2**とは二間の差があるが、その理由は不明。この「町使町絵図」には「矢次」の名前はない。

添付資料1では、各戸はすべて間口が三間と表示されており、これとは別に前面道路から裏庭に通じる路地が七戸建て長屋では四本ある。その内、二本の路地には途中に井戸があり、他の二本の路地には井戸はないので同じ幅とは限らない。路地の幅は明記されていないので、長屋全体の長さ（間口）は不明である。

敷地の北東に隣接する窪地に現在建てられているビルの境界が当時と同じとすれば、境界を基点としてほぼ八メートルから一五メートルの間が矢次家居所跡、すなわち平野富二生誕の地の目安となる。

〈参考〉添付資料1の左側添え書き

【原文】

此図元長崎奉行所支配普請方用屋敷所蔵也明治維新後故西道仙翁得本図十襲不措後與故長崎區長金井俊行氏謀模寫本図納諸長崎區役所以便研究者焉．大正二年　月及翁歿余請得本図於其嗣某氏分為弐巻施装訂就明嶽道人有馬祐政先生及龍江深浦重光先生求其題字以備座右．

巻中所載自政所衛門至陣営望台米廪等凡四拾有弐図（全長約拾弐間、上下弐巻）奉行所幷管掌町悉載焉實長崎史研究者必須之図也

大正四年孟春下沈　　鶴城　福田忠昭識

【現代文】

この図は、元長崎奉行所支配普請方の用屋敷に所蔵されていたものである。明治維新の後、故西道仙翁が本図を得て大切に秘蔵して手放さなかった。後に故長崎区長金井俊行氏と相談して本図を模写し、長崎区役所に納めて研究者の便とした。大正二年　月、西翁が没し、私はその嗣者である某氏から本図を得た。分割して二巻とし、装幀を施し、明嶽道人有馬祐政先生及び龍江深浦重光先生にその題字を依頼し、座右に備えた。

巻中には、政所・衛門から陣営・望台・米蔵などに至るまでおよそ四十二図（全長約十二間、上下二巻）があり、奉行所と管掌する町がことごとく載せてある。実に、長崎史研究者にとって必須の図である。

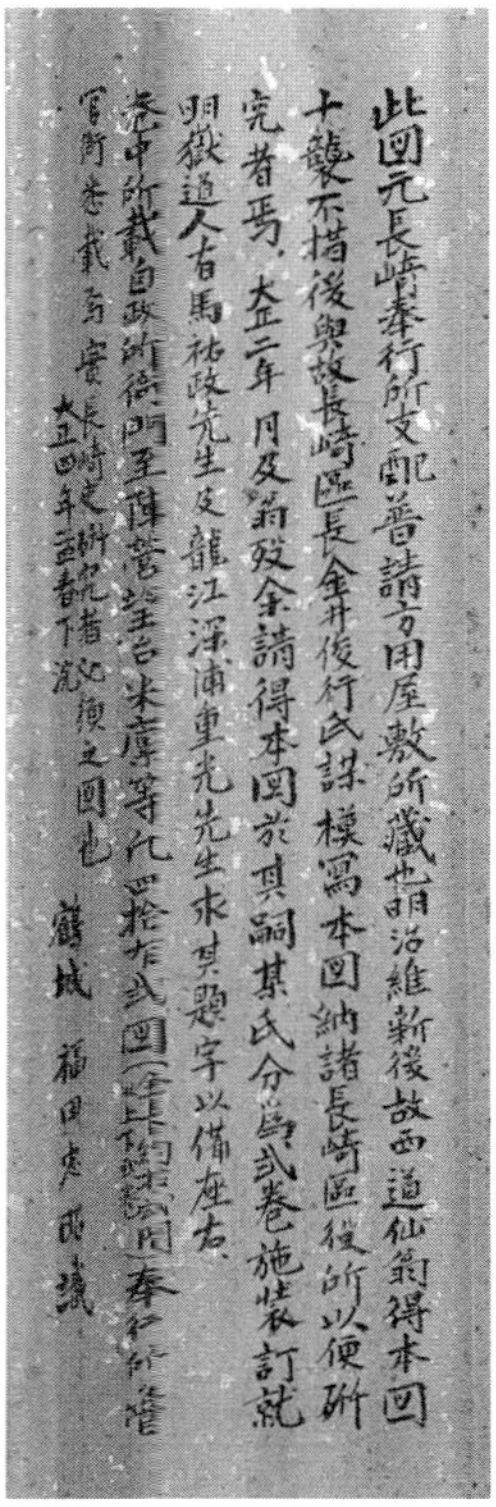
此図元長崎奉行所支配普請方用屋敷所蔵也明治維新後故西道仙翁得本図十襲不措後與故長崎區長金井俊行氏謀模寫本図納諸長崎區役所以便研究者焉．大正二年 月及翁歿余請得本図於其嗣某氏分為弐巻施装訂就明嶽道人有馬祐政先生及龍江深浦重光先生求其題字以備座右
巻中所載自政所衛門至陣営望台米廪等凡四拾有弐図（全長約拾弐間上下弐巻）奉行所并管掌町悉載焉實長崎史研究者必須之図也
大正四年孟春下沈
鶴城　福田忠昭識

添付資料1　部分拡大図

長崎　ミニ・活版さるく

「活版さるく」〔愛称 ブラ富二〕 手旗

平野富二ゆかりの地見学風景

【長崎　ミニ・活版さるく――平野富二ゆかりの地】

◉開催日時：二〇一八年一一月二五日（日）一〇時―一二時

◉集合場所：長崎県勤労福祉会館前〔見学場所は一六六―一六七頁の地図を参照〕

◉解散場所：浜町アーケード前（くろがね橋）
中島川の魚市橋横（オプション）

◉歩行距離：約二・〇キロメートル（オプションを含め約二・六キロメートル）

案内役　古谷昌二（当会代表）

愛称　ブラ富二

出発前の参加者集合写真

平野富二ゆかりの地見学風景

〈1〉平野富二の生誕地

＊

[元] 第一大区四ノ小区引地町五〇番地
町司長屋（明治七年四月時点）

[現] 桜町九―六　長崎県勤労福祉会館所在

＊

◉弘化三（一八四六）年八月一四日（西暦一八四六年一〇月四日）に、長崎地役人で町司矢次豊三郎の二男として生まれた。幼名は矢次富次郎。

◉明治五（一八七二）年はじめに結婚して兄の元から出て、外浦町に住居を構えて独立するまで、この地に居住した。

〈2〉桜町牢屋：父と母方の祖父の勤務地

＊

[元] 桜町　牢屋

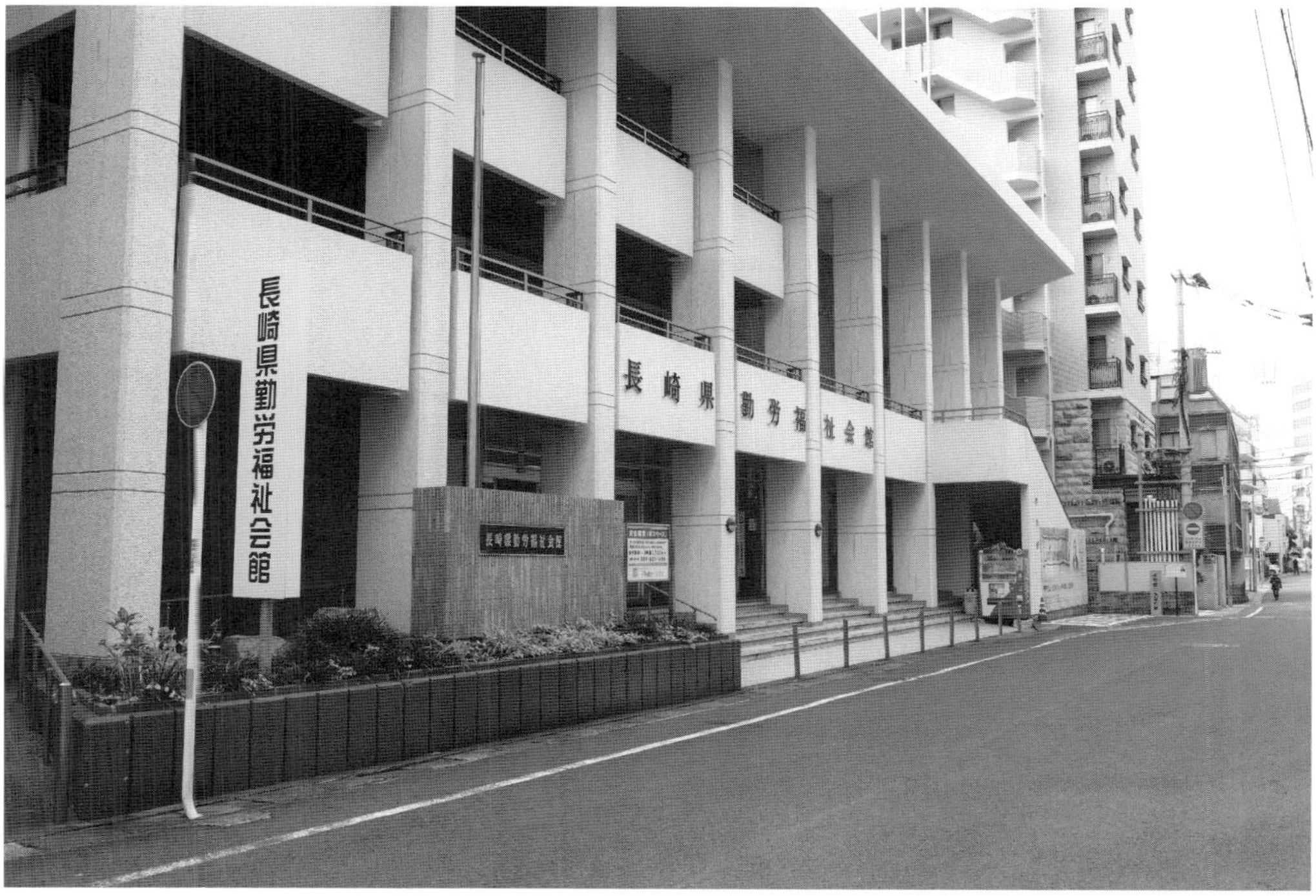

平野富二生誕の地に建つ長崎県勤労福祉会館

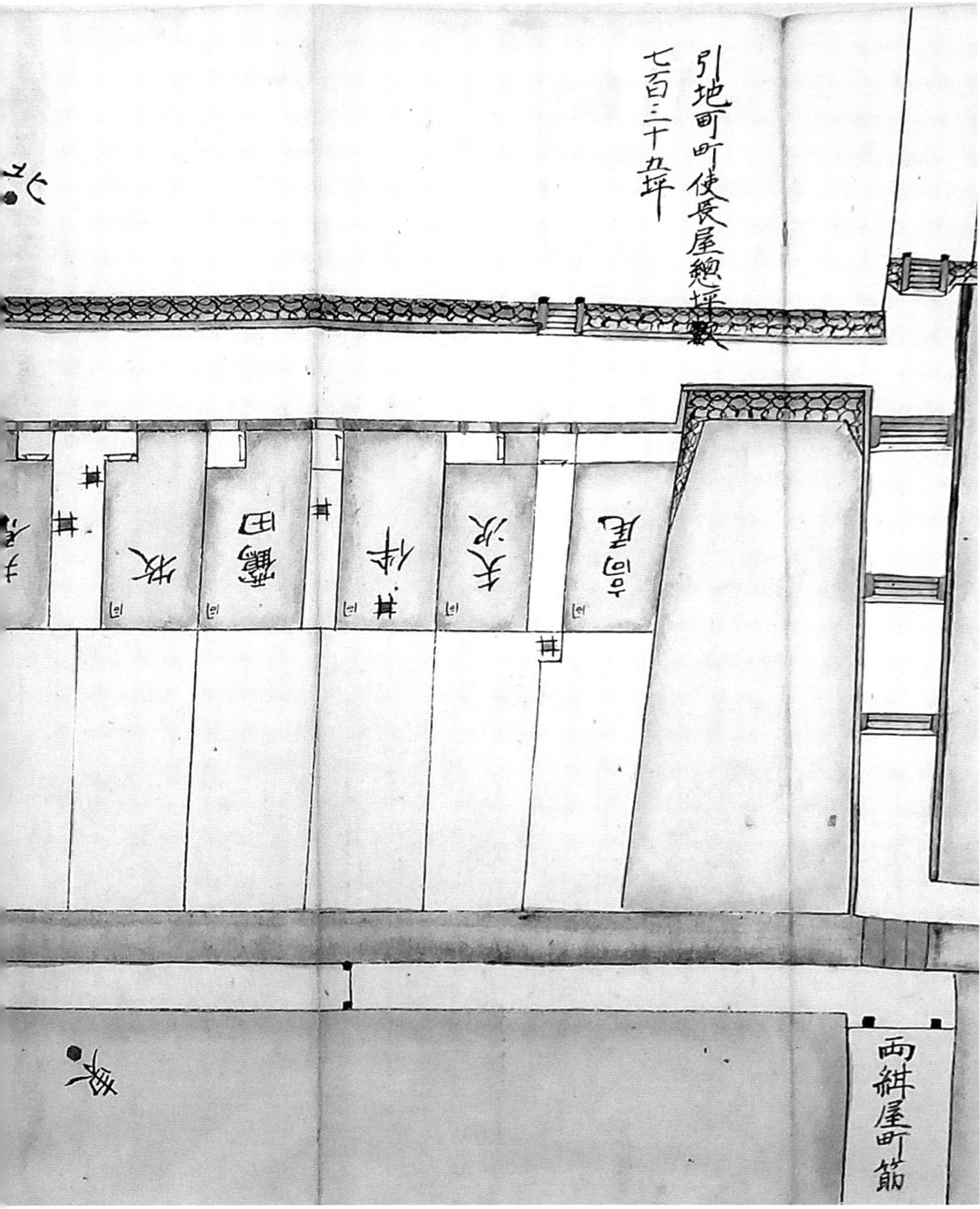

平野富二の生誕地〔矢次家〕が描かれている。

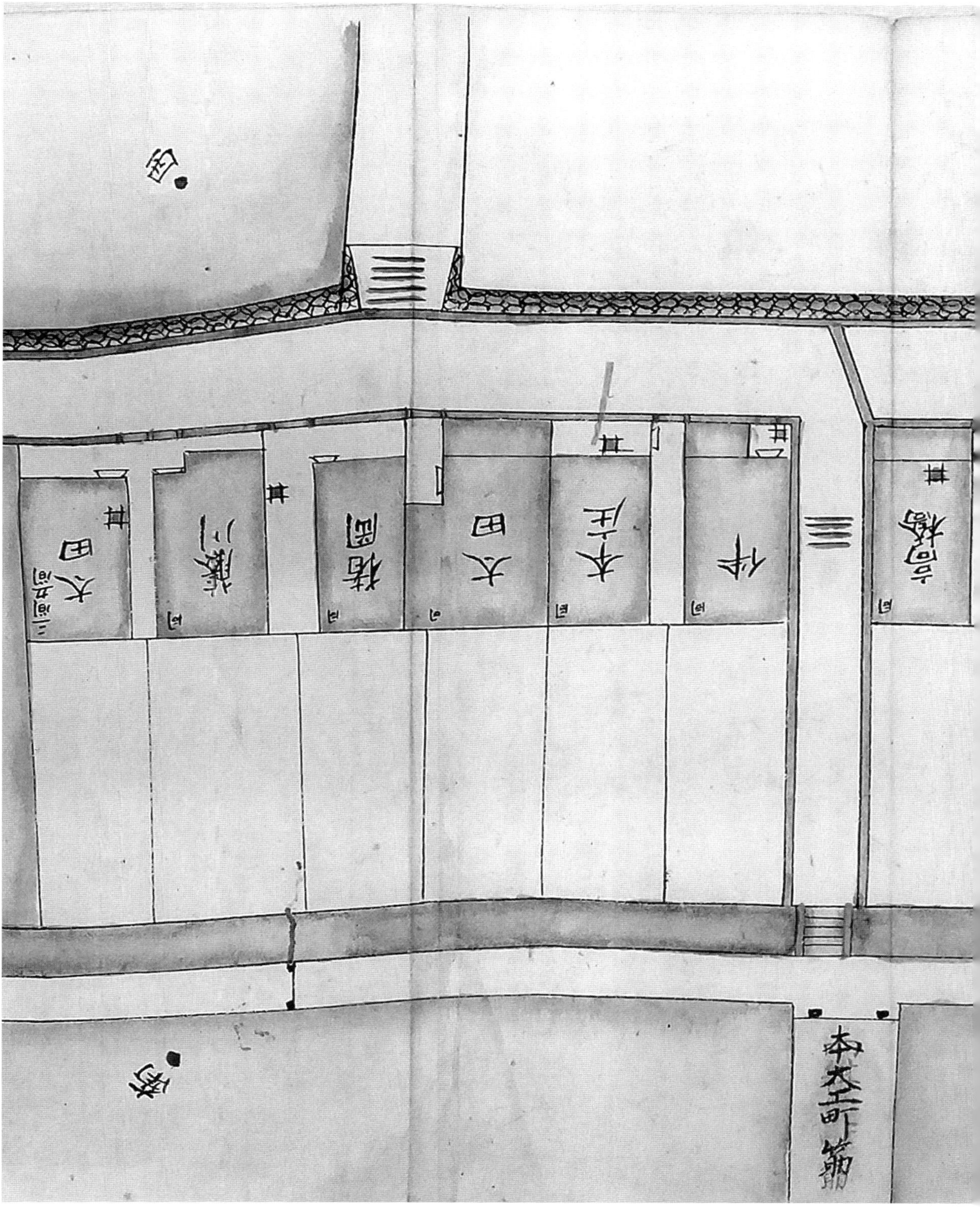

『長崎諸役所絵図　引地町町使長屋絵図』（国立公文書館所蔵）

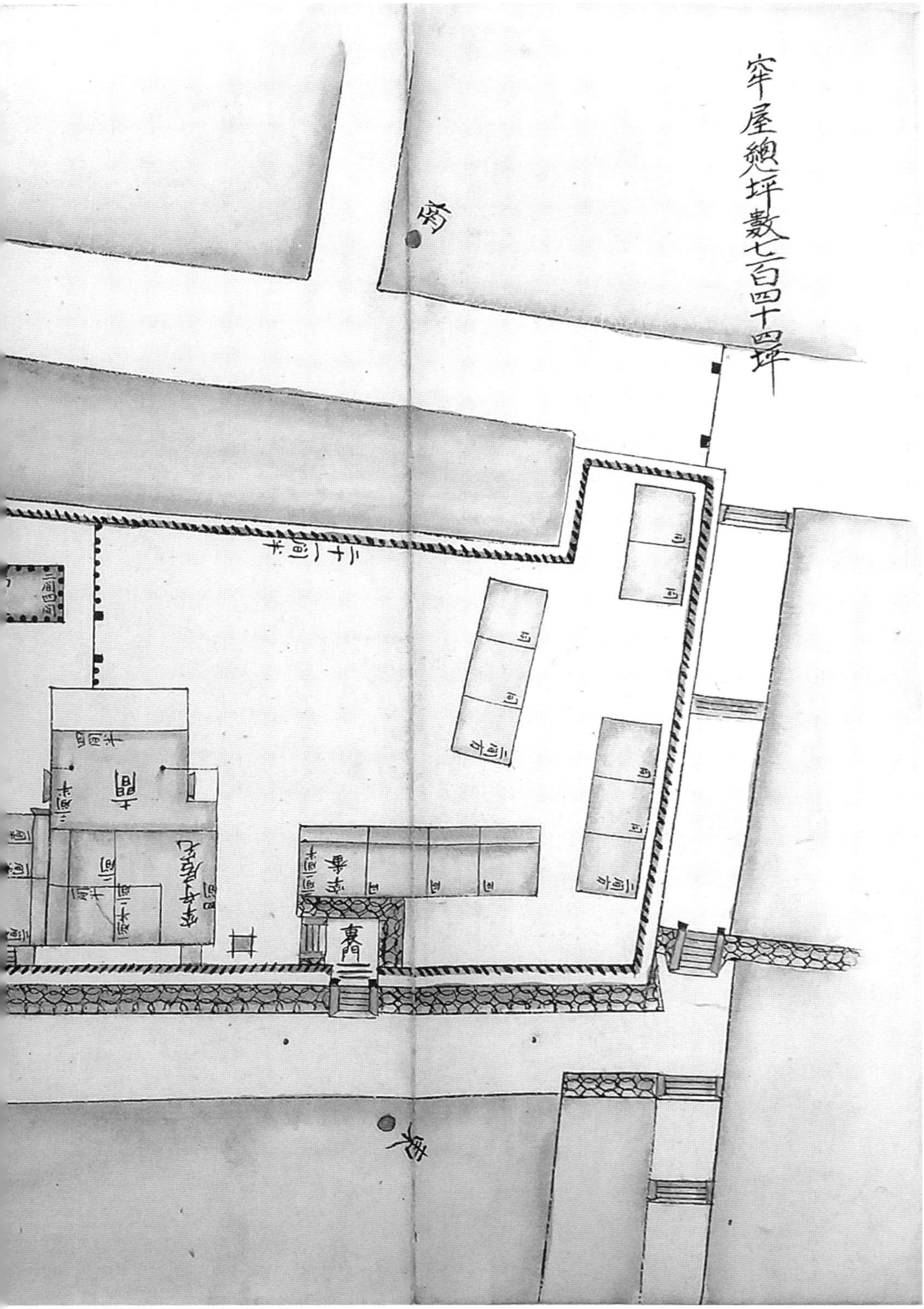

桜町牢屋が描かれている。

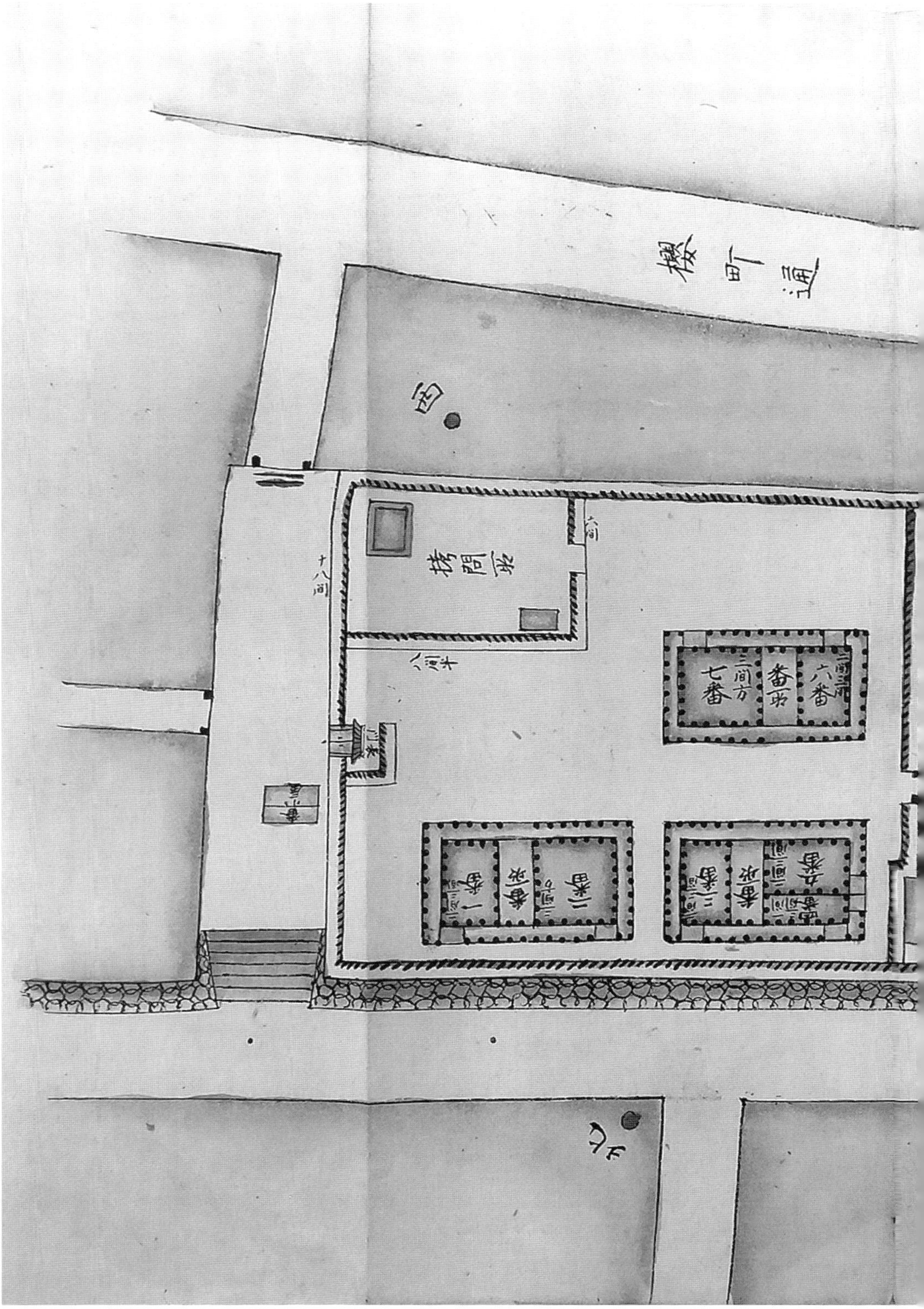

桜町牢屋絵図（国立公文書館所蔵）絵図の南北の表示は誤って逆となっている。

［現］桜町六　長崎市役所別館

＊

◉平野富二の父矢次豊三郎が牢屋掛の町司として勤務。母方の祖父神邊隆庵は町年寄支配御役医師として桜町牢屋を担当。

◉この地は、一六世紀初期には「サン・フランシスコ教会（修道院）」があった。国道沿いに石碑と説明板がある。

〈3〉神邊家の住居：母美祢《みね》の実家

＊

［元］桜町（桜町牢屋絵図にある桜町通の両側が桜町、番地は不明）

［現］桜町（現在、道路拡幅で国道の一部となった可能性あり）

＊

◉平野富二が満一歳七か月のとき父豊三郎が死亡し、このとき兄は五歳七か月、妹は八ヶ月後に生まれ、共に神邊家の世話になった。

◉平野富二の母矢次美祢は、いっとき東京の平野家に同居していたが、富二の没後、長崎の実家に戻った。富二の七回忌に当たり「平野富二碑」を矢次家墓所に建立した。その一年後に母美祢は死去した。

〈4〉三ノ堀跡：牢屋と町司長屋の関係で警備上残された？

＊

［元］町司長屋の敷地に隣接

［現］桜町九―八から一一　労働福祉会館ビル

＊

◉三ノ堀は、豊臣秀吉の時代の慶長元年（一五九六）に掘削された。

◉写真に示す国道（市役所通り）を隔てた先のビル（茶色）から労働福祉会館ビルを結ぶ位置に三ノ堀があった。

☞ 三ノ堀の在った場所

☞ 三ノ堀跡に建つ黒龍本舗記念碑と吉井勇句碑

◉一八世紀中葉の絵図には、ここだけを残して埋め立てられている。

◉現在、坂道に面して黒龍本舗創業地（昭和五―九年）の石碑と吉井勇の句碑がある。

〈5〉大井手町の町司長屋

＊

［元］通称 町司町
（大井手町・出来大工町・馬町に囲まれた三角地）

［現］出来大工町、福沢諭吉の使った井戸が残されている。
現地に石碑と説明板がある。

＊

◉平野富二の機関方仲間で七歳年上の親友杉山徳三郎《すぎやまとくさぶろう》（一八三九―一九三〇）の居住地。（写真でトラックが駐車している敷地）

◉地役人で砲術家の山本物次郎《やまもとものじろう》の住家に福沢諭吉が食

杉山家の居宅跡

福沢諭吉の使用した井戸

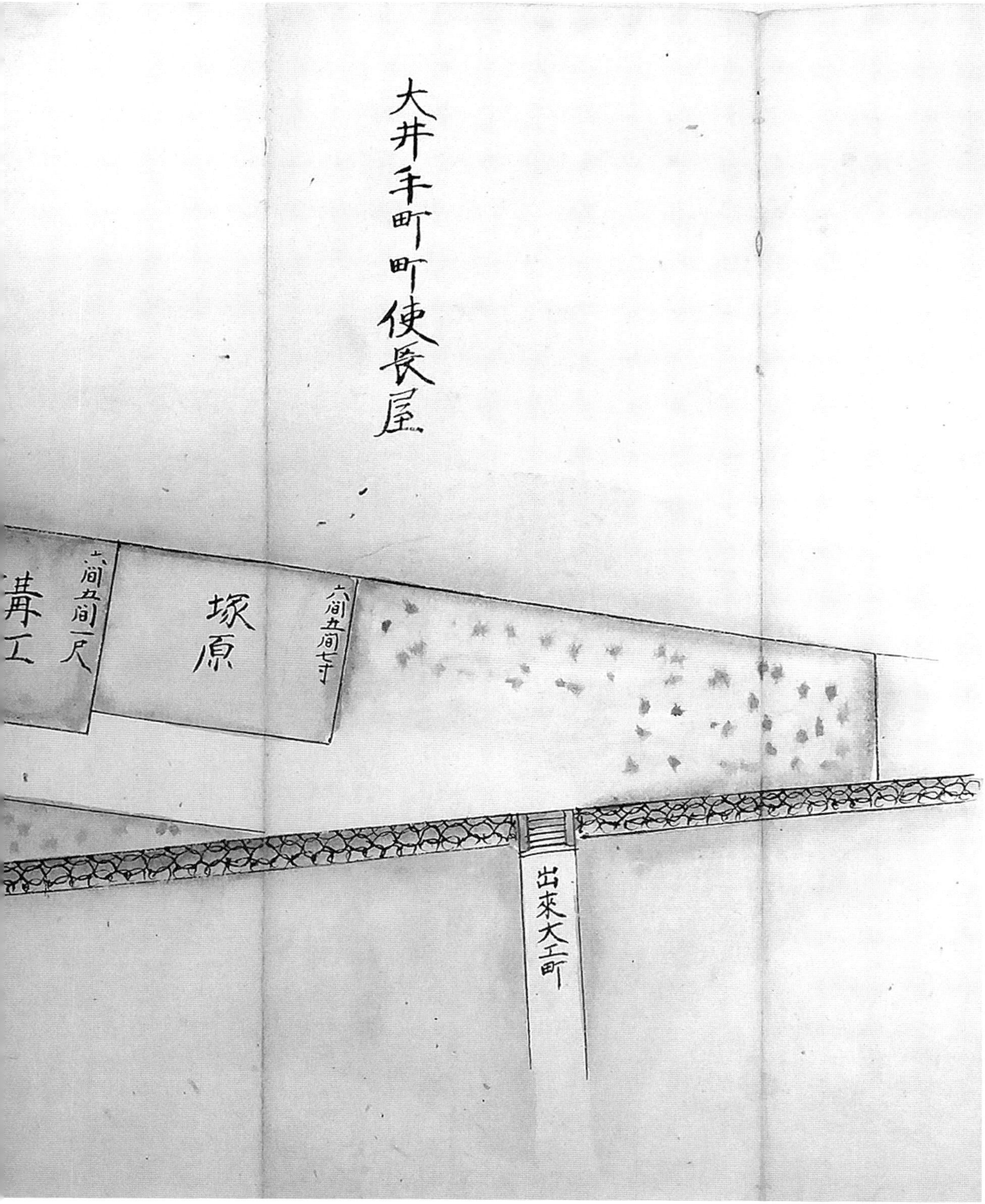

大井手町の町司長屋が描かれている。

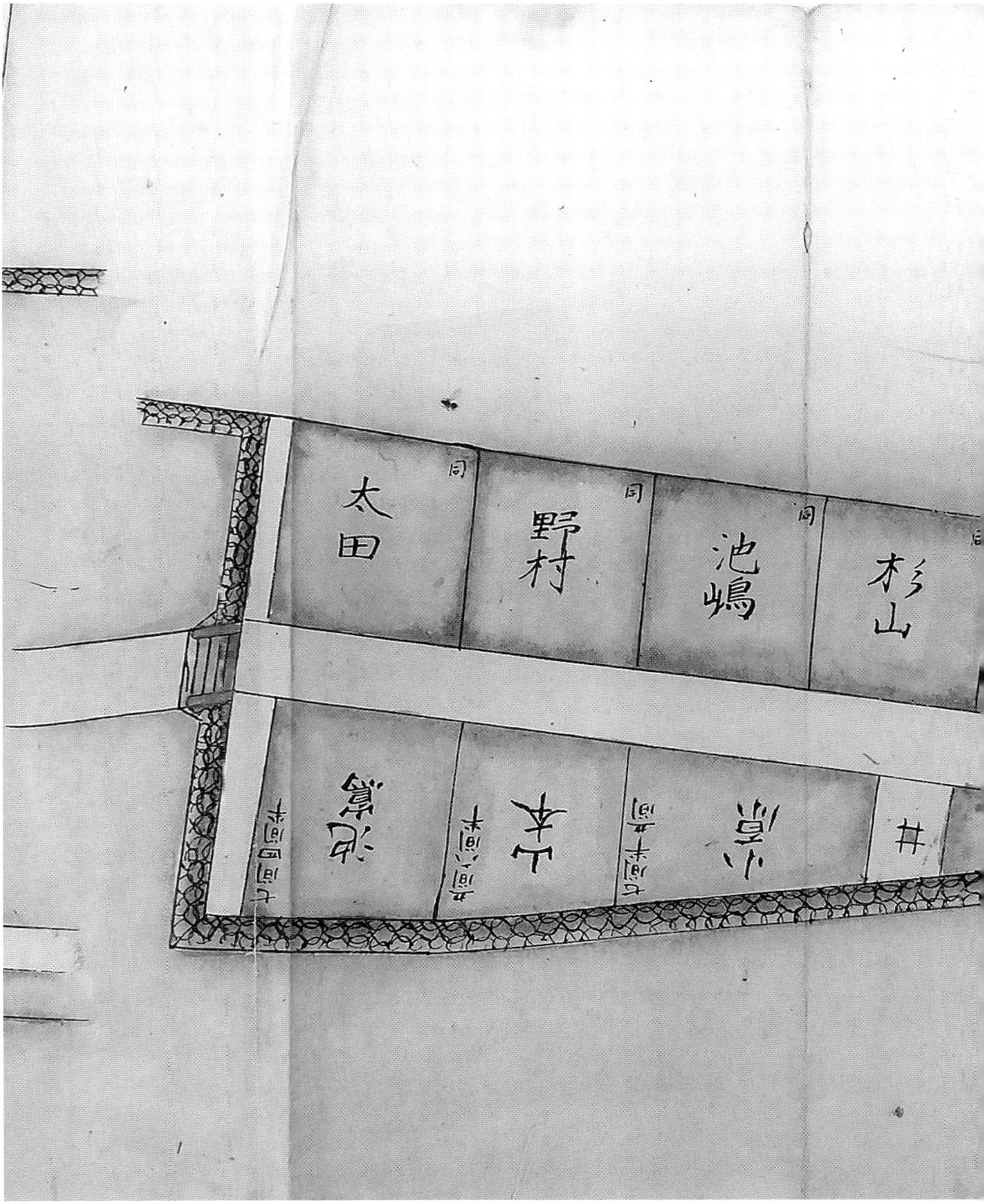

大井手町 町使長屋（国立公文書館所蔵）

客となっていた。

◉福沢諭吉と平野富二との付き合いは杉山徳三郎の紹介によってはじまったと見られる。平野富二が石川島平野造船所を設立したとき職員として慶應義塾生を紹介、自費建造小型蒸気船「第一通快丸」の進水式で祝辞を述べている。福沢諭吉が李朝朝鮮国で最初の新聞発行に協力した際に東京築地活版製造所からハングル活字を購入、『時事新報』発刊のときにロール式印刷機を購入している。

〈6〉地獄川：桜町牢屋との関係で命名か？

[元] 引地町と東側の町との境界

＊

[現] 桜町・興善町の東側にある魚の町・栄町との境界

＊

◉三ノ堀と一体となった堀川と見られ、丘側は石垣だ

地獄川と石垣の現状

った。（桜町エクシアの背後などに残る）

◉川幅は現在よりも広く、桜町牢屋の死刑囚を西坂の処刑場（JR長崎駅の近く）まで小舟で運んだことから地獄川と呼ばれたと見られる。

〈7〉酒屋町：

西道仙・松田源五郎・品川藤十郎の住んでいた町

＊

［元］酒屋町

［現］魚の町・栄町の境界道路の両側先は眼鏡橋に通じる。

＊

◉**西道仙**（一八三六―一九一三）：酒屋町三五番地、眼鏡橋の近く。平野富二の長崎時代の記録は西道仙の収集資料（「長崎文庫」）に基づき福地桜痴が編纂。矢次家墓所にあった「平野富二碑」の碑文を纏めた。

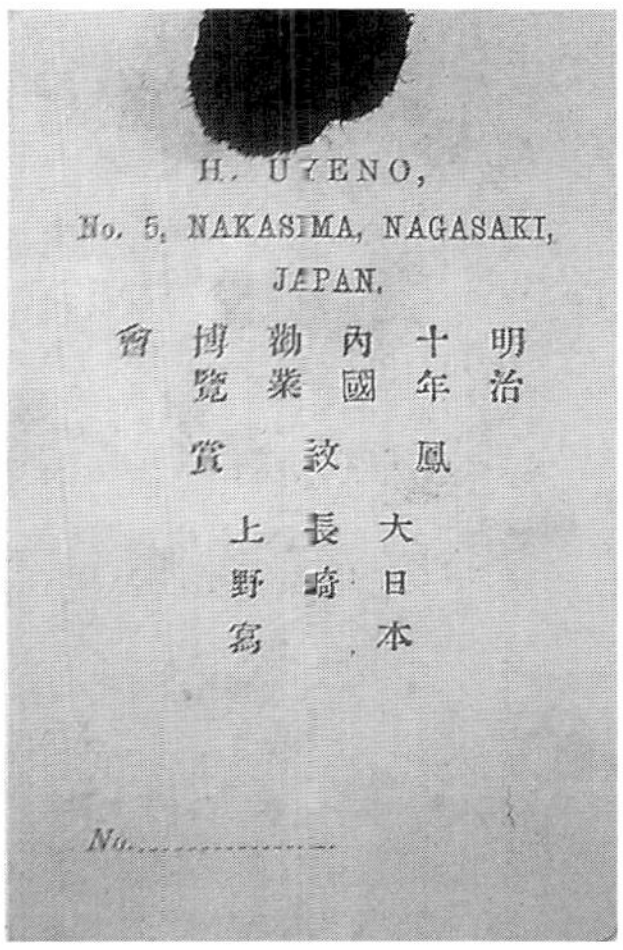

西道仙

松田源五郎

明治10年の肖像写真、撮影：上野彦馬

（松田源五郎 子孫　松尾 巌氏 提供）

●**松田源五郎**（一八四〇―一九〇一）：酒屋町四番戸。十八銀行頭取、東京築地活版製造所の取締役。

●**品川藤十郎**（一八一九―一八九六頃）：酒屋町（番地不明）。オランダ通詞、長崎製鉄所の小菅修船場の所長（営業担当）、東京築地活版製造所の取締役。

品川藤十郎

〈8〉長州藩蔵屋敷：平野富二の養子先の住まい。
新塾私塾・新町活版所の在った場所

＊

［元］新町　長州藩蔵屋敷

［現］興善町六―一　長崎県市町村職員共同組合会館。
坂道の途中に記念碑と説明板あり。

＊

●平野富二は数え年一八―二一まで、長州藩蔵屋敷の管理人吉村家の養子（吉村富次郎）となった。

●養子縁組は吉村家と縁戚関係にある杉山徳三郎の斡旋と見られる。

●幕長戦争で幕府は蔵屋敷を没収。平野富二は幕府直轄の江戸軍艦所所属内定を取消された。それを契機に吉村家から去り、矢次家始祖が隠居後に名乗った平野姓を継いだ。

矢次富次郎　→（養子）吉村富次郎　→（養子解消）
平野富次郎　→（新戸籍）平野富二

新町活版所跡碑と活版モニュメント

◉後に、長州藩蔵屋敷跡地に語学所が移転。済美館、広運館と改称し、長崎奉行所立山役所跡に再移転。

◉その跡地を本木昌造が土地と建物を買い取り、新街私塾を開設し、新町活版所を併設。

〈9〉小倉藩蔵屋敷跡：

新町活字製造所の在った場所

＊

［元］新町　小倉藩蔵屋敷

［現］興善町四—六　長崎腎病院の手前。

和田 半

☞ **長州藩蔵屋敷跡と巌流坂**

☞ 小倉藩蔵屋敷跡（右側一帯）・新町活字製造所跡

＊

◉和田半（太平治）（一八三四―一九一二、呉服商、本木昌造の協力者）が蔵屋敷跡を購入して提供。

◉平野富二が本木昌造から経営を受託した新町活字製造所があった。

◉明治一〇（一八七七）年に崎陽師範学校が新校舎を立てて立山小学校内から移転して来た。

◉長州藩蔵屋敷との間の坂道は「巌流坂」と呼ばれていた。

〈10〉唐通事会所跡：活版伝習所が置かれた場所

＊

［元］本興善町　唐通事会所

［現］興善町一―二九　長崎市立図書館

＊

路角に《記念碑と説明板》

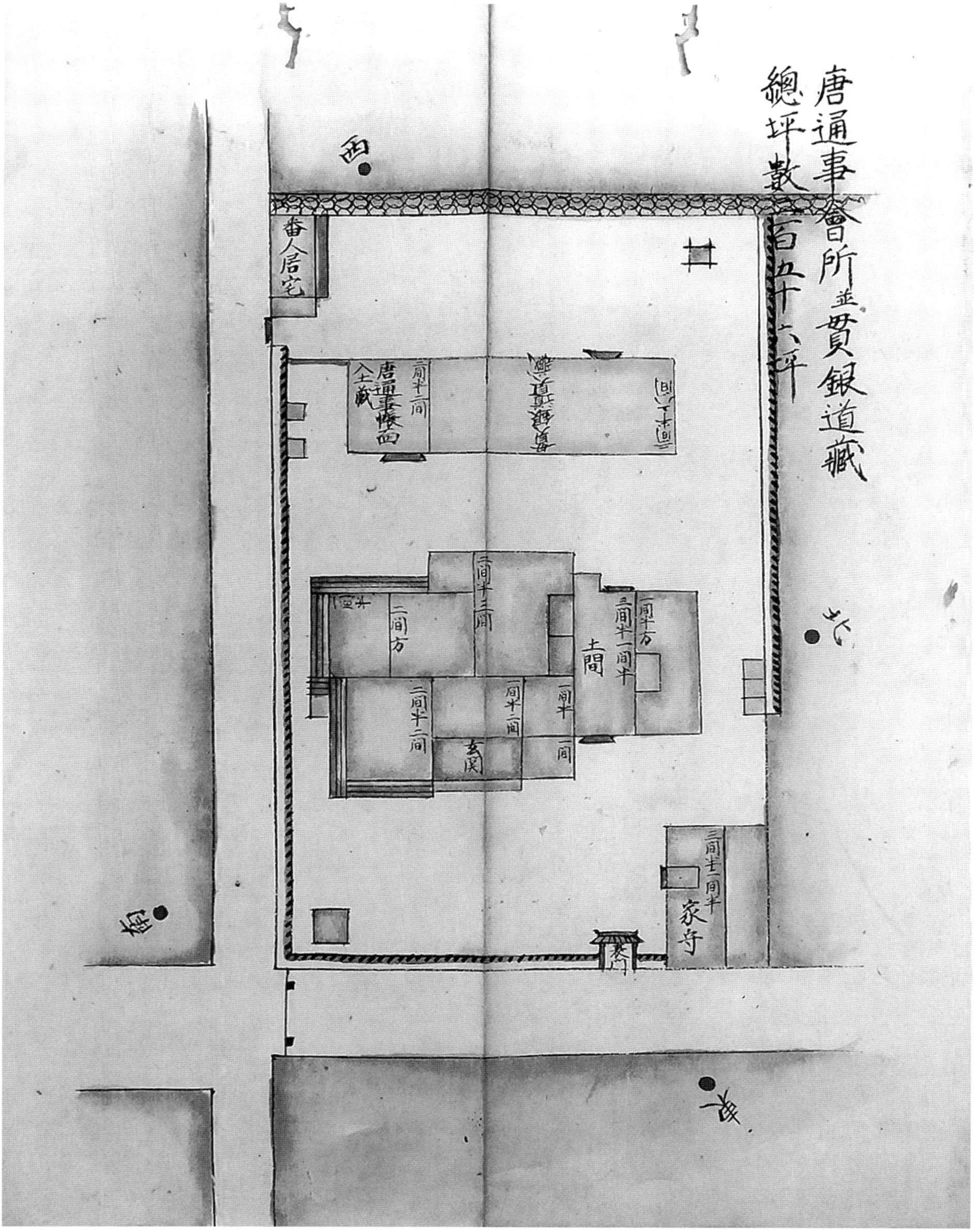

唐通事会所絵図（国立公文書館所蔵） 唐通事会所が描かれている。

唐通事会所跡、活版伝習所跡

◉上海美華書館のギャンブル〈William Gamble〉により長崎新聞局のための迅速活字製造法の伝習をここでおこなった。（明治二年一〇月から明治三年二月まで）

◉長崎製鉄所頭取本木昌造がギャンブルを招聘。頭取辞任後に機械伝習方掛頭取として協力。

◉ギャンブルと長崎新聞局の伝習生を上野彦馬が写した集合写真がアメリカに残されており、二〇一八年四月二七日から開催された横浜開港資料館の企画展で初めて公開された。

〈11〉吉雄耕牛（永章）居宅跡：子孫との交流

＊

［元］外浦町（ほかうらまち）

（実際の住居跡は平戸町で外浦町・大村町の東側に隣接）

［現］万才町（まんざいまち）四―六

道路際に説明板があったが、工事のために撤去。

＊

◉吉雄耕牛（一七二四―一八〇〇）とは、時代が違うので、平野富二との直接交流はない。

◉平戸町の自宅に成秀館塾を設けてオランダ語と医術を教え、二階には洋風のオランダ座敷があった。

◉耕牛の長男、献作永久の子孫（耕牛の曾孫）に品川藤十郎。（〈7〉を参照）

◉耕牛の弟、諸熊五兵衛照親の曾孫である医師吉雄圭斎は、八丈島漂着で本木昌造・平野富二と共に過ごした。

◉耕牛の弟、吉雄忠次郎（永宜）の子孫と見られる吉雄辰之助（永昌）は岩倉使節団の随員として欧米に派遣、フィラデルフィア万博に政府随員として渡米。平野富二が東京築地で煉瓦家屋購入時に保証人となった。吉雄永昌の二息である吉雄永寿は東京築地活版製造所の専務取締役（第七代社長役）を務めた。

吉雄永寿

吉雄圭斎

〈12〉西役所・長崎県県庁跡（参考）：

活版印刷所が設けられた場所

＊

［元］西役所

［現］江戸町一、二　長崎県庁跡の前庭に石碑、西側の坂道角に説明板がある。

＊

◉イエズス会本部（被昇天のサンタ・マリア教会）に活版印刷所が設けられた。慶長三（一五九八）年から一七年間存在。慶長一九（一六一四）年にマカオに追放、移転した。

◉幕府の海軍伝習所に併設して活字判摺立所が設けられた。安政二（一八五五）年八月、本木昌造らオランダ通詞仲間が所有の活版印刷設備を長崎会所が買い取り、蘭書を復刻。本木昌造が活字判摺立方取扱掛となった。

江戸町商店街入口にある説明板（背後は旧県庁用地）

☞ 旧県庁跡に残された石碑

〈13〉外浦町《ほかうらまち》碑：平野富二の住居の在った町

＊

［元］外浦町（ほかうらまち）

［現］万才町（まんざいまち）五―一

長崎県庁新別館のある十字路の対角に石碑がある。

＊

◉外浦町には本木昌造と独立後の平野富二の住居があった。

◉昭和三八（一九六三）年一一月、住居表示の実施により万才町に併合された。

◉外浦町は明治以降、現在までに大きな番地変更が数度に亘っておこなわれた。

①近代戸籍編成、②見直し改正、③県庁用地を包含、④国道開設・拡幅、⑤住居表示

〈14〉本木昌造居宅跡：平野富二の恩師居住地

＊

［元］外浦町一〇五番屋敷

（壬申戸籍編成により　第一大区七ノ小区外浦町六八二番）

［現］万才町（番地は不明）

＊

◉本木昌造（一八二四―一八七五）は、明治六年の文書で「外浦町一〇五番屋敷」としている。

◉グランドホテルのあった敷地に本木小太郎の居宅（外浦町五―二）が含まれていたので、記念碑と説明板があった。しかし、現在は工事のため撤去されている。

◉本木昌造の没後、明治一一（一八七八）年の編成替えで、外浦町六八二番（旧一〇五番屋敷）が外浦町七番戸となったと見られる。その場所は長崎地方法務局の旧公図に表示されている。それは、国道のT字交差点東側の一画（福岡銀行の横）に相当する。ここが江戸時代からの本木家の居住地と推測される。

◉大村藩医師長與専斎は、安政五年（一八五八）に英語を学ぶため自宅謹慎中の本木昌造を訪れている。それが縁で、文久元年（一八六一）に本木昌造の貸家を借りて自宅とし、毎夜、学生を集めて大坂適塾

「旧外浦町由来」碑

グランドホテルの跡地（上部台地）現状

前方の並木当たりが旧外浦町七番

風の輪講をおこなったという。平野富二とは、後年、東京市水道計画でお互いに関与している。

〈15〉平野富二居宅

＊

［元］外浦町（第一大区七ノ小区外浦町九六番）

［現］万才町（番地は不明）

＊

◉平野富二が結婚して、富次郎を富二と改名したとき、兄が当主の実家から独立。

◉本木昌造の居宅近くの家を求めて居住した。明治一一（一九七八）年の編成替えで本木家が六八二番から七番戸となったのに対し、平野家は九六番から何番戸となったかは不明。

◉実際に居住したのは六ヶ月余りで、その後は東京に寄留し、ここを本籍地とした。

◉その後、東京京橋区築地二丁目一七番地に住居を構えたとき、戸籍を移転させたと見られる。

新婚の頃と見られる平野富二・こま夫妻

わが国最初の鉄製橋「くろがね橋」

「くろがね橋」の標柱

〈16〉くろがね（鐵）橋：平野富二の勤務していた長崎製鉄所で製作・架設

［元］東築町と西浜町を結ぶ中島川の上

［現］築町と浜町（はまんまち）を結ぶ中島川の上

（元と変わらず）。

＊

◉ここに掛かっていた木製の「大橋」が流失して、慶應四（一八六八）年八月一日に落成。

◉井上聞多（馨）の認可により本木昌造が指導・監督、立神造船所に居たオランダ人設計技師フォーゲル〈F. L. W. Nering Boegel〉の設計により、長崎製鉄所で加工・組立。

◉わが国最初の鉄製橋。欄干支柱の擬宝珠が長崎造船所史料館に保存されている。

◉平成二（一九九〇）年に新しく架け替えられ、現在に至っている。

〈17〉土佐商会跡：平野富二が土佐藩に雇われていたときの拠点

［元］西浜町本川筋通り沿い。貨殖局長崎出張土佐商会（貿易商「梅屋商店」持家）

［現］浜町の中島川沿い道路の一部。鉄橋脇に石碑と説明板がある。

＊

◉平野富二は、慶應三年（一八六七）三月から一二月まで土佐藩に雇われ、ここを基点として土佐藩所有の各種蒸気船を運行・管理。

◉土佐藩の後藤象二郎、佐々木三四郎（高行）、岩崎弥太郎と面識。

◉イカルス号水夫殺害事件の時に参考人として才谷梅次郎（坂本龍馬）と行動を共にした。

◉鉄橋の袂にある「長崎さるく案内板」に梅屋商店の位置を示す地図が掲載されており、梅屋商店は

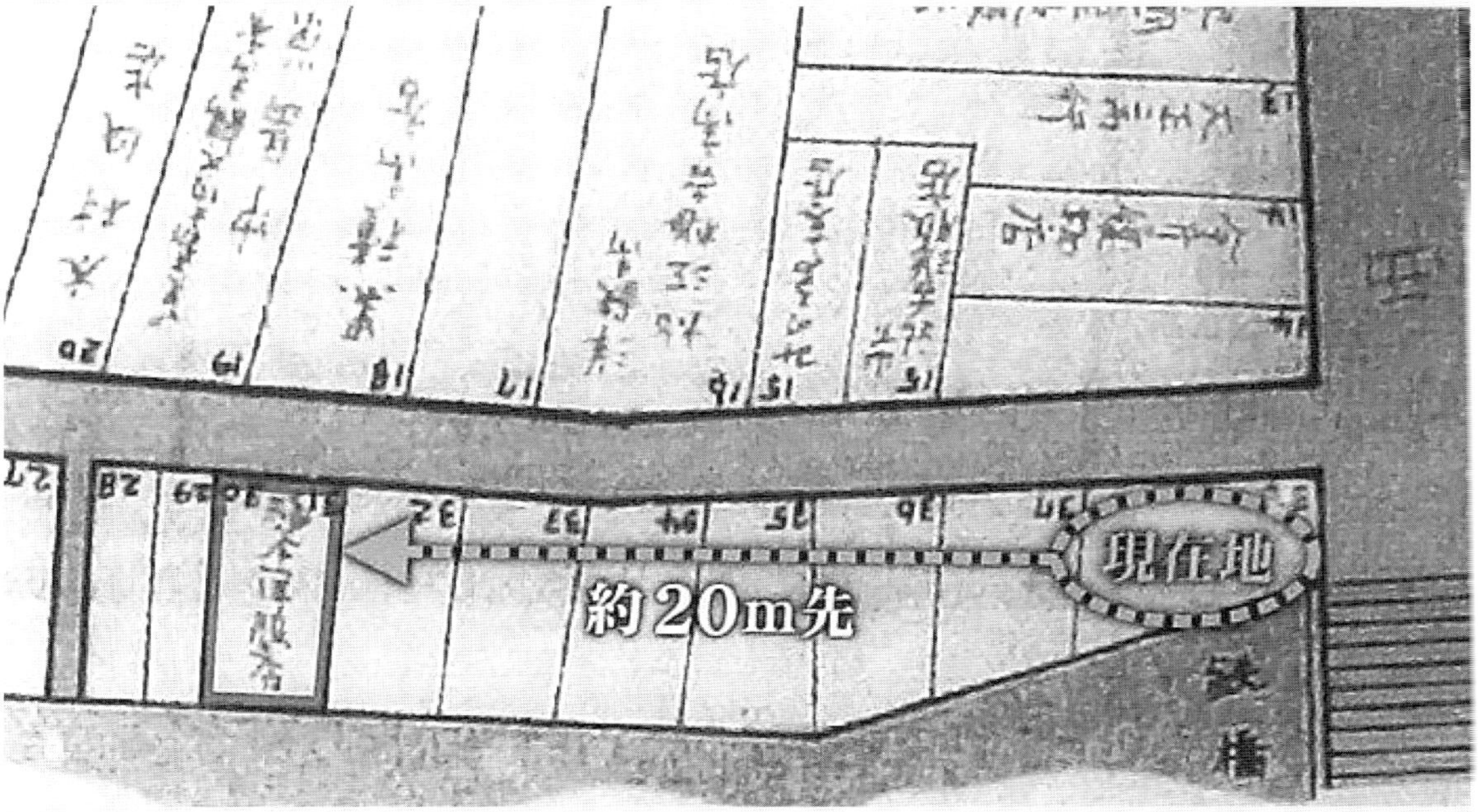

『長崎市地番入分割図』に記載された「梅屋洋服店」（梅屋商店）

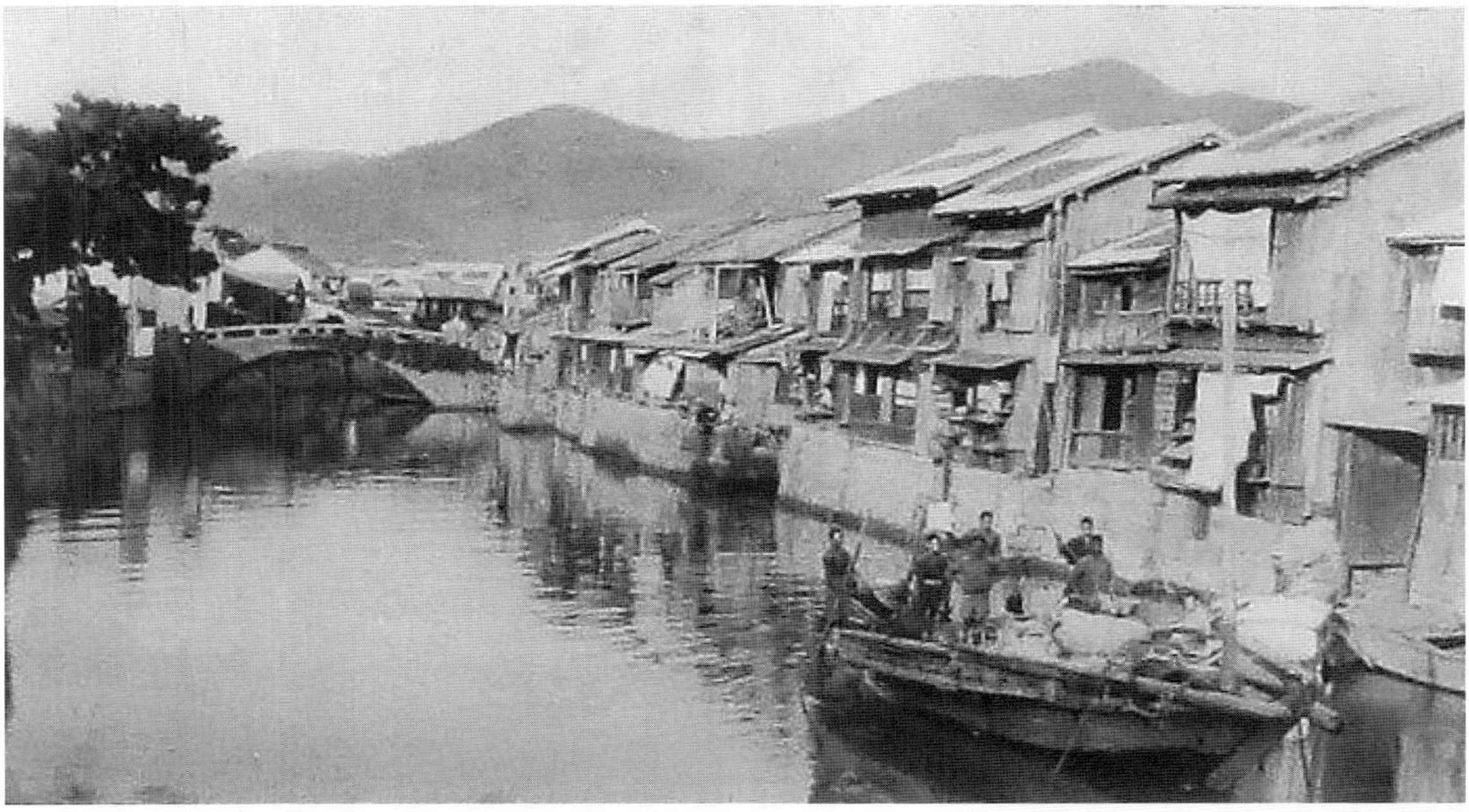

鉄橋から西浜町を望む

☞ **長崎さるく案内板「梅屋商店跡」（部分）より**

三〇、三一の地番にあり、その内の一つが土佐商会だったと見られる。

◎ここで、一旦、解散して、以後は希望者のみの自由参加とした

〈18〉万橋《よろずばし》

＊

◉万橋は中島川に架かる最下流の石橋で、明治一五（一八八二）年まで「第十四橋」と称されていた。

◉明治一五（一八八二）年になって、西道仙が番号で呼ばれていた中島川の石橋に名前を付け、自ら揮毫した橋名を橋の親柱に刻ませた。

〈19〉賑橋《にぎわいばし》

＊

◉賑橋は、「第十三橋」と称されていたが、明治一五年に「榎津橋《えのきづばし》」と命名され、その後、コンクリート橋になって「賑橋」となった。

〈20〉常磐橋と本古川町（現 古川町・万屋町）：
平野富二の協力者池原香穉の眼科医院

＊

◉常磐橋は、明治一五年まで「第十二橋」と称されていたが、「古川橋」と命名された。その後、コンクリート橋となって「常磐橋」となった。

◉橋の袂に「サン・アウグスティン教会跡」の石碑が建っている。

◉常磐橋から東の街路は「本古川通り」で、本古川町内には池原《いけはら》香穉《かわか》の眼科医院があった。

◉池原香穉（一八三〇—一八八四）は、国学者・書家としても有名で、本木昌造の初期活字の版下を揮毫し、本木昌造の事業を受継いだ平野富二にも協力した。号は日南、野史、その他多数、漢名は奞。

明治九（一八七六）年に東京に出て医業のかたわら国学者として活躍し、東京に居た平野富二の活版製造事業にも協力。明治一一（一八七八）年正月に自ら描いた掛軸を寄贈。平野家に残っている。

「池原香穉の書」読み下し文：

活字造船年々吉利
明治十一年戊寅一月一日也此図為
富二平野雅兄高属
同縣日南野史奞

〈21〉袋橋（袋町橋）

＊

◉上流の「眼鏡橋」の次に架設された一連アーチ式石橋。「第十一橋」と称されていた。

◉長崎市指定有形文化財。

◉橋を渡った左岸下流側に説明板「中島川の成り立

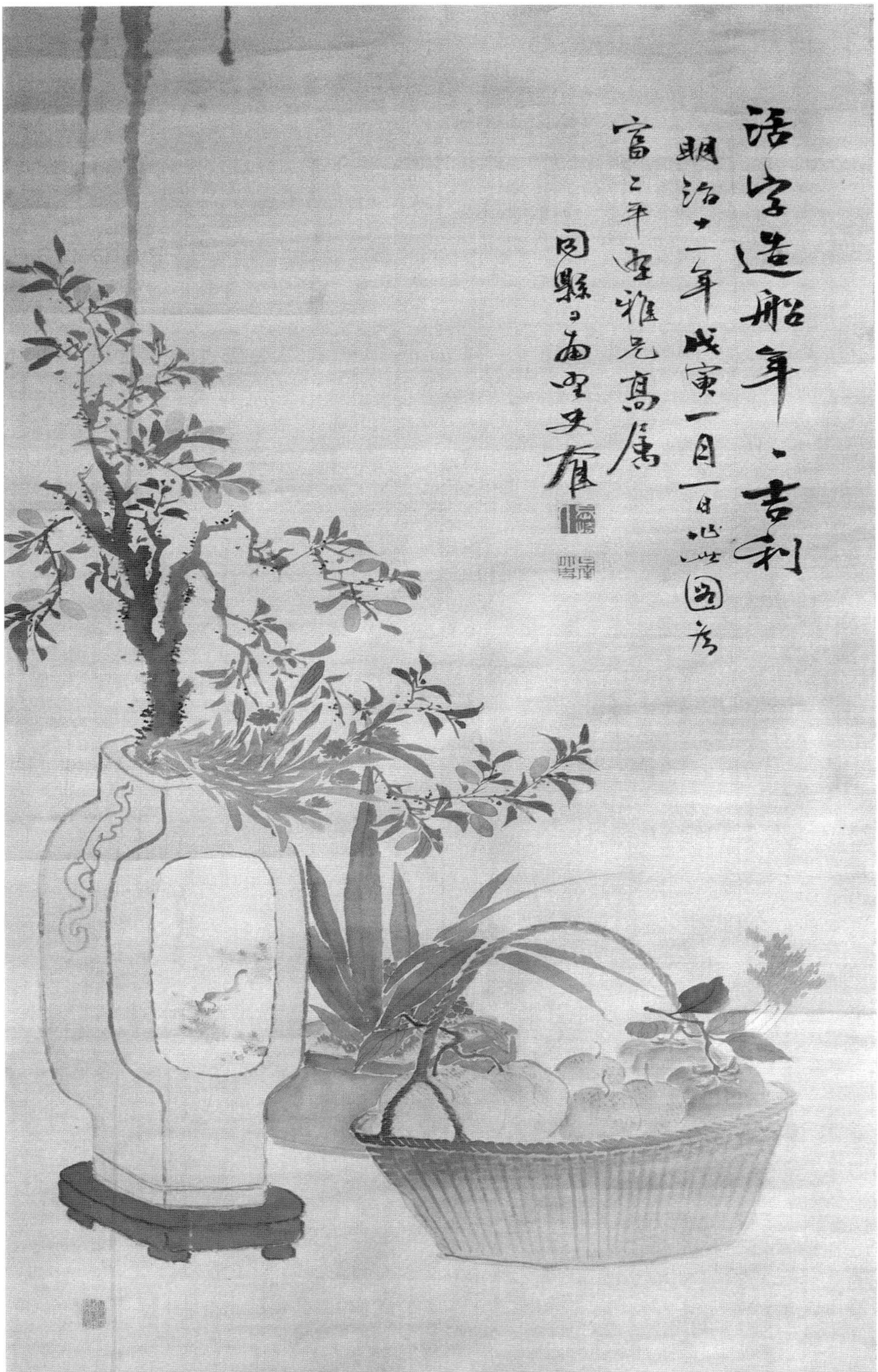

☞池原香穉の書画（平野ホール所蔵）

中島川に架かる袋橋

中島川に架かる眼鏡橋

ち」がある。

◉ここから上流は川沿いに中島川公園がある。

◉中島川に架けられた石橋を洪水から守るために、袋橋の下流側にバイパス暗渠が設けられた。

〈22〉眼鏡橋

＊

◉寛永一一年（一六三四）に興福寺の二代目住持黙子如定禅師が架設。

◉わが国最初の二連アーチ式石橋。「第十橋」と称されていた。

◉昭和五七年（一九八二）の長崎大水害で半壊し、翌年に修復。

◉国の重要文化財指定。

〈23〉魚市橋

＊

◉この橋は「第九橋」と称されていた。

◉川の両岸の石垣にハート・ストーンが埋込まれている。

◎解散・昼食

編著者
古谷昌二

地図製作
春田ゆかり

「さるく」とは九州北西部、佐賀県と長崎県を中心したことばで、歩くこと、散歩などを意味する。

前掲の文章は二〇一八年一一月二五日（日）に開催された、平野富二生誕の地周辺で、平野富二ゆかりの地を巡る「長崎　ミニ・活版さるく」の参加者に向けたガイドブックを再編したものである。

「長崎　ミニ・活版さるく」と、後述する「平野富二ゆかりの地　長崎と東京」の「長崎編」には重複が多い。「平野富二生誕の地」碑　建立　有志の会」に結集した会員のなかには、平野富二を中心として、近代日本の産業・学術・教育などの揺籃の地として、長年にわたって長崎を訪問して調査を重ねてきたかたと、長崎在住の研究者も数多く存在していた。

そのため多方面の会員がその知見を共有できるように、数次にわたり、大小の規模で「さるく」を展開してきた。また「平野富二ゆかりの地　長崎と東京」の東京編とも重複が多い。事跡調査の会「掃苔会」は、十数次にわたって長崎寺町を中心とした墓域、東京・谷中霊園などを調査対象として現地調査を重ねてきた。平野富二に関する多様で多彩な研究活動の記録として、あえて割愛せずに近年の「さるく」の成果を掲載して、今後の研究の一助となることを念願している。

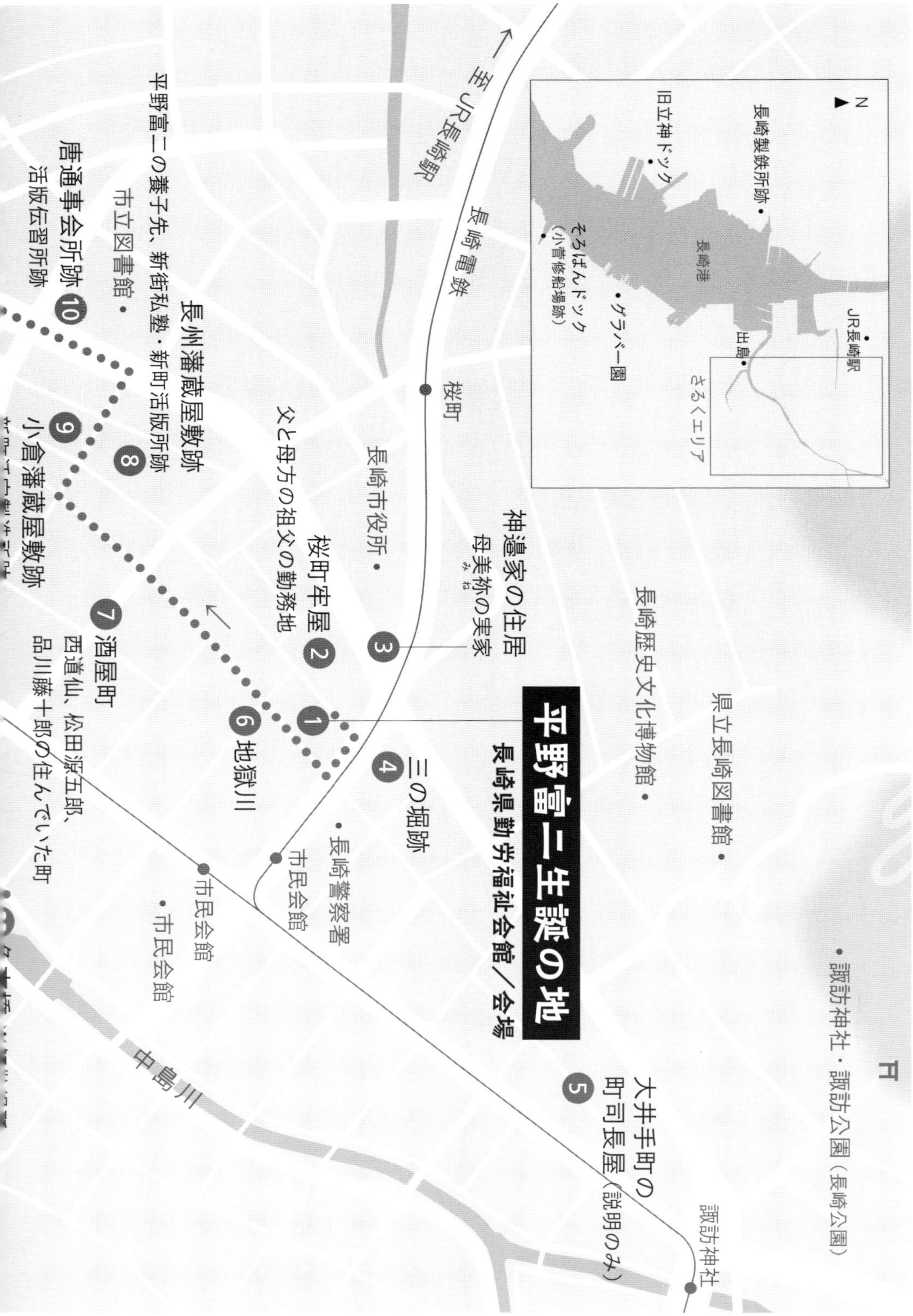

平野富二生誕の地
長崎県勤労福祉会館／会場
1
2 桜町牢屋
父と母方の祖父の勤務地
3 神遷家の住居
母美祢《みね》の実家
4 三の堀跡
5 大井手町の町司長屋（説明のみ）
6 地獄川
7 酒屋町
西道仙、松田源五郎、品川藤十郎の住んでいた町
8 長州藩蔵屋敷跡
平野富二の養子先、新街私塾・新町活版所跡
9 小倉藩蔵屋敷跡
10 唐通事会所跡
活版伝習所跡
至JR長崎駅
長崎電鉄
桜町
長崎市役所
市民会館
長崎警察署
市立図書館
県立長崎図書館
長崎歴史文化博物館
諏訪神社・諏訪公園（長崎公園）
諏訪神社
中島川
N
長崎製鉄所跡
旧立神ドック
そろばんドック（小菅修船場跡）
長崎港
グラバー園
出島
JR長崎駅
さるくエリア

ミニ・活版さるく
平野富二ゆかりの地
「平野富二生誕の地」碑建立記念祭／「平野富二生誕の地」碑建立有志の会
吉雄耕牛（永章）居宅跡
11
12 西役所・長崎県県庁跡
本木昌造が取扱掛を務めた活字判摺立所跡
13 外浦町碑
14 本木昌造居宅跡
15 平野富二居宅跡
16 くろがね（鉄）橋
平野富二勤務の長崎製鉄所で製作・架橋
17 土佐商会跡 ※一旦解散。後はオプション
18 万橋
19 賑橋
20 常盤橋と本古川町（現、古川町）
池原香穉の眼科医院のあった町
21 袋橋
出島
長崎県印刷会館
十八銀行
新地中華街
長崎新地中華街
西浜町
浜町アーケード
観光通り
思案橋
丸山公園
寺町通り
大光寺
大音寺
晧台寺
N
0
200m

平野富二ゆかりの地　長崎と東京

長崎編

出島、旧長崎県庁周辺、西浜町、興善町、桜町周辺

◉長崎県印刷会館

所在地　長崎市出島町一〇―一三

アールのついた角や丸窓、長窓などの意匠が特徴的な近代建築である。昭和二（一九二七）年頃の建造物で、もともとは日本生命保険会社の長崎支社として使われていた建物である。三階部分は昭和四〇（一九六五）年に増築された。

「長崎県印刷工業組合」の歴史は明治三八（一九〇五）年創立の「長崎印刷業組合」に遡る。同組合では大正一〇（一九二一）年に本木昌造の銅像建設の動きがあったが、大正一二（一九二三）年の関東大震災で自然解消となった。その後、昭和八（一九三三）年に「本木昌造頌徳会」が設立され、昭和九（一九三四）年に本木昌造の銅像（座像）が諏訪神社に隣接する長崎公園内に完成した。しかし、昭和一九（一九四四）年、本木昌造の銅像は戦時下の金属供出の犠牲となってしまった。

昭和二八（一九五三）年に本木昌造銅像再建運動が興り、昭和二九（一九五四）年に本木昌造

＊　全体の地図は230―231頁を参照

の銅像（立像）が長崎公園内に再建された。

昭和三〇（一九五五）年に「長崎県印刷工業調整組合」が設立され、昭和三三（一九五八）年に「長崎県印刷工業組合」へと改称された。

昭和四〇（一九六五）年に日本生命保険会社より、現在地の土地・建物を購入して「長崎県印刷会館」が落成された。「長崎県印刷会館」には、「長崎県印刷工業組合」と、組合員の相互扶助のもとに印刷機材や資材等を供給する「長崎県印刷工業協同組合」が在籍している。

昭和五〇（一九七五）年に、本木昌造の一〇〇回忌法要が営まれ、昭和五一（一九七六）年には工業組合の二〇周年記念事業として「新町活版所跡の碑」が建立された。

昭和六〇（一九八五）年に、「本木昌造顕彰会」が発足した。同年、本木昌造の一一〇回忌法要が営まれ、また、本木昌造の墓碑も長崎市の文化財に指定された。

同館には現在、東京築地活版製造所・大阪活版製造所の名称が表裏に鋳込まれた銘板のある「アルビオン型手引き印刷

長崎県印刷会館

機」をはじめ、同組合と本木昌造顕彰会が収集した希少な活版印刷機材や、「本木昌造・活字復元プロジェクト」の成果品などが展示・保存されている。

◉出島

所在地　長崎市出島町六

長崎県印刷会館の目と鼻の先に出島がある。

出島は、江戸幕府の鎖国政策によって築かれた扇形の人工の島である。当初はポルトガル人を市中から引き離して、潜伏キリシタンとの接触を防止したり、貿易の統制をおこなう目的で造られ、寛永一三（一六三六）年の完成時にはポルトガル人が収容された。ところが、翌年の寛永一四（一六三七）年に起こった島原の乱により、幕府はカトリック国ポルトガルとの国交断絶に踏み切る。ポルトガル人は国外へと追放され、莫大な労力と費用をかけて築かれた出島は無人島となっ

た。その後、平戸にあったオランダ商館を寛永一八（一六四一）年に出島に移転することとなり、以後、幕末の開国までの約二二〇年間の永きにわたって、出島は西洋に開かれたわが国唯一の窓口としての役割を果たした。

わずか三九六九坪（約一・五ヘクタール）の敷地からもたらされた西洋の文化文明があたえた影響は大きく、わが国の近代化へとつながった。

安政五（一八五八）年、日蘭通商条約締結により、出島への通行が自由となった。それに伴い、出島内にオランダ印刷所（出島印刷所）が開設され、来日していた活版士インデルマウルが日本人見習を指導しながらオランダ語書籍を印刷した。このとき、本木昌造は通詞兼目付役として立ち会っていた。

安政六（一八五九）年、出島のオランダ商館は閉鎖され、また、長崎海軍伝習所も閉鎖され、インデルマウルもジャカルタに引き上げた。

万延元（一八六〇）年、再来日したシーボルトは出島内にシーボルト印刷所を設けて、インデルマウルを呼び寄せ、シーボルト版と呼ばれる各種オランダ語書籍を出版した。

明治以降、埋め立てが進んだ結果、出島の島としての様相は一旦消失してしまったが、近年、出島の果たした歴史的役割を未来に伝えるために復元整備され、その後、出島表門橋の架設工事が完成し、石垣も修復された。

右頁：長崎県印刷工業組合、本木昌造顕彰会 所蔵品
右から、アルビオン型手引き印刷機：大阪活版製造所／東京築地活版製造所 製〔明治18年ころの製造と推測〕及び、大阪・片田鉄工所（創業明治30年）製。インキ台。インキローラー鋳型（境 賢治 旧蔵）。

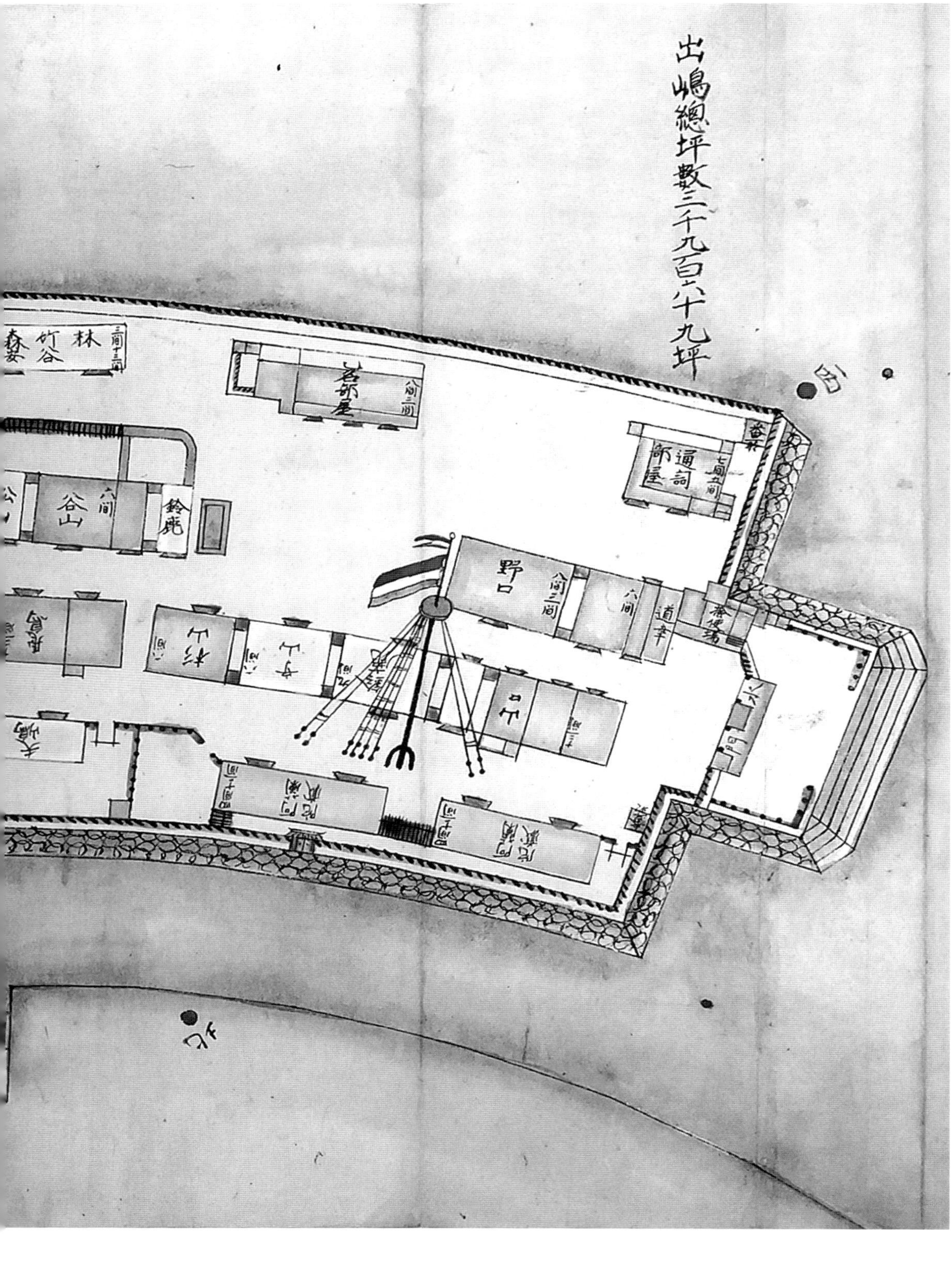
出嶋總坪数三千九百六十九坪
通詞部屋
野口
谷山
鈴鹿
林
竹谷

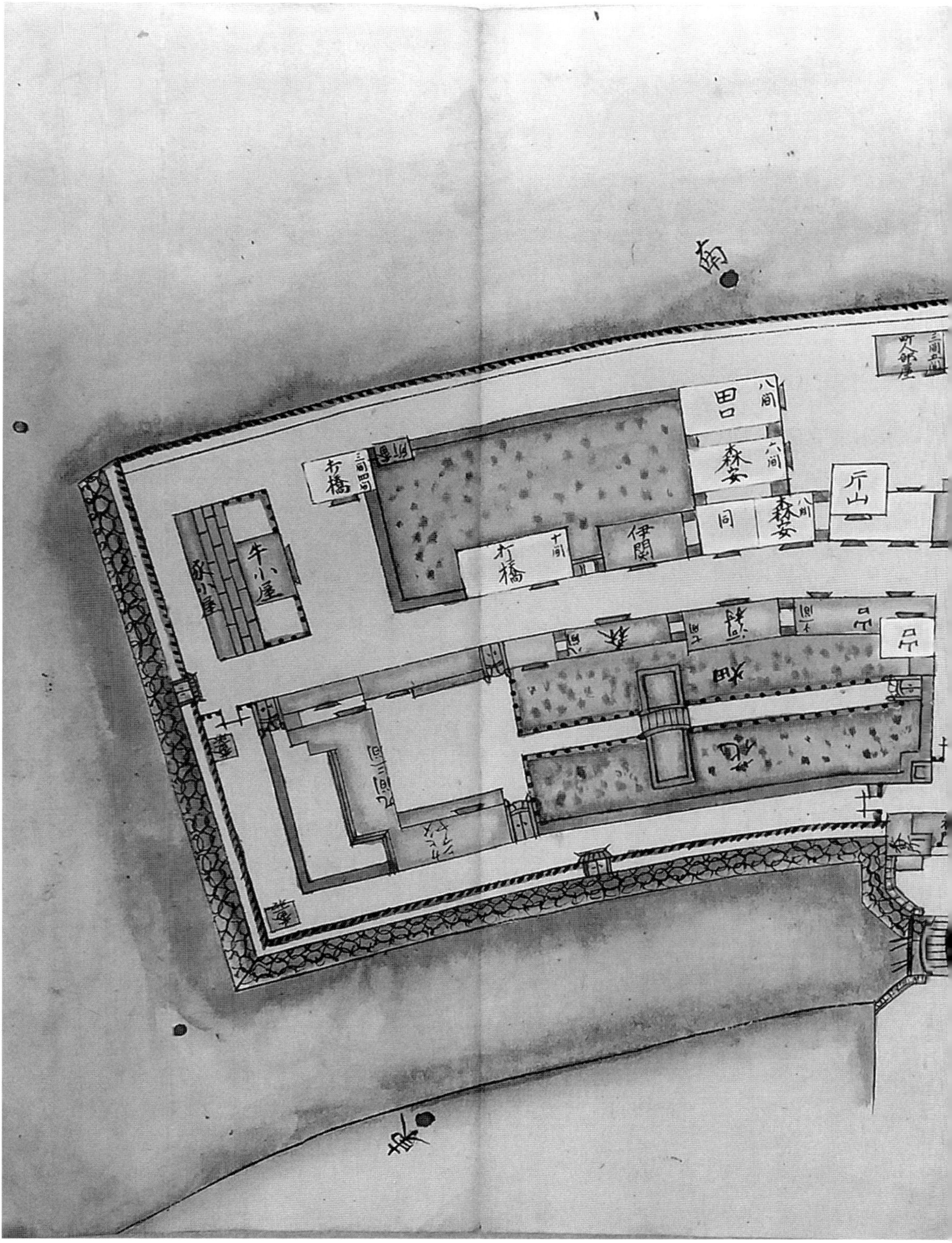

出島絵図（国立公文書館所蔵）

◉長崎奉行所西役所跡、長崎海軍伝習所跡、長崎活字判摺立所跡

所在地　長崎市江戸町二―一三（旧 長崎県庁）

長崎奉行所西役所跡は出島の目と鼻の先にある。もともとこの地は岬の突端であり、ポルトガル人のフィゲイレド神父によって小さな岬の教会が建てられた。その後、数回にわたる建て直しを経て、慶長六（一六〇一）年には当時の長崎で最大の教会が建てられ、この地にイエズス会本部やコレジオなどが置かれた。しかし、慶長一九（一六一四）年の禁教令によって、これらは破壊された。その後、この地に長崎奉行所が設けられた。

当初、長崎奉行所は文禄元（一五九二）年に本博多町（現ＮＴＴコム長崎万才ビル）に設けられていたが、寛文三（一六六三）年の大火で焼失したのを機に、外浦町《ほかうらまち》（旧 長崎県庁）に西役所と東役所からなる二つの機関として再建された。その対岸には完成したばかりの人工島である出島が存在して

長崎海軍伝習所絵図（公益財団法人鍋島報效会所蔵）

いた。再建された長崎奉行所の場所はその監視にうってつけの場所であった。その後、寛文一一（一六七一）年に東役所が立山（現 長崎歴史文化博物館）に移って立山役所となり、外浦町の敷地全体が西役所となった。

嘉永六（一八五三）年にロシア使節のプチャーチンが長崎へ来航した折にも、この西役所で会見がおこなわれ、本木昌造が通詞を務めた。

ペリーの黒船来航による開国後の安政二（一八五五）年、幕府は長崎奉行所西役所内に「海軍伝習所」を設けた。オランダ人教官の指導のもと、近代的な航海術、砲術、測量術、造船学、医学、数学、物理学、化学などの伝習がおこなわれた。講師としてカッテンディーケやポンペ、伝習生として幕臣の勝海舟や榎本武揚、佐賀藩士の佐野常民、薩摩藩士の五代友厚などが名を連ねていた。

海軍伝習所の開設と同年に、本木昌造ら阿蘭陀通詞仲間の四名で所持していた蘭書植字判一式が買い取られて、長崎奉行所西役所内に官営の活版印刷所である「長崎活字判摺立所」が開設された。本木昌造は活字判摺立方取扱掛として『シンタクシス』の復刻刊行をおこなっている。

安政四（一八五七）年には、幕府の注文でオランダより送られ、のちに長崎海軍伝習所の練

習艦となる木造蒸気船ヤーパン号／咸臨丸《かんりんまる》に乗ってやって来た、オランダ人で、「早業活版士」と称されたインデルマウルがここで活版印刷術の伝習をおこなった。

その後、長崎活字判摺立所は、江戸町の五ヶ所宿老会所内に移転し、海軍伝習所の廃止とともに廃止された。

◉十八銀行本店（旧第十八国立銀行）、長崎商工会議所発祥の地

所在地　長崎市銅座町一―一

第十八国立銀行は、わが国で一八番目にできた国民銀行で、明治一〇（一八七七）年に設立された銀行である。永見伝三郎（一八三一―一八九九）と松田源五郎（一八四〇―一九〇一）による合資会社「永見松田商会」（のちに株式組織「立誠会社」と改称）を前身としている。

開業の地は浜町（東濱町三二六）であったが、東濱町の大火で本店が消失したのを機に、「松田商行」のあった築町の現在地に明治二二（一八八九年）年に移転した。なお、「松田商行」では明治一二（一八七九）年に、松田源五郎らを発起人に「長崎商法会議所」が設立され、これがのちの「長崎商工会議所」の前身となっている。松田源五郎は長崎商法会議所の初代会頭を務めた。

第十八国立銀行では、永見伝三郎が初代頭取を、松田源五郎が支配人を務め、のちに第二代頭取を松田源五郎が務めた。永見家と松田家は長崎では豪商として知られる名家である。長崎本町の大問屋で薩摩藩の御用商人であった永見福十郎の三男である永見伝三郎は、薩摩藩の五代友厚とも親交が厚く、五代の貿易事業にも深く関わった。

松田源五郎は、本木昌造・平野富二の事業にも積極的に関与し、大阪活版製造所および東京築地活版製造所の取締役、石川島平野造船所の監査役も務めた。

また、長男の松田精一は十八銀行頭取を兼任して、大正一四（一九二五）年から昭和一〇（一九三五）年まで東京築地活版製造所の第五代専務取締役社長を務めた。

図版右から「長崎商工会議所発祥の地」、「対馬藩蔵屋敷跡」、「俵物役所跡」の碑とさるくボード。十八銀行本店前に設置されている。

◉銕橋〔くろがねばし〕跡

所在地　長崎市浜町二（国道三二四号線上、西浜町アーケード前）

銕橋、通称「鉄橋《てつはし》」は、中島川に架かる橋のひとつで、現在、河口から数えて六番目にある橋である。かつては大橋などと呼ばれる橋であったが、木製の橋であったため、洪水による破損・流失をくり返していた。そこで、慶応四（一八六八）年に、長崎製鉄所で鉄材を加工して、わが国最初の鉄製の橋が架けられることになった。架橋にあたっては、当時、長崎製鉄所の頭取であった本木昌造が指揮をとった。

現在の橋は、平成二（一九九〇）年に架け替えられた三代目の橋であるが、初代銕橋の面影を残す石柱が、現在も橋のわきに保存されている。揮毫は漢学者の西道仙（一八三六—一九一三）である。西道仙は眼鏡橋をはじめ、長崎のおおくの橋の命名や揮毫をしている。

また、初代銕橋の擬宝珠《ぎぼし》は、昭和九（一九三四）年に本木昌造頌徳会によって、長崎諏訪公園に本木昌造の座像が建立された際の台座に飾られていた。しかし、銅像建立後のわずか十年ののち、銅像は戦時下の金属供出の犠牲となって失われてしまった。その後、初代銕橋の擬宝

初代銕橋の石柱

珠は、長崎造船所 史料館（二一九頁参照）に所蔵されて現在に至っている。

◉土佐商会跡（高知藩開成館長崎出張所跡）

所在地　長崎市浜町二（西浜町アーケード入口）

土佐商会は貿易を目的とした土佐藩の役所である。慶応三（一八六七）年にその長崎出張所が設立された。はじめ土佐藩参政の後藤象二郎（一八三八―一八九七）が責任者となり、岩崎弥太郎（一八三五―一八八五）が後任を務めた。岩崎弥太郎は、土佐の樟脳や鰹節などの物産の販売を資金に、洋式武器弾薬や軍艦（蒸気船）の調達をおこなった。また、坂本龍馬による海援隊の運用資金も調達した。

平野富二は、慶応三（一八六七）年になってから約一年間、土佐藩に雇われ、器械方として藩所有の蒸気船「夕顔」「若紫」「空蝉」などの一等機関士を務めた。

「土佐商会跡」碑

◉本木昌造宅跡

所在地　長崎市万才町五〔未だその場所は確定していない〕

本木昌造の家があった場所である。旧地名、外浦町一〇五番屋敷（その後、表示変更により、六八二番、七番戸となった）に位置していた。

本木昌造（一八二四―一八七五）は、文政七（一八二四）年に馬田《ばだ》又次右衛門（永成）の二男として生まれた。幼名を作之助・元吉、諱《いみな》を永久《ながひさ》、戸籍名は昌三、そのほか笑三・咲三などの表記も用いている。

馬田家の本家は代々、阿蘭陀通詞を務めた家柄であったが、昌造が生まれた分家は長崎会所の会計係を務めていた。天保五（一八三四）年に本木昌左衛門の養子となり、本木姓を名のった。昌造は本木家に入る以前に、家格の調整などの都合から、本木家の親戚にあたる北嶋家にも一時期籍を置いたものと推測される。（なお、昌造の実父、又次右衛門は北嶋家から馬田家に養子に入っている。）

現在の町名である万才町《まんざい》は、明治五（一八七二）年に明治天皇が長崎を行幸した折の萬歳（万歳）に由来しており、西道仙がその改名を提案したとされている。当時、萬歳は呉音の「マンザイ」や漢音の「バンセイ」などと発声されていた。〔バンザイと発音されるようになったのは大日本帝国憲法発布の日の明治二二（一八八九）年で、「マ」ではお腹に力が入らないという理由から、漢音と呉音の混用を厭わず「バンザイ」となったとされている。〕

◉平野富二宅跡

所在地　長崎市万才町付近〔未だその場所は確定していない〕

平野富二が独立して買い求めた家があった場所である。旧地名、外浦町九六番地に位置していた。のちに、兄の矢次家が引地町の家を処分して、この地に移転している。

平野富二（一八四六―一八九二）は、長崎出身の技術者・実業家である。本木昌造に師事して、活版印刷業や造船業をはじめ、機械製造業、土木業、鉄道業、水運業、鉱山開発など、さまざまな事業に手腕をふるい、わが国の産業の近代化におおきな功績を残した。長崎造船所（現三菱重工業株式会社 長崎造船所）の礎となった小菅修船場（そろばんドック）の運営や立神ドックの建設にも着手し、また、石川島平野造船所（現 株式会社ＩＨＩ）の創立者でもある。

平野富二は、弘化三（一八四六）年に矢次《やつぐ》豊三郎の次男（幼名 富次郎）として生まれた。三歳で父と死別し、矢次家の家督は長男の和一郎が継いだ。富二は、遠い祖先の大村藩士・平野勘大夫の姓を継いで平野家を再興して、慶応二（一八六六）年より平野姓を名のった。

なお、富次郎から富二に改称するのは、壬申戸籍編成に際してで、明治五（一八七二）年のことであった。また、同年、安田こまと結婚し、この外浦町に居を構えた。

本木昌造の住まいのすぐ近くに居していたことからも、親子ほど歳の離れた本木と平野の師弟関係の親密さが伝わってくる。

富二は明治一二（一八七九）年頃まで本籍をここに置いていた。その後、東京築地二丁目に籍を移して、明治二五（一八九二）年一二月三日に四六歳で亡くなるまで、築地の地に居住した。墓地は東京の谷中霊園にある。

◉小曽根邸の跡

所在地　長崎市万才町八（現 長崎地方法務合同庁舎）

平戸の貿易商、平戸道喜を祖先とする長崎の豪商、小曽根家の本宅跡である。

第一三代当主であった小曽根乾堂《こぞねけんどう》（一八二八—一八八五）は、弟の小曽根英四郎とともに、亀山社中や海援隊のスポンサーとして知られ、坂本龍馬のよき理解者であった。乾堂は、事業

「小曽根邸の跡」碑

家としてだけでなく、書家・文人画家・篆刻家としても優れ、明治政府の御璽・国璽を篆刻した文人としても知られている。

海援隊の援助をしていた小曽根邸は、海援隊の実質的な本部のような役割を果たし、海援隊士の出入りも盛んであった。近藤長次郎が切腹した場所もこの小曽根邸である。龍馬の妻のお龍も一時期ここに寄宿して、乾堂や乾堂の娘から月琴を習ったと伝えられている。

◉唐通事会所跡、活版伝習所跡

所在地　長崎市興善町一―一（現 長崎市立図書館）

中国語の通訳である唐通事の事務所である唐通事会所は、宝暦元（一七五一）年に今町（現在の金屋町）に設けられたが、その後手狭となり、宝暦一二（一七六二）年にこの地に移った。

阿蘭陀通詞が本来通訳業務を専門とするのに対して、唐通事は、通訳業務はもちろん貿易管理業務や中国人の私生活に

「唐通事会所跡、活版伝習所跡」碑

まで深く関与していたため、「つうじ」の字を阿蘭陀「通詞」とは異なり、唐「通事」と記すとされている。唐通事には長崎在住の唐人（中国人）を起用することを基本とし、その職は世襲とされた。

唐通事制度は、慶応三（一八六七）年に廃止されて、優れた唐通事たちの多くは明治新政府などに登用されて、外交・教育・実業などの分野で活躍した。唐通事の子孫には、鄭家の出身で外交官として活躍した鄭永寧《ていえいねい》（一八二九—一八九七）、本木昌造の門弟で横浜活版所や横浜毎日新聞社を設立し東京築地活版製造所や王子製紙の事業拡大に貢献した陽其二《ようそのじ》（一八三八—一九〇六）、大阪市四天王寺境内にある『本木氏昌造翁紀年碑』の台座の撰文もおこなった何礼之《がれいしのりゆき》（一八四〇—一九二三）などがいる。

長崎製鉄所の元頭取で、伝習世話役を依頼された本木昌造は、明治二（一八六九）年に、この唐通事会所の跡地に、長崎製鉄所付属の「活版伝習所」を設立した。そして、長崎英語伝習所の講師フルベッキの紹介で、上海美華書館（アメリカ長老会の中国布教のための印刷所）よりウイリアム・ギャンブル（一八三〇—八六）を招いて、活字鋳造と活版印刷の伝習を受けた。

◉巌流坂

◉長州萩藩蔵屋敷跡、吉村家跡、新町私塾跡、
新町活版所跡碑・活字の碑

所在地　長崎市興善町六（現 長崎県市町村職員共済組合会館）

◉小倉藩蔵屋敷跡、
新塾活版製造所・長崎活版製造所跡

所在地　長崎市興善町五

正保四（一六四七）年にポルトガル船二隻が長崎港へ来航し、幕府はこれを拿捕するために、西国各藩に約五万人の動員を命じた。これ以後、各藩は長崎に専用の蔵屋敷を設置して、長崎奉行との連携をより密におこなった。そのため、長崎にはたくさんの蔵屋敷があった。

「新町活版所跡」碑

巌流坂を下方より望む。この坂には、「長州萩藩蔵屋敷」（写真右側）と、坂を隔てて「小倉藩蔵屋敷」（写真左側）があったことから、両藩を挟む関門海峡の巌流島にちなんで、「巌流坂」と呼ばれる。

かつて、この坂道をはさむかたちで、長州萩藩と小倉藩が蔵屋敷を構えていた。そのようすを、両藩の間に位置する関門海峡の巌流島（舟島）になぞらえて、この坂は巌流坂と呼ばれるようになった。

長州藩（萩藩とも呼ばれた）は当初は本五島町に蔵屋敷を構えていたが、のちに新町のこの地に移った。その萩藩蔵屋敷の御用達を吉村家が代々務めていた。吉村家の著名な人物としては、漢学者・漢詩者・儒学者の吉村久右衛門（一七四九―一八〇八）が知られている。吉村久右衛門は、名を正隆、字を士興、号を迂斎《うさい》とし、特に填詩を得意としていた。

平野富二は、まだ、矢次富次郎の時代に、この長州藩蔵屋敷に居住していた吉村家の吉村為之助の養子となり、慶応二（一八六六）年に吉村家との養子縁組を解消して平野富次郎となるまで、吉村富次郎を名のっていた。

長州藩蔵屋敷は、元治元（一八六四）年にはじまる幕長戦争によって幕府に没収され、翌年の慶応元（一八六五）年、大村町にあった語学所がこの地に移転して済美館と称した。アメリカ人宣教師フルベッキが校長兼教師となり、校舎を建てたが、広運館と改称されたのちの明治二（一八六九）年に国学局は中島聖堂内の明倫堂へ、洋学局はもと西役所内に移転した。

本木昌造は教育の場の必要を感じ、明治二（一八六九）年、この長州藩蔵屋敷跡の地に「新街私塾」を開設した。読書・書道・算術・英語などを無料で学ぶことができる私塾であった。

翌年の明治三（一八七〇）年には、私塾の経費をまかなう目的もあって、新街私塾内にわが国最初の民間活版事業所となる「新町活版所」を創業した。

また、本木昌造の協力者であった呉服商の和田半が、維新によって退去した小倉藩蔵屋敷跡の一部を買い取り、本木昌造へ「新塾活版製造所」の用地として提供した。のちに平野富二は、この活版製造所の経営を任せられることになった。小倉藩蔵屋敷跡の活版所と活版製造所は、明治二八（一八九五）年に解散するまで、この地に存続した。

◉平野富二生誕の地（矢次家宅跡）、町司長屋跡、地獄川

所在地　長崎市桜町九―六（現 長崎県勤労福祉会館）

平野富二（一八四六―一八九二）の生家、矢次《やつぐ》家があった場所である。旧地名、引地町五〇番地に位置していた。町司の矢次豊三郎と美禰《ミネ》（み祢）の次男である平野富二は、弘化三年八月一四日（一八四六年一〇月四日）に矢次富次郎としてこ

平野富二生誕の地（矢次家宅跡）、町司長屋跡、
現 長崎県勤労福祉会館

の地に生まれた。

この地には長崎奉行所付の町司（町使）の長屋があった。町司は現在の警官に相当するもので、苗字帯刀を許されていた。地獄川は、引地町の東に沿って流れる川で、現在は大部分が暗渠となった。その名前は、現在の市役所別館のあたりに、昔、桜町牢屋があったところからきているとされる。

地獄川

新地、銅座町、思案橋、油屋町周辺

◉薩摩藩蔵屋敷跡

所在地　長崎市銅座町七―三六（旧三菱ＵＦＪ信託銀行長崎支店）

薩摩藩蔵屋敷は、銅座町の中心部にあり、小松帯刀《こまつたてわき》（一八三五―一八七〇）や五代友厚

（一八三六―一八八五）、寺島宗則（一八三二―一八九三）など薩摩藩士の長崎での活動の拠点であった。薩摩藩は亀山社中への資金援助をおこない、坂本龍馬もこの屋敷に出入りしていたと考えられている。また、薩長同盟締結後、長州藩の武器弾薬を薩摩藩名義で購入していたために、長州藩士の伊藤博文（一八四一―一九〇九）と井上馨（一八三六―一九一五）も、この屋敷に匿われて活動していたとされている。

薩摩藩は当時、琉球王国を支配下に置いていたことから、藩独自に中国との貿易（琉球口貿易）もおこなっていた。

本木昌造は、池原香穉《かわか》を通じて、薩摩藩の重野安繹《しげのやすつぐ》（一八二七―一九一〇）が上海から輸入した活字と印刷機を購入したとされている。また、本木昌造が関与した大阪活版所は、五代友厚の懇望と資金融資によって設立された。薩摩と長崎には、近代活版印刷術の発展にまつわる深いつながりがあった。

枇杷の産地として知られる茂木への街道途中には、薩摩藩は替馬所として秘密屋敷を配していた。緊急の際には薩摩藩

「薩摩藩蔵屋敷跡」さるくボード

蔵屋敷から茂木街道を経由し、茂木の港から薩摩の阿久根や薩摩川内の港まで、順風であればその日のうちに着くことができたといわれている。

◉銅座跡碑

所在地　長崎市銅座町一三―一七（現　銅座跡パーキング）

大阪の銅座の出張所として、享保九（一七二四）年頃に長崎に設立された。輸出用の銅の精錬をおこなっていたが、元文三（一七三八）年に廃止された。その後、寛保元（一七四一）年、同所に銅座銭座が置かれ、延享二（一七四五）年まで寛永通宝の鋳造をおこなった。

なお、「銅座の永見」と称される永見家の本家、永見徳太郎（一八九〇―一九四九）の邸宅が、銅座跡碑の近く、現　銅座町一四にあった。（永見伝三郎は新宅永見家にあたる。）

また、シーボルトの妻のタキは、銅座町のこんにゃく商で

思案橋跡

あった楠本佐平衛の四女として生まれ、現銅座町一〇で娘のイネを産んだとされている。楠本イネ（一八二七―一九〇三）は、わが国最初の蘭方女医とされている。

◉思案橋

所在地　長崎市油屋町一

中島川支流の銅座川から正覚寺下へ流れる川の上に位置しるが、現在は暗渠となっており、橋としての思案橋も残っていない。

この思案橋の先には、日本三大遊郭のひとつ丸山遊郭があった。この橋のたもとで、遊郭に「行こうか戻ろか……」思案したことから、この橋の名前がついたとされている。

◉大浦けい居宅跡

所在地　長崎市油屋町二―四六

「大浦けい居宅跡」碑

大浦慶（一八二八―八四）は女性商人で日本茶貿易の先駆者である。大浦家は油屋町の江戸時代から続く老舗の油商であったが、家業が傾き、慶は大浦家の再興のために茶貿易に注目した。当初、嬉野茶（佐賀県嬉野市から長崎県東彼杵町で生産される緑茶）の輸出を検討していたが、通詞の品川藤十郎の協力で、イギリス商人のオルトからアメリカ輸出用の大量の茶の注文を受け、九州一円の日本茶を輸出して、莫大な利益を得た。

名声と富を得た慶は、坂本龍馬（一八三六―一八六七）、大隈重信（一八三八―一九二二）、松方正義（一八三五―一九二四）、陸奥宗光（一八四四―一八九七）などの幕末の志士とも親交があり、海援隊への援助も惜しまなかったとされている。

その後、大浦慶は詐欺事件に遭っておおきな負債を負い、家屋敷を手放す。政府の高官となっていた松方正義や伊藤博文の配慮で、横浜製鉄所が民間経営に委ねられるときに、長崎出身の杉山徳三郎（一八三九―一九三〇）が中心となって、大浦慶も経営陣に加えられた。杉山徳三郎は平野富二の親友で、平野富二もやがてこの経営陣に参加し、印刷機の製造をおこなった。富二は後にこの製鉄所を単独で借り受け、石川口製鉄所とした。

◉福地櫻痴（源一郎）生誕の地

所在地　油屋町

福地源一郎（一八四一―一九〇六）は、ジャーナリスト（新聞記者）・作家・劇作家・実業家・政治家で、福沢諭吉とともに「天下の双福」と並び称された人物である。吉原の遊女「櫻路《さくらじ》に痴れた」ことから号を「櫻痴《おうち》」としていた。そのほか、ペンネームとして「吾曹子」の名も用いていた。

こんにち私たちが、本木昌造と平野富二による近代的活版印刷術と、近代造船、重機械製造、運輸、運送などの導入経緯を知ることができるのは、福地源一郎が明治二四（一八九一）年の『印刷雑誌』に、本木昌造・平野富二の紹介を寄稿して、文書記録のかたちで残してくれたおかげである。

福地源一郎は、思案橋や丸山遊郭からも近い、長崎新石灰《しっくい》町（現油屋町）で、医師の福地苟庵《こうあん》の長男として生まれた。漢学・蘭学・英語を学び、江戸幕府に仕官して幕臣となる。文久

「福地櫻痴生誕の地」碑

遺欧使節や岩倉使節など数度にわたって渡欧して、新聞や西洋演劇に造詣を深め、『江湖新聞』の創刊、私塾日新舎の開塾、大蔵省役人、『東京日日新聞』（毎日新聞の前身）の主筆・社長・わが国初の署名社説の執筆、西南戦争の従軍記者、東京商法会議所の設立、東京府議会議員、歌舞伎座の創設と座付作家、『幕府衰亡論』や『懐往事談』をはじめ多数の著作の執筆など、めまぐるしく活躍した。

福地櫻痴（源一郎）

『印刷雑誌』第一巻第一号（一八九一年二月）
「本木昌造君の肖像並びに行状」
『印刷雑誌』第一号につづく本木昌造・平野富二の紹介
第二号（一八九一年三月）「本木昌造君の行状」
第三号（一八九一年四月）「本木昌造君の行状」
第四号（一八九一年五月）「平野富二君の履歴」
第五号（一八九一年六月）「平野富二君の履歴」
第六号（一八九一年七月）「平野富二君の履歴」

「society」を「社会」に、「bank」を「銀行」の翻訳語としてはじめて使用したのも福地源一郎だとされている。

明治一九（一八八六）年に、平野富二が兵庫造船所を政府から借用する申請をした際に、福地源一郎はその仲介役となった。結果、薩摩の川崎正蔵（一八三六―一九一二）に敗れ、川崎正蔵が川崎築地造船所（のちの川崎重工業株式会社）を創業するに至った。

平野富二の没後七回忌に際して、東京の谷中霊園に「平野富二君碑」が建てられた。その碑文と書は福地源一郎によるものである。

福地家の墓所は大音寺にあるが、福地源一郎の墓地は平野富二とおなじく、東京の谷中霊園にある。

寺町（男風頭山）近辺

◉大光寺、本木家墓所・本木昌造墓

大光寺は浄土真宗本願寺派の寺院である。ここに本木昌造の墓地がある。

本木昌造は、文政七年六月九日（一八二四年七月五日）に生まれ、明治八（一八七五）年九月三日に五一歳で亡くなった。諱《いみな》は永久《ながひさ》で、法名は「故林堂釈永久梧窓善士」である。

本木昌造は本木家の六代目にあたる。初代は本木庄太夫（栄久）で諱を良意、二代目が仁太夫で諱が良固、三代目は

本木昌造（撮影：内田九一）諏訪神社所蔵

本木家墓所・本木昌造墓

わが国にはじめてコペルニクスの地動説を紹介した仁太夫（栄之進）で諱は良永、四代目は『諳厄利亜（アングリア）語林大成』『払郎察（フランス）辞範』などを編纂した庄左衛門で諱が正栄、五代目が昌造の養父にあたる昌左衛門（昌栄）で諱は久美である。

大光寺には、明治天皇の肖像写真を撮影したことで知られる内田九一《うちだくいち》（一八四四―一八七五）の供養塔もある。諏訪神社所蔵の本木昌造の写真も内田九一の撮影によるものである。

◉大音寺

大音寺は浄土宗の寺院である。皓台寺、本蓮寺とともに長崎三大寺といわれている。西道仙の墓碑（賜琴石斎西道仙墓）や福地家の墓地がある。なお、福地櫻痴（源一郎）の墓地は東京の谷中霊園にある。

また、『英和対訳袖珍《しゅうちん》辞書』で知られる堀達之助（一八二三―一八九四）の墓地もある。

◉皓台寺《こうたいじ》

皓台寺は禅宗・曹洞宗の寺院である。大音寺、本蓮寺とともに長崎三大寺といわれている。阿蘭陀通詞の馬田家墓地、本木昌造の実弟（五男）の松田雅典の墓地、写真家の上野彦馬の墓地、小曽根家墓所、薩摩墓などがある。

◉禅林寺、池原家墓、吉雄家墓、香月薫平墓、柴田昌吉墓

禅林寺は禅宗のひとつ臨済宗の寺院である。

池原家の墓地、阿蘭陀通詞の吉雄家の墓所、安中半三郎とともに長崎文庫を設立した香月薫平（一八二六—一八九五）の墓地、本木昌造の実弟（末弟 六男）で『柴田辞書（英和字彙）』で知られる柴田昌吉（一八四一—一九〇一）の墓地（戒名：光院釈浄鏡荷江居士）などがある。

◉矢次家墓地跡、平野富二碑旧在地（矢次み祢《ね》建立）

所在地　三宝寺裏手の禅林寺とび地

池原家墓

「龍馬のぶーつ像」や「長崎市亀山社中記念館」にほど近い、風頭山の三宝寺（三寶寺）にある禅林寺のとび地に、矢次家墓地と平野富二碑がかつてあった。

平野富二碑は明治三一（一八九八）年に平野富二の母、矢次み祢《ね》によって建立された。四六歳にして、こころざしなかばで亡くなった息子を偲んで建立されたものと思われる。碑文の撰者は西道仙（賜琴石斎西道仙）、書は富二の娘幾《き》みによるものである。

平野富二碑は、平成一四（二〇〇二）年の「平野富二没後百十年記念祭」を機に、東京の谷中霊園の平野家の墓所に移築された。

◉松田源五郎墓

所在地　光源寺別所

光源寺は浄土真宗本願寺派の寺院である。飴屋の幽霊（産

柴田昌吉墓

女の幽霊）の民話でも知られるお寺である。長崎で最初の唐通事を務めた馮六《ひょうろく》《ほうろく》の墓地も光源寺にある。この光源寺の別所に松田源五郎の広大な墓所と、たいへん立派な墓石がある。

松田源五郎墓前の石灯籠には「株式会社東京築地活版製造所員」と刻まれている。

松田源五郎墓

諏訪神社・長崎公園、長崎歴史文化博物館周辺

◉諏訪神社・諏訪公園（長崎公園）

鎮西大社 諏訪神社は、地元では「おすわさん」とも呼ばれ、毎年一〇月七―九日におこなわれる例祭「長崎くんち」で有名な神社である。本木昌造の活字種字は以前、諏訪神社に献納され保存されていた。（現在は、長崎歴史文化博物館に収蔵されている。）

本殿右脇の祖霊社（康平社）には、「故 本木昌造翁 立花照夫翁 霊前」と刻まれた石灯籠が残されている。

諏訪公園（長崎公園）は、明治六（一八七三）年の太政官の布告によって制定された長崎で最も古い公園である。諏訪神社と合わせて「諏訪の杜」として市民に親しまれている。

園内にはさまざまな記念碑・銅像・顕彰碑・歌碑や文学碑などが建立されている。

諏訪神社

◉安中半三郎歌碑（東来和歌之碑）

安中《やすなか》半三郎（東来）による和歌三五首が刻まれた歌碑である。東来は「素平連《すぺれん》」という狂歌の会も主催していた。

安中半三郎（一八五三―一九二一）は、江戸神田の生まれであるが、六歳のときに父に従って長崎に来住した。長川東洲や池原香穉に和漢学を学んだ。諱を東来《とうらい》、屋号を虎與號《とらよごう》として、書店兼文具店を営むかたわら、版元として安中書店や虎與號書店として出版活動もおこなっていた。

公共図書館の先駆けともなる長崎文庫を創設したり、香月薫平や西道仙らとともに「長崎古文書出版会」を結成して、その成果が『長崎叢書』となり、やがて長崎県立図書館の設立につながった。

また、「長崎慈善会」を結成して「長崎盲唖院」を設け、現在の長崎県立盲学校と長崎県立ろう学校の前身となった。

なお、安中家の墓地は本蓮寺の裾野に神式として別途にある。

図版右、安中半三郎 歌碑（東来和歌之碑）。図版左の寄りそうように建立されている碑は『月の句碑』（長崎俳画協会　昭和六三年一〇月一六日建碑）で、「俳人向井去来と山本健吉を讃える碑」とされている。

◉池原香穉歌碑

（表：池原香穉翁詠元日桜長並短歌、裏：池原香穉翁小伝）

池原香穉《いけはらかわか》（日南）の長歌と短歌が刻まれた歌碑である。歌碑の前にある早咲きの元日桜を詠んだ歌となっている。

池原香穉（一八三〇―八四）は、長崎出身の国学者で眼科医である。のちに明治天皇に近侍して、宮内省の文学御用掛をも務め、御巡幸の際に『美登毛能数《みとものかず》』を著している。

本木昌造が薩摩藩から印刷機を購入する際にその仲介をした人物ともされ、長崎の新町活版製造所や、のちの平野活版製造所（東京築地活版製造所）の活字書体にも池原香穉の書がおおきく関わっているとされている。

◉郷土先賢紀功碑

長崎の発展に功績のあった人物（日本人七九名、外国人一二名）の名前を刻んだ顕彰碑である。

池原香穉歌碑。この碑の表には池原香穉の長歌と短歌が、裏には池原香穉の小伝が刻まれている。

郷土先賢紀功碑

本木昌造や本木家一門、上野彦馬、堀達之助、隠元和尚、ヴリニヤニ（ヴァリニャーノ）、シーボルト、ポンペ、フルベッキなどの名前も刻されている。

◉本木昌造立像（本木昌造翁像）

もともと同地には、昭和九年（一九三四）年に本木昌造頌徳会によって建立された、本木昌造の座像があったが、銅像建立後のわずか一〇年ののち、銅像は戦時下の金属供出の犠牲となって失われてしまった。

この立像は、長崎県の印刷業界の呼びかけにより、昭和二九（一九五四）年に日本印刷工業会によって再建された本木昌造の立像である。

なお座像が安置されていた当時は、初代 銕《くろがね》橋《ばし》の擬宝珠《ぎぼし》がその台座に飾られていたが、現在、その擬宝珠は、長崎造船所 史料館に所蔵されている。

本木昌造立像（本木昌造翁像）

◉松田源五郎像（松田源五郎翁之像）

松田源五郎（一八四〇—一九〇一）は実業家・銀行家である。長崎市酒屋町の鶴野家に生まれ、叔父で貿易業を営む松田勝五郎の養子となり、松田姓を名のった。

永見伝三郎（一八九九—一八三一）とともに、第十八国立銀行を創立した松田源五郎は、本木昌造・平野富二の事業に積極的に関与し、大阪活版製造所および東京築地活版製造所の取締役も務めた。また、長崎商法会議所（長崎商工会議所の前身）の立ち上げ、長崎の政財界の発展に尽力した。

諏訪公園には、明治四一（一九〇八）年に松田源五郎の立像が建立されていたが、本木昌造の銅像同様に、戦時下の金属供出の犠牲となった。現在の像は、昭和三八（一九六三）年に長崎商工会議所と十八銀行が中心となって再建されたものである。

松田源五郎像（松田源五郎翁之像）

◉杉亭二先生の碑

杉亭二《すぎこうじ》（一八二八—一九一七）は、長崎出身の統計学者・啓蒙思想家・法学博士である。わが国の「統計学の祖」とされ、国勢調査の基礎をつくった。

杉亭二は、大阪・江戸で洋学を学び、勝海舟（一八二三—一八九九）と懇意な関係となって勝塾の塾頭となった。平野富二は杉亭二の紹介のおかげで勝海舟と親しくなることができた。

◉中村六三郎君紀功碑

中村六三郎（一八四一—一九〇七）は、長崎出身の教育者である。海軍伝習所で学び、郵便汽船三菱会社商船学校（のちの官立東京商船学校、東京商船大学、現在の東京海洋大学）の校長を務めた。退職後は日本海員掖済《えきさい》会の創立に参与した。この碑は明治四二（一九〇九）年に建立され、「郵便制度の父」と呼ば

杉亭二先生の碑

中村六三郎君紀功碑

れる前島密（一八三五―一九一九）が撰文をおこなった。

商船学校が東京の越前堀にあった関係から、近くに住む平野富二と知り合いになったものとみられ、日本海員掖済会の設立にあたってはお互いに協力している。明治二五（一八九二）年に平野富二が死去した際には、中村六三郎が親族総代となっている。

◉上野彦馬之像

幕末から明治にかけて活躍した写真家、上野彦馬（一八三八―一九〇四）の像である。

文久二（一八六二）年に上野撮影局（現 伊勢町四）を開業し、坂本龍馬や高杉晋作をはじめ、幕末の志士や明治の高官・名士の肖像写真を数多く撮影した。また、上野彦馬はわが国最初の戦場カメラマン（従軍カメラマン）としても知られ、西南戦争の写真を残している。

上野彦馬之像

◉長崎歴史文化博物館

かつて長崎奉行所立山役所（東役所）があった場所である。敷地内にはその一部が復元され、御白洲では当時の裁判の様子を再現した寸劇も上演されている。

かつての長崎市立博物館、県立図書館に収蔵されていた江戸期全般の、おもに長崎市近郊の資料が収蔵されている。諏訪神社の「諏訪の杜文学館」旧蔵の本木昌造の活字種字や、長崎市立博物館旧蔵の『本木家文書』なども、現在ここに収蔵されている。

◉日本最初の缶詰製造の地跡

所在地　炉粕町三二（現 日本銀行長崎支店脇）

明治一二（一八七九）年、長崎公園で「長崎博覧会」が開催された。その後、長崎県はこの地に缶詰試験場を設置し、

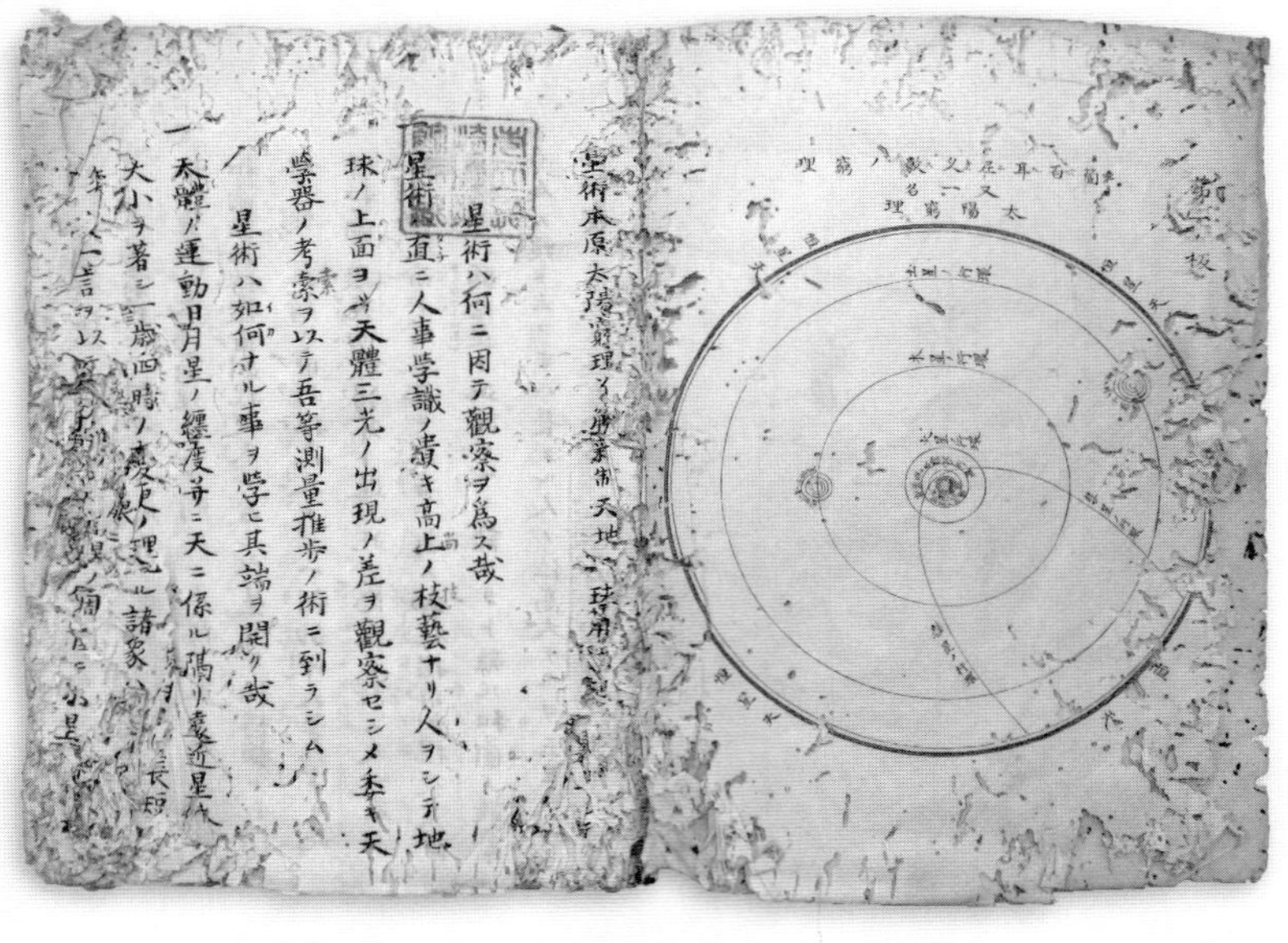

長崎歴史文化博物館所蔵、本木良永訳『太陽窮理了解説　和解草稿』寛永四（一七九二）年。惑星を翻訳語として制定し、濁点・半濁点・音引きなどをつくり、アラビア数字も紹介した記念碑的書物。

勧業御用係として松田雅典が任命された。

松田雅典《まつだまさのり》（一八三二―一八九五）は、馬田又次右衛門永成の五男で本木昌造の実弟にあたる。雅典は、金屋町の乙名（長老）を務めていた松田家の養子となり、松田姓を名のった。

雅典は明治二（一八六九）年に、広運館でフランス人教師レオン・ジュリーから缶詰製造方法を修得し、日本ではじめて缶詰を製造した。明治一二（一八七九）年に県知事を説得して長崎県缶詰試験場を設立し、明治一七（一八八四）年に缶詰試験所の払い下げを受けて松田缶詰工場所を開業した。松田雅典の墓所は皓臺寺にある。

長崎造船所近辺

◉長崎製鉄所跡

（現 三菱重工業株式会社 長崎造船所「飽《あく》の浦《うら》門」）

日本最初の缶詰製造の地跡

長崎製鉄所は幕末につくられた、機械の製造と船舶の修理・建造をおこなう工場である。

安政二（一八五五）年の海軍伝習所の開設にともない、大型船の修理・建造所が必要となった。しかし、幕府の許可が得られなかったため、海軍伝習所総監理（所長）の永井《ながい》尚志《なおゆき》（一八一六―一八九一）は独断でオランダの協力を得て、安政四（一八五七）年に「長崎鎔鉄所」の建設に着手し、その後「長崎製鉄所」に改称した。文久元（一八六一）年に完成したこの工場は、オランダ海軍機関将校ハルデスら技師の指導のもと、鉄骨と建築用煉瓦《れんが》を用いたわが国初の本格的な洋式工場となり、わが国の重工業の発祥となった。敷地内には鍛冶場・鋳物場・工作場などの諸施設が建てられ、工作機関類の動力には蒸気機関が用いられた。

明治維新を経て、長崎製鉄所は官営となり、「長崎造船所」などいくつかの改称を経て明治一七（一八八四）年に三菱会社に貸与され、明治二〇（一八八七）年に払い下げられた。そして、翌年の明治二一（一八八八）年に三菱造船所（現三菱重工業株式会社 長崎造船所の前身）に改称された。

本木昌造は、万延元（一八六〇）年に長崎製鉄所御用掛と

「長崎製鉄所跡」碑

なり、慶応四（一八六八）年に長崎製鉄所頭取役となった。

また、平野富二は、文久元（一八六一）年に長崎製鉄所機関見習となり、明治二（一八六九）年に新政府の長崎製鉄所兼小菅造船所長となった。その後、富二は昇進して、長崎県権大属の資格を与えられて、二五歳にして長崎製鉄所の経営トップの頭取にまで昇りつめた。

◉長崎造船所 史料館

長崎造船所が日本の近代化に果たした役割を永く後世に伝えるために昭和六〇（一九八五）年に開設した史料館である。

史料館に利用されている赤煉瓦の建物は、明治三一（一八九八）年に三菱合資会社三菱造船所の鋳物工場に併設した「木型場」として建設されたもので、長崎造船所に現存している建造物の中で最も古い建物である。

初代銕橋の擬宝珠《ぎぼし》も同館に収蔵されている。

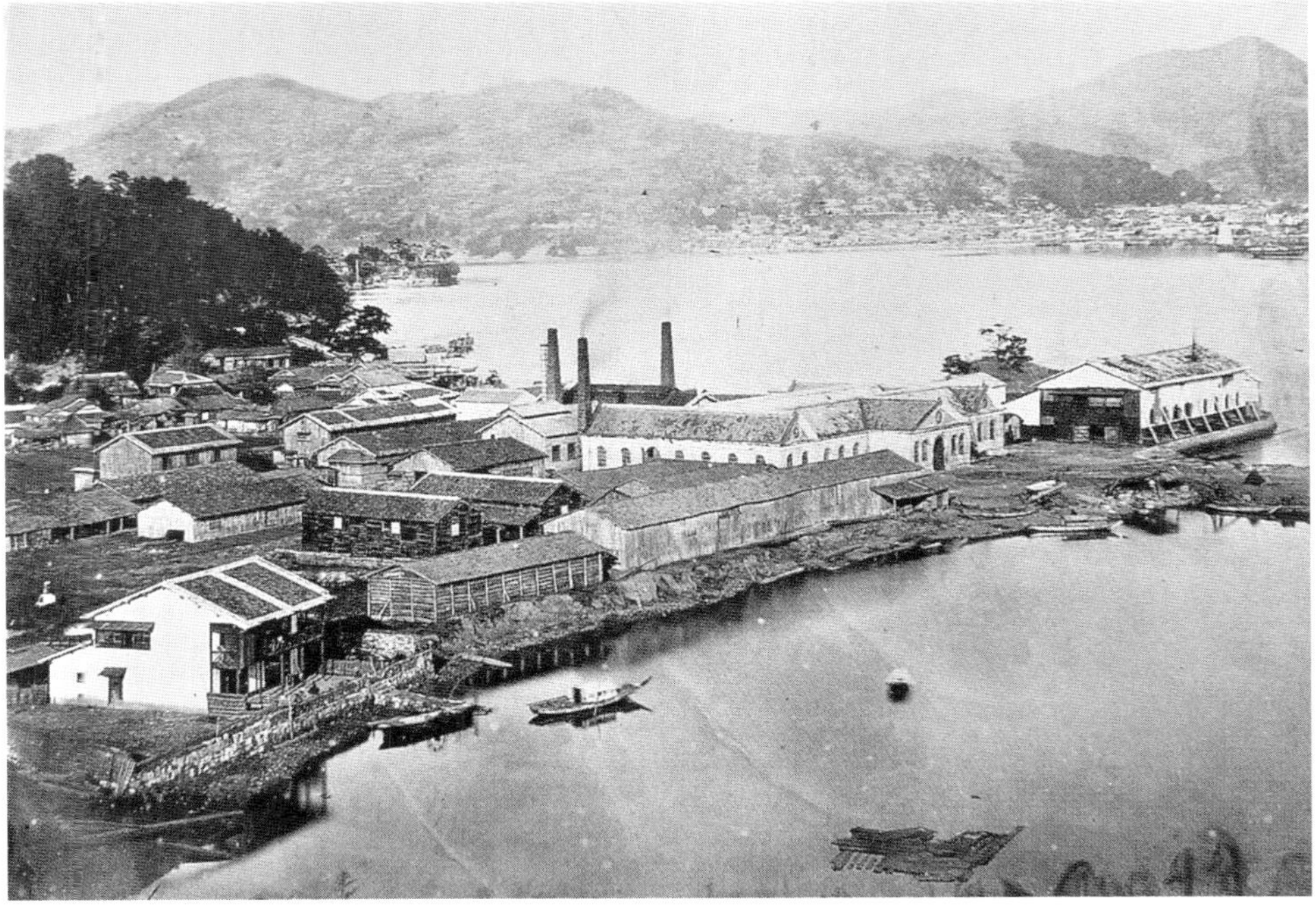
幕末の長崎製鉄所全景

初代鉄橋擬宝珠

長崎造船所 史料館

◉立神ドック（現第一船渠）

平野富二が「ドック取建掛」に任命されて着工していた船《せん》渠《きょ》である。

慶応元（一八六五）年に、立神軍艦打建所として用地造成が完了したが、その後、当地における軍艦建造が取止めとなり、そのまま放置されていた。明治二（一八六九）年になって、平野富二が長崎県知事野村宗七（盛秀）を通じて民部省にドックの開設を建議して民部省の認可が下り、平野富二が「ドック取建掛」に任命されて、直ちに着工した。このとき、富二は二五歳という若さで、二―三〇〇〇人ともいわれる労働者の指揮にあたっていた。この工事は当時の長崎市内に溢れる失業者の救済事業でもあった。

しかし明治四（一八七一）年四月、長崎製鉄所が工部省の所轄となるに及んで、平野富二は長崎製鉄所を解雇されて、工事は中止された。

明治七（一八七四）年にフランス人技師ワンサン・フロラ

立神ドック建碑由来銘板。二〇〇二年「平野富二没後百十年祭」に際して松本孝氏（元三菱造船所史料館）画像提供。〔次頁は拡大〕

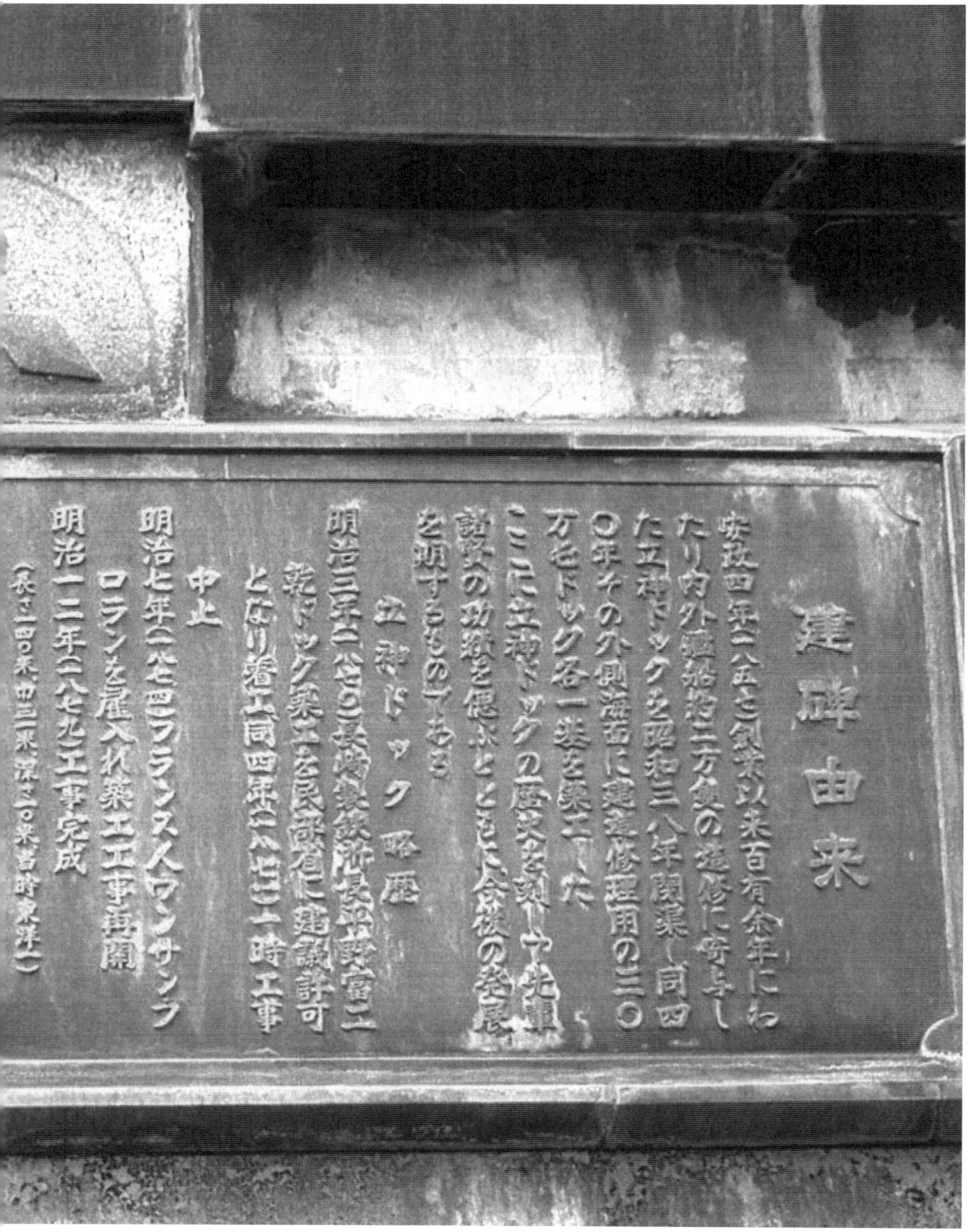
建碑由来
安政四年(一八五七)創業以来百有余年にわ
たり内外艦船約二万隻の造修に寄与し
た立神ドックを昭和三八年閉渠し同四
〇年その外側海面に建造修理用の三〇
万屯ドック各一基を築工した
ここに立神ドックの歴史を顧り先輩
諸氏の功績を偲ぶとともに今後の発展
を願うものである
立神ドック略歴
明治三年(一八七〇)長崎製鉄所長平野富二
乾ドック築工を民部省に建議許可
となり着工同四年(一八七一)一時工事
中止
明治七年(一八七四)フランス人ワンサンフ
ロランを雇入れ築工工事再開
明治一二年(一八七九)工事完成
(長さ一四〇米、巾三一米、深さ一〇米当時東洋一)

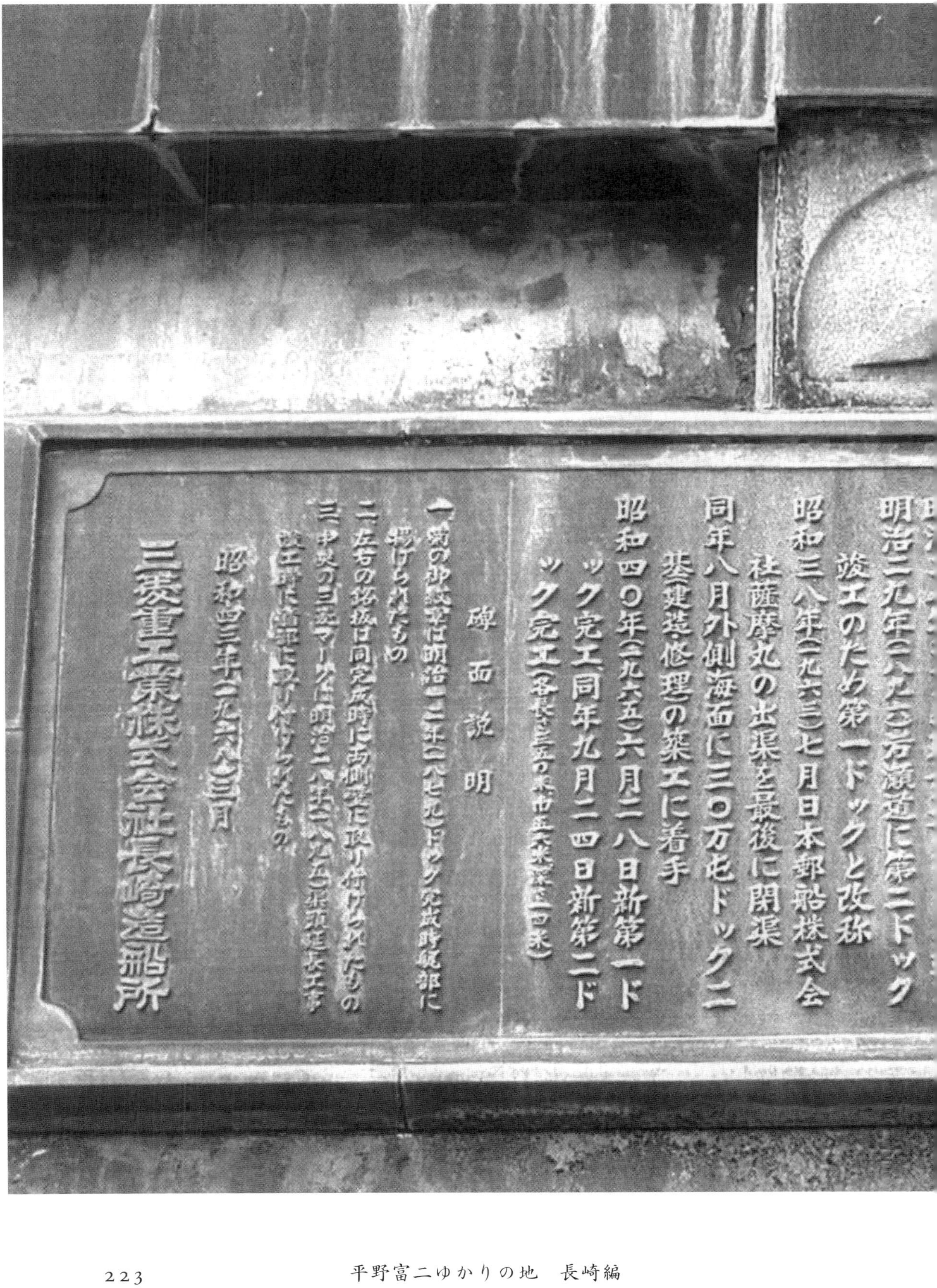
明治二九年(一八九六)岩瀬道に第二ドック
竣工のため第一ドックと改称
昭和三八年(一九六三)七月日本郵船株式会
社薩摩丸の出渠を最後に閉渠
同年八月外側海面に三〇万屯ドック二
基(建造・修理)の築工に着手
昭和四〇年(一九六五)六月二八日新第一ド
ック完工同年九月二四日新第二ド
ック完工
碑面説明
昭和四三年(一九六八)三月
三菱重工業株式会社長崎造船所

ンの指揮のもと工事が再開され、明治一二（一八七九）年に当時東洋一を誇るドックとして完成した。

現第一船渠の立神通路の壁面に設置されている「立神ドック建碑由来銘板」には、平野富二の事績が記されている。

◉そろばんドック（小菅修船場跡）

明治元（一八六八）年に完成したわが国初の西洋式スリップウェイ・ドック（曳揚式船渠）である。薩摩藩の小松帯刀（一八三五—一八七〇）と五代友厚（一八三六—一八八五）が計画し、薩摩藩やトーマス・グラバー（一八三八—一九一一）などが出資者となって、薩摩藩は用地、グラバーは設備の輸入をおこない、グラバーの管理のもとで完成した。

長崎製鉄所頭取の本木昌造らの提言によって、明治新政府は明治二（一八六九）年に、小菅修船所をグラバーから買収した。長崎製鉄所の付属施設となった小菅修船所の初代所長には平野富二と品川藤十郎の二人が就任した。

明治五（一八七二）年、長崎巡幸の際、明治天皇が咸臨丸の修船状況をご覧になった。その際、参議・陸軍大将の西郷隆盛（一八二八—一八七七）が筆頭供奉員を務めて随行した。

最大一〇〇〇総トンまでの船を乗せて引き上げることが可能な台車の形が、そろばん状に見

現在の小菅修船場跡。海（右下）に向かって緩やかに下る斜面と中央にある歯型軌条付レールは当初のままのものと見られる。左右の線路とその上の台車群は、戦時中に改造されたもの。曳揚機小屋（奥）の中央から延びる装置は牽引用チェーンの延長／短縮装置。左右にある電動式巻上機は後年に設置されたもの。

曳揚機小屋。小屋の煉瓦積は建設当初のもの。「こんにゃく煉瓦（ハルデス煉瓦）」が使用されている。

四段減速曳揚機（手前）とランカシャ型ボイラ（奥）。

えることから「そろばんドック」と呼ばれている。巻上げ機小屋には「こんにゃく煉瓦（ハルデス煉瓦）」が使用されており、わが国に現存する最古の建築煉瓦造りの建物とされている。小屋内部の二五馬力の巻上げ機は、グラバーの故郷の英国製蒸気機関によって駆動され、歯車やチェーンは当時のものがそのまま保存されている。

◉長崎運上所跡

所在地　長崎市新地町六―三九
（現 長崎みなとメディカルセンター市民病院）

運上所は、安政五（一八五八）年の開国により、税関の事務や外国船からの税金徴収や荷改めをおこなうために設置され、当初は「湊会所」と呼ばれていた。万延元（一八六〇）年、第一次居留地造成工事にともなって、築町の俵物役所内（現 一八銀行本店の地）に移転した。

「長崎運上所跡」碑、「わが国　鉄道発祥の地」碑

文久三（一八七三）年に「湊会所」は「運上所」と改称されて、慶応二（一八六六）年、この地に庁舎が新築された。坂本龍馬は慶応三（一八六七）年にこの地で、英国艦イカルス号事件の裁判に立ち会い、平野富二は土佐藩器械方として参考訊問を受けた。

廃藩置県後は、所管が県や外務省に移行、その後大蔵省所管となり、「運上所」は明治六（一八七三）年に「長崎税関」と改称された。明治二四（一八九一）年に税関本庁舎が建て替えられ、昭和三（一九二八）年に出島町に新庁舎が落成して移転した。

なお同地には、「わが国　鉄道発祥の地」の碑も立っている。慶応元（一八六五）年、英国人貿易商トーマス・グラバーは、わが国ではじめて英国製の蒸気機関車アイアン・デューク（鉄の公爵）号をここから松ヶ枝橋の方向にレールを敷いて走らせた。

参考文献

・『ヴィネット00　櫻痴、メディア勃興の記録者』　朗文堂　二〇〇一年
・『ヴィネット08　富二奔る――近代日本を創ったひと』　片塩二朗著　朗文堂　二〇〇二年
・『活字文明開化――本木昌造が築いた近代』　印刷博物館　二〇〇三年
・『日本の近代活字――本木昌造とその周辺』　近代印刷活字文化保存会　二〇〇三年
・『平野富二伝　考察と補講』　古谷昌二著　朗文堂　二〇一三年
・『まちなかガイドブックⅠ（新大工・中通り・浜んⅠ町編）』　長崎史談会・長崎市観光政策課　二〇一四年

・『まちなかガイドブックII（丸山・館内・新地・東山手・南山手編）』長崎史談会・長崎市観光政策課　二〇一五年
・『本木昌造伝』島屋政一著　朗文堂　二〇〇一年
・「長崎さるく」解説板　長崎市観光部さるく観光推進課

編著者
大石薫

編集協力
長崎県印刷工業組合、片塩二朗、木村雅彦、真田幸治、春田ゆかり、日吉洋人、古谷昌二、宮田和夫、盛山隆行

地図製作
春田ゆかり

この文章は『タイポグラフィ学会誌09』に発表された、『崎陽探訪・活版さるく』の報告を再編したものである。『崎陽探訪・活版さるく』は、二〇一六年五月六日（金）から八日（日）に長崎県印刷会館（長崎市出島町一〇―一三）で開催された「Viva la活版　ばってん長崎」の会期中、五月七日（土）におこなわれた、西洋式の活版印刷術および、平野富二が東京に進出する以前の長崎の関連地を巡るツアーであった。

朗文堂 アダナ・プレス（現 サラマ・プレス）倶楽部 タイポグラフィ学会
＊「崎陽探訪・活版さるく」（「長崎研修」）2016年4月作成の地図に加筆

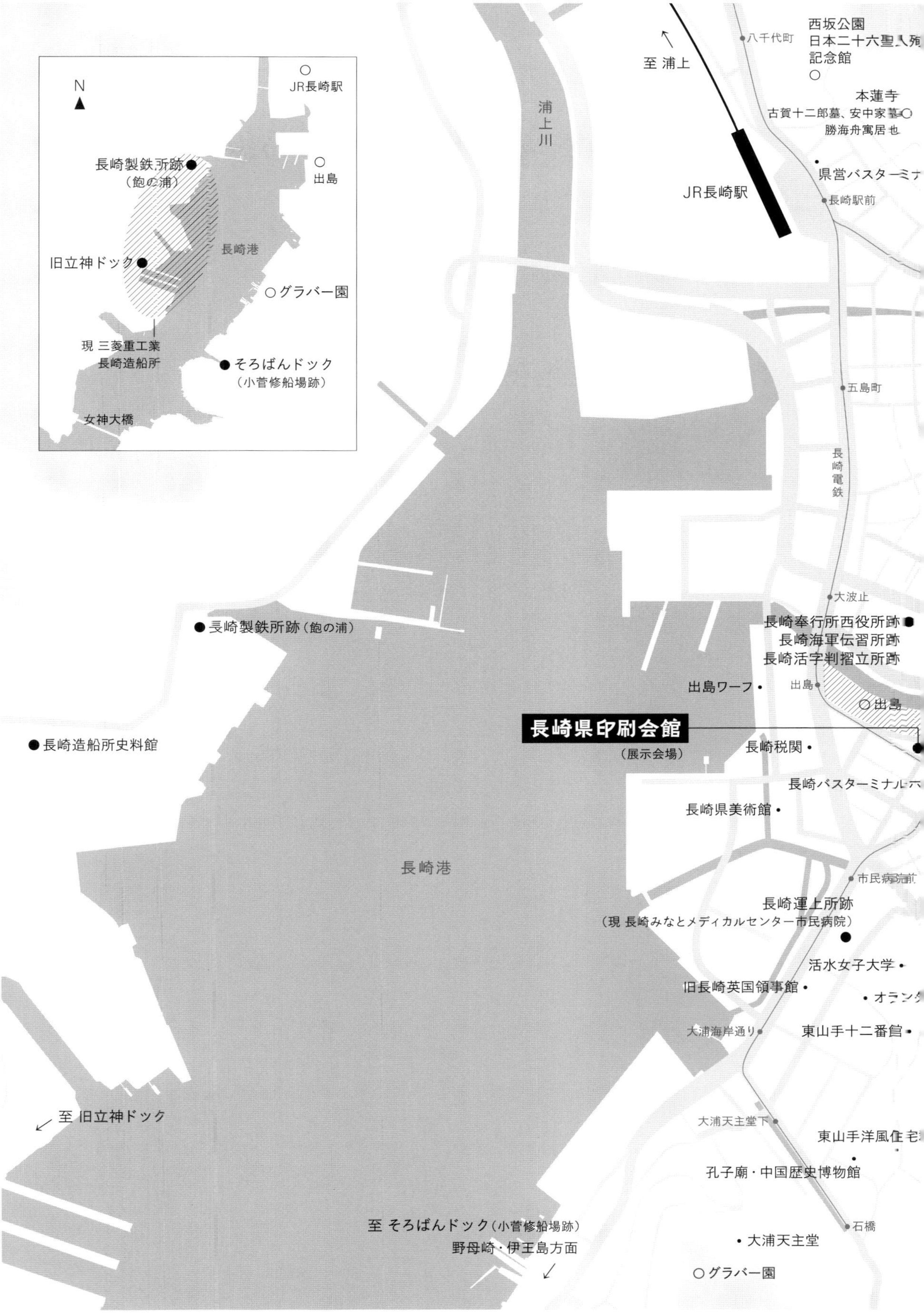
N
JR長崎駅
長崎製鉄所跡
（飽の浦）
出島
長崎港
旧立神ドック
グラバー園
現 三菱重工業
長崎造船所
そろばんドック
（小菅修船場跡）
女神大橋
至 浦上
八千代町
西坂公園
日本二十六聖人殉
記念館
本蓮寺
古賀十二郎墓、安中家墓
勝海舟寓居也
浦上川
県営バスターミナ
JR長崎駅
長崎駅前
五島町
長崎電鉄
大波止
長崎製鉄所跡（飽の浦）
長崎奉行所西役所跡
長崎海軍伝習所跡
長崎活字判摺立所跡
出島ワーフ
出島
出島
長崎県印刷会館
（展示会場）
長崎税関
長崎造船所史料館
長崎バスターミナル
長崎県美術館
長崎港
市民病院前
長崎運上所跡
（現 長崎みなとメディカルセンター市民病院）
活水女子大学
旧長崎英国領事館
大浦海岸通り
東山手十二番館
至 旧立神ドック
大浦天主堂下
東山手洋風住宅
孔子廟・中国歴史博物館
至 そろばんドック（小菅修船場跡）
野母崎・伊王島方面
石橋
大浦天主堂
グラバー園

設計：辰野金吾（工部大学校 出身）〔250頁参照〕、鉄骨製造：石川島造船所、現 株式会社IHI〔246頁参照〕

東京編

東京駅

平野富二の足跡

◉長崎屋（江戸参府オランダ商館長一行の宿舎）跡

所在地　千代田区日本橋室町四丁目四—二（もと江戸本石町三丁目）

標示物　「長崎屋跡」解説板〔中央区日本橋四丁目四—一〕

ここは長崎出島のカピタン（商館長）が江戸参府したときの一行の定宿で、オランダ通詞も同宿した。「江戸の出島」と称され、西洋文明の導入窓口として幕府の要人や諸大名をはじめ、多くの学者や文化人が訪れた。

ここの当主は長崎屋《ながさきや》源《げん》右衛門《えもん》で、その名は薬種問屋長崎屋の店主が代々襲名した。長崎奉行の支配下にあり、長崎会所から役料を支給されていた。敷地は一〇〇〇坪（三三〇〇平方メートル）以上もあった。開国後の安政五（一八五八）年から蕃書売捌所に指定された。長崎屋（長崎会所東京出張所）〔二三六頁参照〕は、この江戸長崎屋の支店である。

なお、大坂の長崎屋もカピタン一行の定宿とされた。その縁もあってか、本木昌造は大阪活版所を設立する際に大坂の長崎屋（吉田宗十郎）の協力を得ていた。

＊　全体の地図は354—355頁を参照

＊　⇒は名称の変遷と変遷順の名称をあらわす。

＊　所在地は、最初に現在の住居表示、（　）内に旧表示を示す。

＊　碑または解説板の類がある場合は、その表示物の現住所を〔　〕内に示す。

＊　新暦に改定される明治5年以前の年月日は旧暦での表示とした。

長崎屋

『画本東都遊』葛飾北斎　国立国会図書館所蔵　請求記号：か-46　より

明治六（一八七三）年頃には本木昌造の経営する崎陽新塾活版局の東京における出版物売弘所となっていた。

◉長崎屋（長崎会所東京出張所）跡

所在地　中央区新川二丁目（もと京橋区新松船町　将監河岸）

標示物　なし

各地の物産を江戸から長崎へ、長崎から江戸へ運送する拠点であった。元治元（一八六四）年一一月、長崎屋に集積してあった積み荷を搭載して、ビクトリア号（本木昌造船長、平野富二機関手）が長崎に向かう途中で遭難し、八丈島に漂着した。翌年四月八丈島から江戸に帰還した本木と平野は、長崎に戻る間、しばらくここに滞在していたとみられる。ここは、日本橋本石町にある長崎屋〔二三四頁参照〕の支店であった。

◉幕府軍艦所跡

所在地　中央区築地四丁目　東京中央卸売築地市場と晴美通りの間（もと広島藩浅野家下屋敷跡）

標示物　「軍艦操練所跡」解説板〔中央区築地六丁目二〇〕

慶応二（一八六六）年九月、平野富二（当時 吉村富次郎）は軍艦「回天」に乗り組み、この地に到着した。このとき富次郎は幕府から軍艦所一等機関手の内命を受けたが、間もなく内命を取り消されて長崎に戻された。

平野富二はこれを契機に、養子先の吉村家（長州藩唐交易御用）を去って平野姓を名乗り、やがて土佐藩に器械方として雇われた。

この地には東京開港に合わせて築地ホテルが建てられていたが、明治五（一八七二）年二月の銀座大火で焼失した。なお、平野富二が活版製造工場を築地に移転した場所（東京築地活版製造所〔三一四頁参照〕）も、この火事による焼失地跡のひとつである。

回天

◉石川島平野造船所跡（現石川島資料館）

所在地　中央区佃一丁目一一―八
ピアウエストスクエア一階（もと佃島五四番地）

標示物　石川島資料館

この石川島資料館の地は、平野富二が明治九（一八七六）年一〇月に石川島平野造船所を開設した所で、昭和五四（一九七九）年に閉鎖されるまでの一〇三年間、船舶・機械・鉄鋼物の製造工場だった。

この地は嘉永六（一八五三）年、水戸藩が幕府のために大型洋式帆走軍艦「旭丸《あさひまる》」を建造するための造船所を開設した所で、これをもって石川島造船所（現ＩＨＩ）開設の起点としている。

石川島資料館は、長い歴史を持つ石川島造船所を紹介するとともに、それと深い関わりを持つ石川島・佃島の歴史と文化を紹介する場として開設された。

石川島資料館

『通運丸開業広告引札』〔次頁参照〕には、平野富二が石川島平野造船所を開いて最初期に建造した通運丸が描かれている。

しかし、この絵図に描かれた通運丸が第何番船かを特定することはできない。宣伝文から推察すると、利根川下流の木下や銚子まで運行していることから、すでに第五通運丸までが就航していると考えられる。したがって、石川島平野造船所で納入した五隻の通運丸のいずれかが対象になる。後年、船体の外輪側面に大きく船名が表示されるが、初期には、この航路は、内国通運会社の独占だったため標示されていない。

【通運丸】
平野富二が石川島平野造船所を開いて最初に建造した船は内国通運会社（現日本通運株式会社）から請け負った「通運丸」シリーズだった。
内国通運会社は、政府指導で組織化された陸運会社であったが、内陸部に通じる河川利用の汽船業にも進出した。隅田川筋から小名木川・中川・江戸川を経由して利根川筋を小型蒸気船で運行する計画を立て、明治九（一八七六）年一〇月末に開設したばかりの石川島平野造船所に蒸気船新造四隻と改造一隻を依頼した。明治一〇（一八七七）年一月から四月にかけて、相次いで五隻の蒸気船が完成した。新造船は第二通運丸から第五通運丸まで順次命名された。第一通運丸と命名

平野富二が借用した頃の石川島平野造船所全景

『通運丸開業広告引札』明治10（1877）年（物流博物館所蔵）
画：山崎年信、撰及び書：宮城玄魚

された改造船は、前年に横浜製鉄所で建造された船艇であったが、船体のバランスが悪く、石川島平野造船所で大改造を行ったものである。同年五月一日から第一、第二通運丸により東京と栃木県を結ぶ航路の毎日往復運航が開始され、盛況を博した。

「通運丸」と命名された小型蒸気船は第五六号まで記録されており、昭和二〇年代まで運行されていた。

【山崎年信（やまざきとしのぶ）—初代】（一八五七—一八八六）

明治時代の日本画家。安政四年うまれ。

歌川派の月岡芳年（一八三九—九二）に浮世絵をまなび、稲野年恒、水野年方、右田年英とともに芳年門下の四天王といわれた。新聞の挿絵、錦絵などをえがいた。明治一九年没、享年三〇。江戸出身。通称は信次郎。別号に仙斎、扶桑園など。

【宮城玄魚（げんぎょ）】（一八一七—一八八〇）

幕末—明治時代の経師・戯作者・庸書家・図案家。

文化一四年江戸うまれ。浅草の骨董商ではたらき、のち父の経師職を手伝う。模様のひな形、看板の意匠が好評で意匠を専門とした。條野傳平・仮名垣魯文・落合芳幾らの粋人仲間の中核として活動。清水卯三郎がパリ万博に随行した折、玄魚の版下によってパリで活字を鋳造して名刺を製作した。江戸刊本の伝統を継承した玄魚の書風は東京築地活版製造所の五号かな活字に昇華されて、こんにちのかな書体にも影響を及ぼしている。明治一三年二月七日没。享年六四。姓は宮城。名は喜三郎。号：梅素（ばいそ）玄魚・田キサ・呂成・水仙子・小井居・蝌蚪子など。

◉平野稲木汽船発着所　⇓　東京湾汽船会社発着所跡

所在地　中央区新川二丁目（もと京橋区新松船町　将監河岸）

標示物　公園の一画に「江戸湊の碑」（江戸湾開港の地）（中央区新川二丁目三一―一）

対岸の石川島との間の水面は千石船の停泊地で、幕府の御船奉行向井《むかい》将《しょう》監《げん》（一五八二―一六四一）の屋敷があった。亀島川の沿岸には河岸が設けられ、明治になって小型蒸気船の発着場となっていた。

現在は遊歩道となっている河岸から、階段を上がった公園の一角に、船の碇を模したモニュメントと解説板がついた「江戸湊の碑」がある。

江戸湊の碑

◉御茶ノ水橋

所在地　駿河台と御茶ノ水の間の神田川に架かる橋

標示物　JR御茶ノ水駅前の交番横の植込みに「御茶ノ水の碑」

神田川の深い谷に架かる鉄製上路橋で、明治二三（一八九〇）年一一月に起工し、明治二四（一八九一）年一〇月に竣工した。神田川水面上約一五メートル、全長六九メートル、全幅一一・五メートルで、径間約四六メートル。鉄部の加工・組立と鋳造品は石川島造船所（二三八頁参照）が請け負った。

関東大震災で罹災し、現在の橋に架け替えられた。

◉靖国神社 大鳥居横 社号標

所在地　千代田区九段北二丁目一

標示物　「靖国神社」社号標

当時の御茶ノ水橋、『最新 東京名所写真帖』小島又市　明治四二年三月　国立国会図書館所蔵　請求記号：四〇七―四二　より

靖国神社の大鳥居手前右脇にある「靖国神社」社号標は、書家の吉田晩稼《よしだばんか》《ばんこう》（一八三〇—一九〇七　肥前長崎出身）の揮毫による。

なお、谷中霊園の平野富二の墓碑銘、戸塚文海《とつかぶんかい》（一八三五—一九〇一　戸塚静海〔蹐寿館〔二八二頁参照〕、伊東玄朴旧居〔二八三頁参照〕〕の養子）先生之碑〈撰：三島毅（＝三島中洲《みしまちゅうしゅう》　一八三一—一九一九　備中国窪屋郡〔現 岡山県倉敷市〕出身　漢学塾二松學舎の創立者）〉、大阪四天王寺境内：本木昌造紀念碑〈撰：何礼之《がのりゆき》（一八四〇—一九二三　長崎出身　貴族院議員）〉の文字も吉田晩稼の書によるものである。迫力ある大楷で蚕頭雁尾《さんとうがんび》が印象的な書風である。

靖国神社 大鳥居横 社号標

平野富二墓所（東京・谷中）

四天王寺（大阪）境内にある本木昌造紀念碑

◉株式会社ＩＨＩ本社（ＩＨＩヒストリーミュージアム i-muse）

所在地　江東区豊洲三丁目一―一　豊洲ＩＨＩビル一階
標示物　ＩＨＩヒストリーミュージアム i-muse

この地は大型船を建造できる新立地として、昭和一四（一九三九）年に開設された。それ以来、東京石川島造船所の研究・設計・製造の拠点であったが、豊洲地区の開発により広大な工場群を閉鎖し、平成一八（二〇〇六）年に本社ビルを新築した。

それを機会に、ＩＨＩの企業史、製品史を展示・紹介するコーナーを設けて一般に公開し、「ものづくり」の大切さを伝える場とした。この開設に当たってはＩＨＩのＯＢからなる「平野会」の働き掛けがあった。平成三〇（二〇一八）年にリニューアルされ、受付近くのコーナーに創業者・平野富二に関する展示が追加された。

ＩＨＩヒストリーミュージアム i-muse

株式会社IHI本社

各種教育機関

◉昌平黌《しょうへいこう》跡 ⇓ 昌平坂学問所 ⇓ 昌平学校 ⇓ 大学校 ⇓ 大学 ⇓ 文部省

所在地　文京区湯島一丁目

標示物　「近代教育発祥の地（昌平坂学問所跡）」解説板

〔文京区湯島一丁目五〕

元禄四（一六九一）年に将軍綱吉が忍ヶ丘の先聖殿を湯島に移転したのに伴い、隣接地に学問所「昌平黌《しょうへいこう》」が設けられた。明治になって、その跡地に東京師範学校（後の高等師範学校、現筑波大学の前身）が建てられ、現在は東京医科歯科大学となっている。

なお東京高等師範学校は、明治三六（一九〇三）年になっ

「近代教育発祥の地」解説板

て大塚窪町（当時）に移転し、その後、東京教育大学⇓
筑波大学となる。

◉大学跡

所在地　文京区湯島一丁目
標示物　湯島聖堂

明治四（一八七一）年七月一八日、「文部省」が新設され、湯島聖堂内に置かれた。それまでは、大学南校〔二六七頁参照〕と大学東校〔二九一頁参照〕を分局とする「大学」が置かれていたが、明治三（一八七〇）年七月に閉鎖され、学制改革の結果、「文部省」が新設されたものである。

この聖堂は、林羅山《はやしらざん》（一五八三―一六五七　京都出身　儒学者）が忍ヶ岡（上野の西郷隆盛像の辺り）に家塾を建てた際、尾張の徳川義直《とくがわよしなお》（一六〇一―五〇）が羅山の邸内に孔子廟を建てて先聖殿と称したものを始まりとする。

大学跡（湯島聖堂）

元禄四（一六九一）年に将軍綱吉（一六四六—一七〇九）が湯島に先聖殿を移転し、それに伴い、隣接地に「学問所昌平黌《しょうへいこう》」（二四八頁参照）が設けられた。

なお「昌平」は孔子の出身地の名前に由来する。

◉工学寮　⇒　工部大学校・工部美術学校跡〔地図：三〇二頁参照〕

所在地　千代田区霞が関三丁目 霞が関ビル周辺
（もと日向国延岡藩〔宮崎県〕内藤能登守上屋敷）

標示物　「工部大学校阯」碑および解説板
〔千代田区霞が関三丁目二—一〕

明治初期に工部省直轄で創設された工学教育機関。のちの東京大学工学部の前身のひとつ。

明治三（一八七〇）年、イギリスより来日していた鉄道技師長エドモンド・モレル（Edmund Morel　一八四〇—一八七一）は、伊藤博文《いとうひろぶみ》（一八四一—一九〇九）に「工部省」設置を提案した。そのなかで、明治新政府はいつまでもお雇い

長州ファイブ。後段左より、遠藤謹助、野村弥吉（井上 勝）、伊藤俊輔（博文）、前段左より、井上聞多（馨）、山尾庸三。

「工部大学校阯」碑。卒業生有志が廃校跡から煉瓦を集めて建立。上部は避雷針であったものを取り付けた。

外国人技術者に頼るのではなく、日本人技術者を早く養成すべきとし、教務部の併設を主張した。この教務部の工学校はスクールとカレッジからなり、優秀な成績を修めた生徒だけがカレッジに進学できるとした。

明治三年閏一〇月二〇日（一八七〇年一二月一二日）、山尾庸三《やまおようぞう》（一八三七―一九一七）らの建言により、明治政府（太政官）は「工部省」の設置を決定した。設立当初の責任者として山尾や井上勝《いのうえまさる》（一八四三―一九一〇）らが工部権大丞に任命され、その後、初代工部卿として伊藤が就任した。

なお、「工部省」の設立およびその運営にあたっては、最初は旧佐賀藩（肥前藩、鍋島藩）系、ついで旧長州藩系の出身者が、同省の実権を掌握するに至った。とりわけ、もと長州五傑（長州ファイブ）として幕末に長州藩から密航し、イギリスの大学への留学経験もある、山尾、伊藤、井上勝、井上馨《いのうえかおる》（一八三六―一九一五）らの活躍がみられる。

明治四（一八七一）年四月、山尾が伊藤と共に「工学校」の建設を建議し、工学寮が設置されて、山尾が工学頭に任命された。工学寮の下に教育機関としての「工学校」を設置し、高等教育のための大学校（College）と予備知識を学ぶ予科としての小学校（School）を創設することとなった。明治五（一八七二）年末に部分竣工した。

明治六（一八七三）年六月、イギリス人のヘンリー・ダイアー（Henry Dyer 一八四八―一九一八）をはじめ、招聘していたお雇い外国人教師団が来日した。その中にアーチボルト・

キング（?―一八八六）がいた。キングは後に平野富二に招かれて横浜製鉄所と石川島造船所で職工頭、造機技師長を勤め、最初期の石川島造船所のシンボルマークをデザインした。

ダイアーによる学校組織とシラバス編成（講義実施要綱）によって、のちに小学校は閉鎖されて大学校のみとし、土木・機械・造船・電信・化学・造家（建築）・冶金・鉱山などの学科がおかれることとなった。授業の多くは英語でおこなわれた。

明治九（一八七六）年になって、工学研究に西洋美術の研究が必要とされ、工学寮の付属として工部美術学校が創設された。「画学科」と「彫刻科」の二学科が設立され、イタリアより画家フォンタネージ（Antonio Fontanesi　一八一八―八二）、彫刻家ラグーザ（Vincenzo Ragusa　一八四一―一九二七）、建築家カペレッティ（Giovanni Vincenzo Cappelletti　一八四三―八七）が招聘された。なお、工部美術学校のお雇い外国人教師はすべてイタリア人であった。

蕃所調所（二六六頁参照）の画学局出役の川上冬崖《かわかみとうがい》（一八二八―八一　信濃国（長野県）出身）の弟子である小山正太郎《こやましょうたろう》（一八五七―一九一六　越後国（新潟県）長岡出身）は、明治七（一八七四）年、正院印書局（三〇五頁参照）に入って石版印刷の洋画版下を学び、開設早々の工部美術学校の生徒となり、その経験が認められて工学寮助教となった。

アーチボルトがつくったとされる
平野富二のマーク

明治一〇（一八七七）年、工学寮の大学校は「工部大学校」と改称し、工作局の管下に置かれ、工部省工作局長の大鳥圭介《おおとりけいすけ》（一八三三―一九一一　播磨国（兵庫県）赤穂出身）が初代校長を兼任した。翌明治一一（一八七八）年四月には、明治天皇隣席のもとで開校式が挙行された。優秀な卒業生を数多く輩出し、造家学科の第一期生には、日本人として最初期の建築家のひとりである辰野金吾《たつのきんご》（一八四五―一九一九　肥前国（佐賀藩）東大教授）などがいる。

その後「工部美術学校」は、東洋美術史家で哲学者である、アメリカ人アーネスト・フランシスコ・フェノロサ（Ernest Francisco Fenollosa　一八五三―一九〇八）の提言などによる日本美術の再評価と、国粋主義の台頭によって、明治一五（一八八二）年に彫刻科が廃止、翌一六（一八八三）年には画学科も廃止されて廃校に至った。

なお、フェノロサが岡倉天心《おかくらてんしん》（一八六三―一九一三　横浜出身）と共に東京美術学校を設立するのは明治二〇（一八八七）年のことである。政府当局の政策により、わが国の洋画の発展は抑圧・排斥された。そのため、東京美術学校では伝統的な日本美術を中心として教えられ、工部美術学校の功績も表舞台から消えた。

「工部大学校」そのものは、明治一八（一八八五）年一二月、工部省の廃止により文部省直轄となり、翌一九（一八八六）年三月に帝国大学と合併して、その「帝国大学工科大学」となった。のちに「東京大学工学部」となり現代に至る。

◉東京職工学校跡　⇓　東京工業学校　⇓　東京高等工業学校　⇓　東京工業大学

所在地　台東区蔵前一丁目（もと浅草区蔵前　浅草文庫跡）

標示物　不明

わが国の中等技術教育は、明治七（一八七四）年に東京開成学校内（二六九頁参照）に製作学教場が設置されたのが最初であるが、明治一〇（一八七七）年に廃止された。そこでドイツ出身の外国人教師ワグネル（Gottfried Wagener　一八三一―九二）や手島精一《てじませいいち》（一八五〇―一九一八　沼津藩〔静岡県〕出身　教育者）らが中心となって、産業技術の近代化のためには中等技術者教育が必要であることが議論され、文部省は東京職工学校の設立を通告した。明治一四（一八八一）年浅草区蔵前（現台東区蔵前一丁目）の浅草文庫跡に新校舎を建設して東京職工学校が開校した。

明治二三（一八九〇）年に東京工業学校と改称し、二代校長として手島が就任した。明治三四（一九〇一）年に東京高等工業学校と改称し、大正一二（一九二三）年の関東大震災

手島精一

で焼失したため、キャンパスを目黒区大岡山に移転し、翌年開校した。昭和四（一九二九）年に東京工業大学となった。

なお、浅草文庫は明治七（一八七四）年に湯島聖堂（二四九頁参照）の蔵書を移して公共図書館として設立された。明治一四（一八八一）年に蔵書を上野の東京博物館に移して閉館した。

手島精一はフィラデルフィアおよびパリ万国博を視察し、工業教育の重要性を認識したとされる。東京教育博物館（国立科学博物館の前身）の館長や、東京図書館（国立国会図書館の前身のひとつ）の主幹も務めた。

東京築地活版製造所（三一四頁参照）が発行した『花のしをり』（明治三五、四一年版）には、手島が序文を寄せている。

左頁：『花のしをり』手島精一による序文

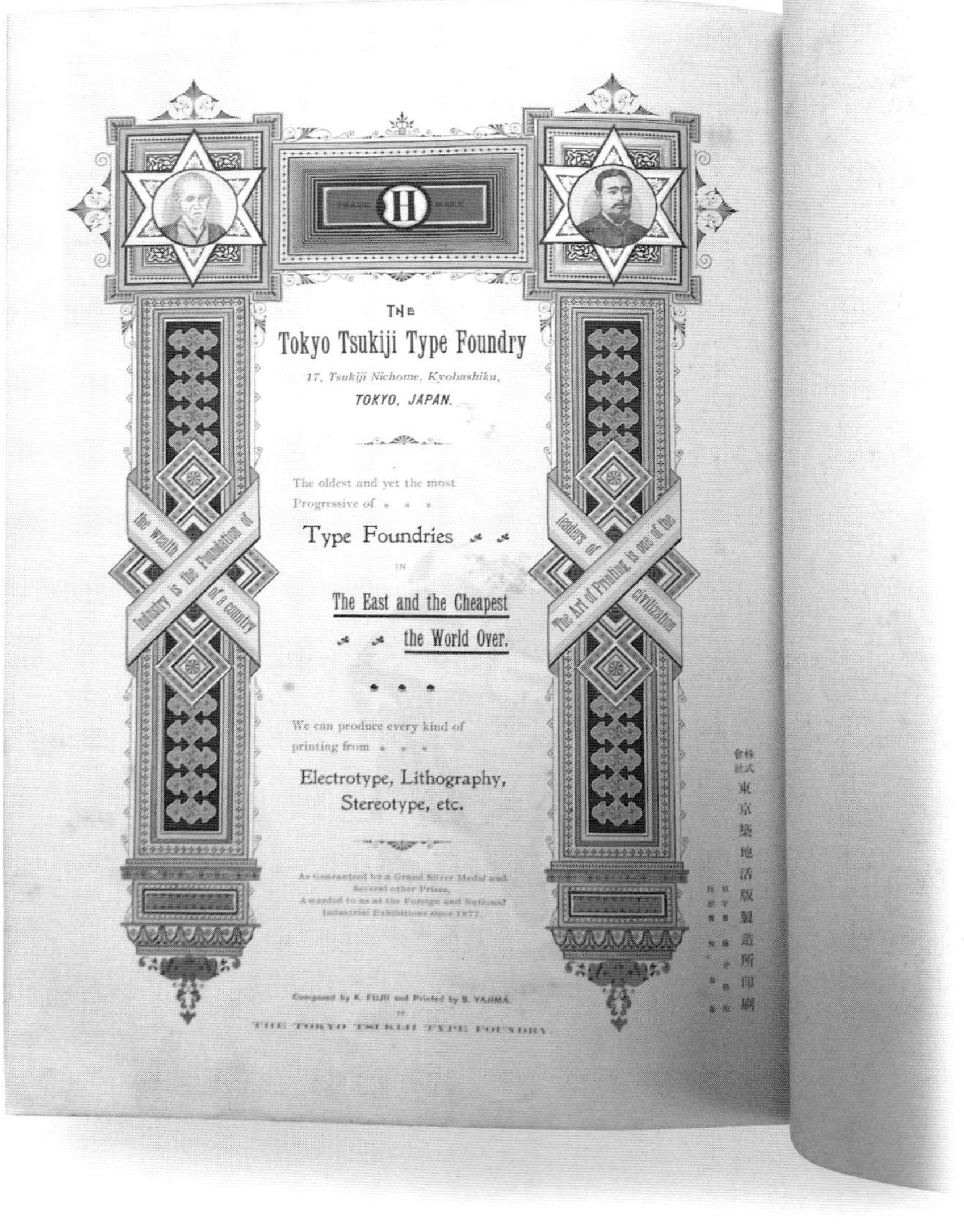

『花のしをり』。東京築地活版製造所をはじめ、当時の印刷業者各社がそれぞれ創意工夫をこらして、組版・印刷技術を披露している。

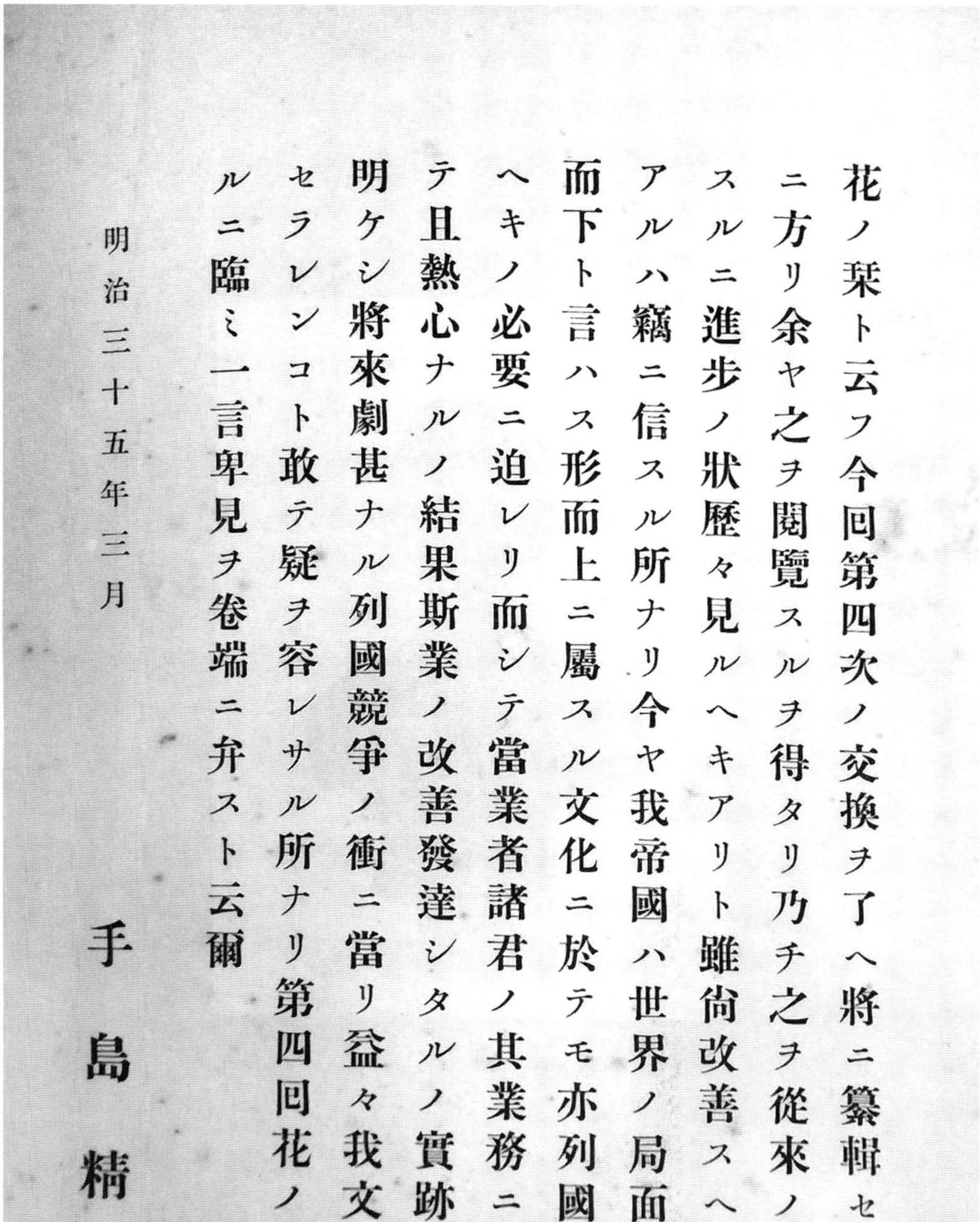
花ノ栞ト云フ今回第四次ノ交換ヲ了ヘ將ニ纂輯セントスルニ方リ余ヤ之ヲ閲覽スルヲ得タリ乃チ之ヲ從來ノモノニ比スルニ進歩ノ狀歴々見ルヘキアリト雖尚改善スヘキノ餘地アルハ竊ニ信スル所ナリ今ヤ我帝國ハ世界ノ局面ニ於テ形而下ト言ハス形而上ニ屬スル文化ニ於テモ亦列國ト駢進スヘキノ必要ニ迫レリ而シテ當業者諸君ノ其業務ニ忠實ニシテ且熱心ナルノ結果斯業ノ改善發達シタルノ實跡ニ鑑ミテ明ケシ將來劇甚ナル列國競爭ノ衝ニ當リ益々我文化ニ貢獻セラレンコト敢テ疑ヲ容レサル所ナリ第四回花ノ栞製本成ルニ臨ミ一言卑見ヲ卷端ニ弁スト云爾

明治三十五年三月

手島精一

◉三菱商船学校　⇓　東京商船学校跡

所在地　中央区新川一丁目　永代橋際（もと京橋区銀町二丁目三ノ橋際）

標示物　「船員教育発祥之地」碑〔中央区新川一丁目三一〕

明治八（一八七五）年一一月、政府が補助して三菱商船学校を三ノ橋際に設立させたとき、駅逓頭《えきていのかみ》の前島密《まえじまひそか》（一八三五―一九一九　越後〔新潟県〕出身）の推挙により、長崎出身の中村六三郎《なかむらろくさぶろう》（一八四一―一九〇七　教育者）が校長に任命され、明治二七（一八九四）年一一月までの二〇年間にわたり校長を勤めた。のちに東京商船学校（現 東京海洋大学）と改称された。

その間、中村は近くに居住していた平野富二と交流し、日本海員掖済会の設立に協力し、平野富二の葬儀には親戚代表を務めた。また、谷中霊園の平野富二墓前の献花台は日本海員掖済会が献納したものである。

中村六三郎

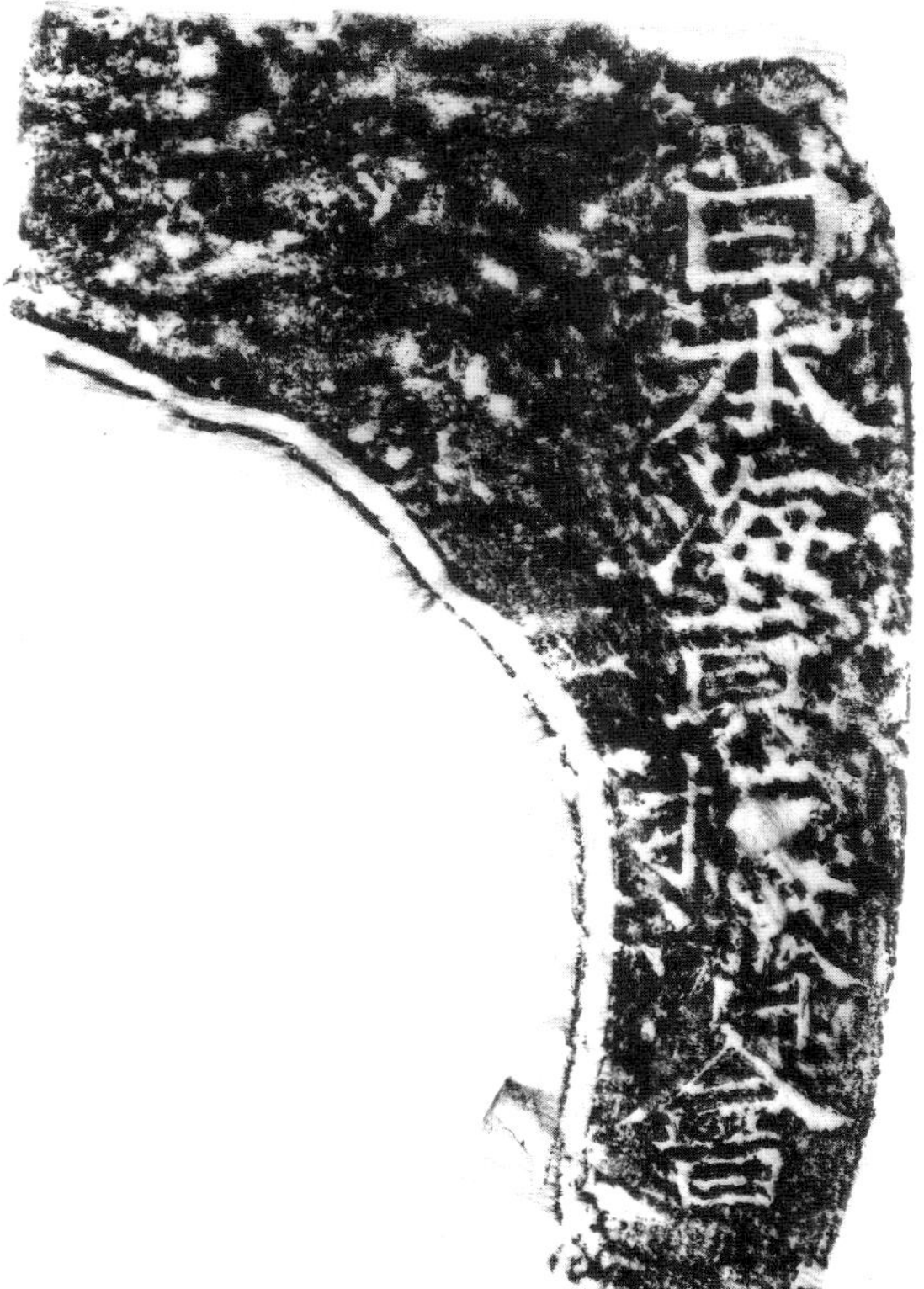

上：谷中霊園の平野富二の墓所にある日本海員掖済会による献花台、下：献花台の右側面の拓本

洋学系

◉幕府天文台暦局内和蘭書籍和解御用《わげごよう》（浅草天文台）跡

所在地　台東区浅草橋三丁目（浅草鳥越 頒暦所御用屋敷）
標示物　解説板（台東区浅草橋三丁目二〇　蔵前一丁目交差点前）

一八世紀末から一九世紀はじめにかけて、異国船の来航が増加し、幕府は対外政策を余儀なくされ、西洋に関する情報と情勢の知識の蒐集と研究機関が必要となった。

文化八（一八一一）年、長崎オランダ通詞出身の馬場《ばば》佐十《さじゅう》郎《ろう》（=貞由《さだよし》　一七八七―一八二二）が主任となって和蘭書籍和解御用／蕃書和解御用《わげごよう》が幕府天文方内に創設された。文政五

「天文台跡」解説板

（一八二二）年に馬場佐十郎が急死したため、長崎からオランダ通詞の吉雄《よしお》忠次郎《ちゅうじろう》（一七八七—一八三三）が後任として江戸に呼ばれた。和蘭書籍の翻訳に当たると共に、蘭学者を指導した。明治二（一八六九）年に解散して、器械類は「開成学校」（二六七頁参照）に移管された。

　現在の解説板がある位置から西側、通りを一本隔てた区画（浅草橋三丁目二一から二四番地の全域及び一九・二五・二六番地の一部）には、江戸時代後期に、幕府の天文・暦術・測量・地誌編纂・洋書翻訳などをおこなう施設として「天文台」がおかれていた。
天文台は、司天台、浅草天文台などと呼ばれ、天明二（一七八二）年に牛込藁店（現 新宿区袋町）から移転、新築された。正式の名を「頒暦所御用屋敷」という。

　その名の通り、本来は暦を作る役所「天文方」の施設であり、正確な暦を作るためには観測をおこなう天文台が必要であった。葛飾北斎の『富嶽百景』の内、「鳥越の不二」には背景に富士山を、手前に天体の位置を測定する器具「渾天儀《こんてんぎ》」を据えた浅草天文台が描かれている。
ここ浅草の天文台は、天文方の高橋《たかはし》至時《よしとき》（一七六四—一八〇四　大阪出身）らが寛政の改暦に際して観測した場所であり、至時の弟子に伊能《いのう》忠敬《ただたか》（一七四五—一八一八　上総国〔千葉県出身〕　江戸後期の地理学者・測量家）がいる。

　至時の死後、父の跡を継いだ高橋《たかはし》景保《かげやす》（一七八五—一八二九）の進言により、文化八（一八一一）年天文方内に「和蘭書和解御用」という外国語（当初はオランダ語）の翻訳局が設置された。これはのちに、洋学所、蕃書調所、洋書調所、開成所、開成学校、大学南校と変遷を

『富嶽百景』「鳥越の不二」　画：葛飾北斎　国立国会図書館所蔵　請求記号：166-62

経て、現在の東京大学へ移っていった機関である。

天文台は、天保一三（一八四二）年に九段坂上（現千代田区九段北）にも建てられたが、両方とも明治二（一八六九）年に新政府によって廃止された。

◉蕃書調所《ばんしょしらべじょ》（洋学所）跡 ⇓

蕃書調所跡〔二六六頁参照〕

所在地　千代田区九段南一丁目六番
　　昭和館前（九段坂下牛ヶ淵 竹本主水図書頭屋敷跡）

標示物　東京都旧跡「蕃書調所跡」解説板

幕府は異国船の来航にともない、昌平坂学問所〔二四八頁参照〕や天文方の蕃書和解御用〔二六〇頁参照〕の人材に「異国書翰横文和解翻訳御用掛」を命じていたが、アメリカ、イギリス、フランス、ロシア、ドイツ、オランダと条約交渉先が増えるにつれて、外交文書翻訳のための独立した機関を設立す

蕃書調所（洋学所）跡（現昭和館）

る必要が生じた。

安政二（一八五五）年八月、浅草鳥越の天文台暦局〔二六〇頁参照〕から独立して九段坂下に移転し、「洋学所」と称した。頭取を昌平坂学問所〔二四八頁参照〕の儒学者であった古賀謹一郎《こがきんいちろう》（一八一六―八四　江戸出身　儒学者・洋学者・外交官）が務めた。勝麟太郎《かつりんたろう》／海舟《かいしゅう》（一八二三―一八九九　江戸本所〔墨田区〕出身　幕臣）らと草案を作成し、安政三（一八五六）年二月、新たな洋学研究機関として「蕃書調所」を創設した。

安政四（一八五七）年一月生徒を募集して開校した。ここでは原文で教科書を翻刻・印刷するため幕府倉庫に保管されていたオランダ製スタンホープ印刷機と欧文活字を使用、さらに「長崎活字判摺立所」で用いた書籍用印刷機と活字類を取り寄せた。蕃書調所と開成所の教授職を歴任した市川斎宮《いちかわさいぐう》（＝兼恭《かねのり》　一八六九―九九　広島藩出身　蘭学者）は、安政五（一八五八）年に「江戸蕃書調所版」として『Leesboek　レースブック』（あるいは『西洋武功美談　和蘭文』）を印刷している。

その後、一ツ橋通り小川町に移転した。（蕃書調所〔二六六頁参照〕）

教授方には、岡山津山藩の箕作阮甫《みつくりげんぽ》（瑞穂屋卯三郎店〔三二四頁参照〕、お玉ヶ池種痘所〔二七五頁参照〕）、長州藩出身の村田蔵六（⇒大村益次郎〔日就社〔三三八頁参照〕〕）、薩摩藩出身の松木弘庵（⇒寺島宗則〔瑞穂屋卯三郎店　参照〕）、津和野藩出身の西周助（＝西周〔洋書調所〔二六七頁参照〕〕）、摂津国三田藩出身の川本幸民《かわもとこうみん》（一八一〇―一八七一　物理学者・化学者）、幕臣出身の中村敬輔《なかむらけいすけ》（＝中村

正直《まさなお》／敬宇《けいう》　一八三二―一八九一　江戸出身　啓蒙思想家、文学博士）など幕臣だけでなく、各藩の俊英が広く採用された。

なお、幕府の官学は「朱子学」であったが、当時の朱子学者〔儒学者〕のおおくが杉田玄白《すぎたげんぱく》（一七三三―一八一七　若狭国〔福井県〕出身　蘭学医、前野良沢と『解体新書』を翻訳）らを発端とする蘭学者と交流があり、また蘭学者のおおくも積極的に朱子学を学んだ。

古賀家は寛政の三博士のひとりといわれた古賀精里《こがせいり》（一七五〇―一八一七　佐賀県出身　儒学者）の代から昌平黌《しょうへいこう》（のちの昌平坂学問所）〔二四八頁参照〕で儒官を務める家系であったが、精里の三男で謹一郎の父である古賀侗庵《こがどうあん》（一七八八―一八四七　佐賀出身　漢学者・儒学者）は昌平黌の儒学者でありながら、江戸の蘭学研究の中心であった大槻玄沢《おおつきげんたく》（一七五七―一八二七　陸奥国〔岩手県〕出身　蘭学者、杉田玄白・前野良沢の弟子、「玄沢」とは師ふたりの名「玄」と「沢」に由来）と深い交流があった。

逆に玄沢の次男である大槻磐渓《おおつきばんけい》（一八〇一―七八　江戸木挽町出身　漢学者）は昌平坂学問所〔二四八頁参照〕に入り儒学者となっている。幕末の諸藩士や知識人たちは官学である朱子学を土台としながら、激動の時代や国家存亡の危機に直面し、洋学を柔軟に吸収することで、幕末期の動乱に対峙できる思考や知識を蓄えていった。

謹一郎も儒学者でありがなら洋学の必要性を重んじ、漢訳蘭書による独学で西洋の事情を習得したとされる。ロシアのプチャーチンの来航に際しては、川路聖謨《かわじとしあきら》（お玉ヶ池種痘所〔二七五頁参照）に随行して外交交渉もおこなっている。それらの経験からさらなる洋学の必要性と現状への危機感を抱いた謹一郎は、老中阿部正弘（お玉ヶ池種痘所）へ建白書を提出し、洋学所設立へとつながった。

◉蕃書調所跡　⇓　洋書調所跡〔二六七頁参照〕

所在地　千代田区三崎町三丁目（もと雉子橋通小川町　勘定奉行松平河内守近直屋敷跡）

標示物　不明

蕃書調所は、その元を辿ると浅草鳥越の幕府天文台暦局内に設けられた「和蘭書籍和解御用」〔二六〇頁参照〕、その後、九段坂下牛ヶ淵の竹本主水《もんど》図書頭《ずしょのかみ》屋敷跡に移転して「蕃書調所（洋学所）」〔二六三頁参照〕と称した。

万延元（一八六〇）年六月、「蕃書調所」は小石川門内小川町の勘定奉行松平河内守近直屋敷跡に移転して、仏・独・露の学科が新設された。

文久元（一八六一）年に測量や製図の研究者・技術者を養成する目的で「画学局」が設けられ、洋画を研究していた川上冬崖《かわかみとうがい》（一八二八―八一　信濃国〔長野県〕出身　工学寮〔二五〇頁〕も参照）が出役となって指導した。この頃、島霞谷《しまかこく》（一八二七―七〇　大学東校〔二九一頁〕も参照）はここで西洋画を学んでいる。

明治二（一八六九）年、冬崖は下谷御徒町の自らの屋敷内に洋学塾「聴香読画館」を開き、明治五（一八七二）年一〇月、兵学寮に出仕して石版印刷用の洋画版下の伝習を受け、プロシャ使節献納の石版印刷機を用いて教科書の絵図を刷り出している。

なお川上冬崖の墓所は谷中霊園の甲八区二〇側にある。

◉洋書調所跡　⇓　開成所　⇓　開成学校　⇓　大学南校　⇓　南校

〔地図：三〇四頁参照〕

所在地　千代田区一ツ橋二丁目（もと一ツ橋門外 護持院ヶ原四番）
標示物　なし

蕃所調所は文久二（一八六二）年五月、一ツ橋門外の護寺院ヶ原四番火除地に移転して「洋書調所」と改称された。文久三（一八六三）年八月、「開成所」と改称。

当初は蘭書の翻訳を目的とし、蘭学一科のみで開業された「蕃書調所」であったが、のちにオランダ語のほかに英語・フランス語・ドイツ語の語学教育はもとより、数学や化学などの西洋科学技術の研究と教育もおこなわれたため、「蘭書・洋書の研究機関」を意味する「蕃書調所」の名称がそぐわなくなり、「洋書調所」「開成所」へと改称されることとなった。

堀達之助《ほりたつのすけ》（一八二三―九四　長崎出身　通詞）は文久元（一八六一）年に、西周《にしあまね》（一八二九―九七　石見国〔島根県〕津和野出身　思想家）とともに教授方に就任し、翌年には主任となって洋書調所より『英和対訳袖珍辞書』を日本初の英和辞書として刊行するに至った。また、文久三（一八六三）年には開成所教授となった。

慶応四（一八六八）年の徳川家の駿府〔静岡〕移封にともない主要印刷設備も沼津に移され、残りは新政府に移管された。

明治二（一八六九）年一月に「開成学校」と改称、開校された。同年一二月に「大学南校」と改称され、やがて文部省の設立により「南校」と改称された。明治四（一八七一）年九月、蕃書調所時代から伝承してきた活字・印刷器

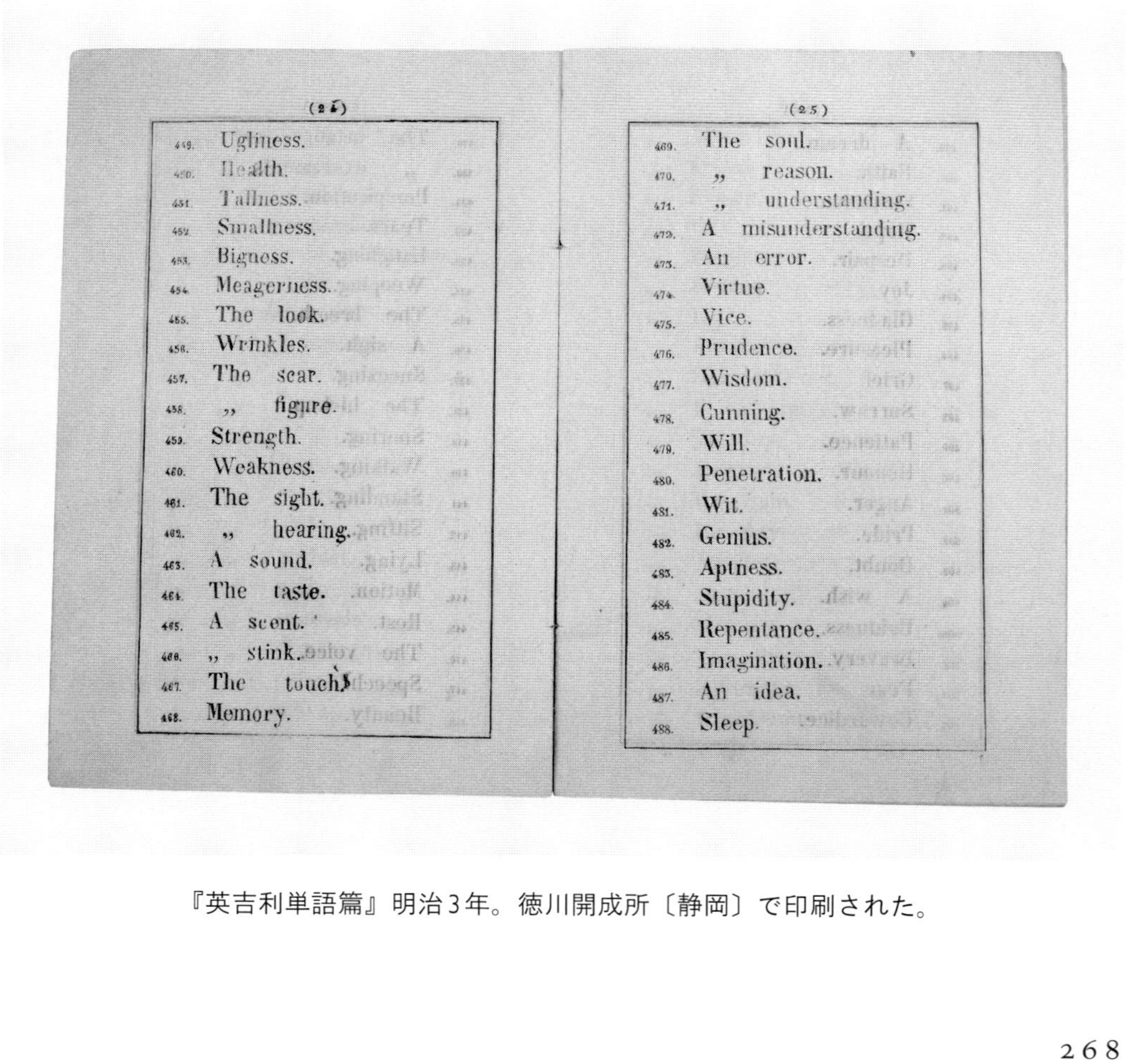

(24)

449. Ugliness.
450. Health.
451. Tallness.
452. Smallness.
453. Bigness.
454. Meagerness.
455. The look.
456. Wrinkles.
457. The scar.
458. ,, figure.
459. Strength.
460. Weakness.
461. The sight.
462. ,, hearing.
463. A sound.
464. The taste.
465. A scent.
466. ,, stink.
467. The touch.
468. Memory.

(25)

469. The soul.
470. ,, reason.
471. ,, understanding.
472. A misunderstanding.
473. An error.
474. Virtue.
475. Vice.
476. Prudence.
477. Wisdom.
478. Cunning.
479. Will.
480. Penetration.
481. Wit.
482. Genius.
483. Aptness.
484. Stupidity.
485. Repentance.
486. Imagination.
487. An idea.
488. Sleep.

『英吉利単語篇』明治3年。徳川開成所〔静岡〕で印刷された。

機を文部省編集寮活版部に移管した。明治五（一八七二）年八月、学制公布により、「南校」は「第一大区第一番中学校」となった。なお「大学南校」の呼び名は、湯島にあった「大学」〔二四九頁参照〕に対して、南に位置することに由来する。

◉第一大学区開成学校　⇓　東京開成学校　⇓
東京大学〔地図：三〇四頁参照〕

所在地　千代田区神田錦町三丁目

表示物　「東京大学発祥の地」碑と「わが国の大学発祥地」解説板

（千代田区神田錦町三丁目二八　学士会館前）

明治六（一八七三）年四月、「第一大区第一番中学校」は専門学校として独立し、第一大区開成学校として、現在の学士会館の場所に校舎を新築して移転した。その後、「東京開成学校」と改称し、明治一〇（一八七七）年四月、東京医学校と統合して「東京大学」（法学・理学・文学の各学部）となる。

『東京第一大学区開成学校開業乃図』明治時代　画：二代歌川国照

国立国会図書館所蔵　請求記号：寄別7-4-2-5

現 学士会館前

左：「わが国の大学発祥地」碑、右：「東京大学発祥の地」碑

スタンホープ印刷機。「南校」の活字・印刷器械の内、スタンホープ印刷機は「文部省編集寮活版局」、「正院印書局」を経て、現在は、北区王子1丁目にある「お札と切手の博物館」に保管されている。

医学系（講義録の印刷を中心に）

お玉ヶ池　周辺

◉お玉が池跡（お玉稲荷）

所在地　千代田区岩本町二丁目五—一三

標示物　「繁栄お玉稲荷大明神」、「お玉が池跡」標柱

お玉が池は当初、桜の名所として知られ、桜ヶ池と呼ばれていたが、池の畔にあった茶屋の看板娘お玉が二人の男性に見初められて、悩んだ末に池に身を投げたとの故事から、お玉が池（お玉ヶ池、於玉ヶ池）と呼ばれるようになったとされる。江戸の初めには上野の不忍《しのばず》の池よりも大きな池があり、景勝地であったとされるが、神田山（駿河台）を削って徐々に埋め立てられて、すでに弘化二（一八四五）年の地図の時

繁栄お玉稲荷大明神

点でその姿が消されている。

繁栄お玉稲荷大明神は、お玉の霊を祀る社とも龍神を祀る社ともされ、室町時代の武将である太田道灌《おおたどうかん》（一四三二—八六）、室町幕府の八代将軍である足利義政《あしかがよしまさ》（一四三六—九〇）、戦国武将である伊達政宗《だてまさむね》（一五六七—一六三六）など、ふるく

「全宅連会館」ビルの脇、東京都指定史跡「お玉が池跡」碑

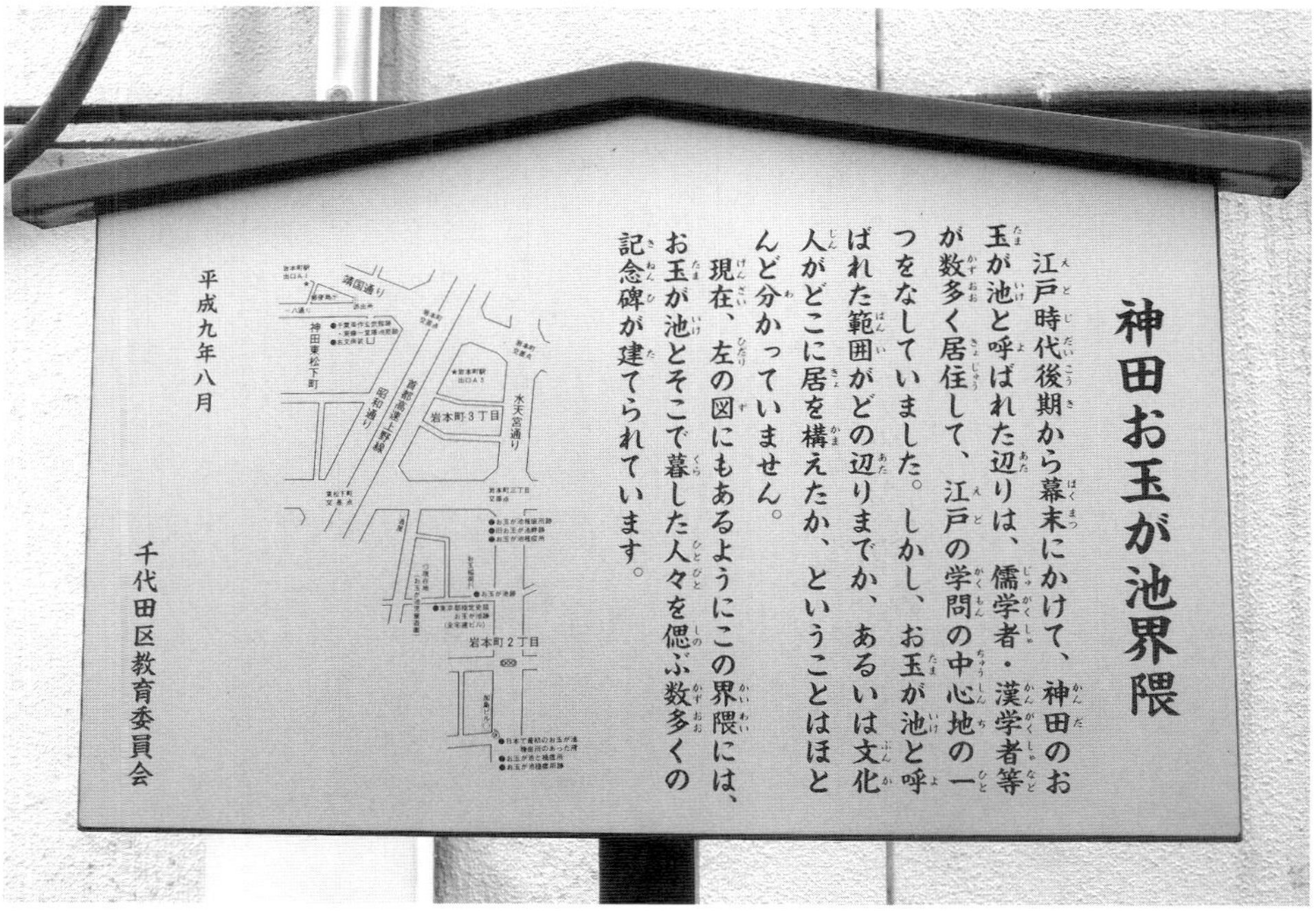

「神田お玉が池界隈」解説板

から多くの崇敬を集めていたといわれる。なお疱瘡で片目を失った伊達政宗が参詣したこの地に、のちに種痘所が建てられたことはなんらかの歴史の因果であろうか。

安政二（一八五五）年の大震災で社殿が焼失し、分社のあった葛飾区新小岩於玉稲荷神社へ本社を遷座した。

なお、お玉稲荷前路地の斜め向かいにある「全宅連会館」（千代田区岩本町二丁目六―三）のビルの脇にも、東京都指定史跡「お玉が池跡」の石碑が建立されている。

◉お玉ヶ池児童遊園

所在地　千代田区岩本町二丁目五

標示物　「お玉ヶ池跡」標柱、「神田お玉が池界隈」解説板

江戸時代後期から幕末にかけて、神田のお玉が池と呼ばれた辺りは、儒学者・漢学者が数多く住居して、江戸の学問の中心地のひとつをなしていた。

「お玉ヶ池跡」標柱

一時は池の畔に、梁川星巖《やながわせいがん》（一七八九―一八五八　美濃〔岐阜県〕出身漢学者）の詩社「玉池吟社《ぎょくちぎんしゃ》」、市河寛斎《いちかわかんさい》（一七四九―一八二〇　上野《こうずけ》〔群馬県〕出身　儒学者、漢詩人）の詩社「江湖社」、大窪詩仏《おおくぼしぶつ》（一七六七―一八三七　常陸《ひたち》〔茨城県〕出身　市河寛斎に詩文を学ぶ）の住居「詩聖堂」、東條一堂《とうじょういちどう》（一七七八―一八五七上総《かずさ》〔千葉県〕出身　儒学者）の「瑤池塾《ようちじゅく》」、佐久間象山《さくましょうざん》（一八一一―六四　信州松代藩士　思想家、妻は勝海舟の妹）の「象山書院」、千葉周作《ちばしゅうさく》（一七九三―一八五六　陸前〔宮城県〕出身　剣術家、北辰一刀流開祖）の道場「玄武館」、磯又右衛門《いそまたえもん》（一七八六または一八〇四―六三　紀州藩領伊勢松坂出身　柔術家、天神真楊流の祖）の柔術道場、永坂石埭《ながさかせきたい》（一八四五―一九二四　尾張国名古屋出身　書家、篆刻家、漢詩人、医師）の医院「玉池仙館」（梁川星巖旧居跡）などがあり、文武の華が咲き誇ったとされる。

しかし池も埋め立てられ、今となってはお玉が池と呼ばれた範囲がどの辺りまでであったのか、文化人がどこに居を構えたのか、ということはほとんどわからなくなっている。この界隈には、お玉が池とそこで暮らした人々を偲ぶ、数多くの記念碑が建てられている。

◉お玉ヶ池種痘所跡

所在地　千代田区岩本町二丁目（もと勘定奉行川路聖謨私邸内）

標示物　「お玉ヶ池と種痘所跡」標柱、記念プレート、解説板

(千代田区岩本町二丁目七—一一加島ビル)(東京大学医学部建立)

安政五(一八五八)年五月に江戸の蘭方医八二名(八三名ともされる)が出資して神田お玉が池に「種痘所」を設置した。この土地は累進して幕府勘定奉行筆頭となった川路聖謨《かわじとしあきら》(一八〇一—六八)が、かつて所有していた私有地を提供したと伝えられている。

しかし同年一一月、開設からわずか半年にして火災により類焼したため、大槻俊斎《おおつきしゅんさい》(一八〇六—五八　陸奥国(宮城県)出身)と伊東玄朴《いとうげんぼく》(一八〇一—七一　肥前国出身(佐賀県人))の家を臨時の種痘所とし、その後、神田和泉町へ移った。(伊東玄朴旧居(二八三頁)、種痘所(二九〇頁)参照)

なおこの土地の提供者とされる川路聖謨は、豊後国(大分県)日田出身の幕臣で、ロシアのプチャーチンとの外交交渉を担当したことでも知られる。このとき、補佐である箕作阮甫はもとより、本木昌造とも接触があった可能性もある。ロ

川路聖謨

「お玉ケ池と種痘所跡」標柱、記念プレート、解説板

シア側は川路の聡明さを高く評価し、その肖像画（写真）を残そうとしたが、子供の頃に疱瘡（天然痘）を患ったために痘痕《あばた》顔であった川路は、「自分のような醜男が、日本男児の標準的な顔だと思われては困る」という機知に富んだ返答をしたという逸話が残っている。筆まめで『長崎日記』、『下田日記』（東洋文庫一二四　平凡社）などをのこした。

川路は老中阿部正弘《あべまさひろ》（一八一九—一八五七　備後〔広島県〕福山藩主、老中首座、日米和親条約の締結、勝海舟の登用、長崎海軍伝習所・講武所設立、韮山反射炉の建設、蕃書調所〔二六三頁参照〕の設立）、堀《ほっ》田正睦《たまさよし》（一八一〇—一八六四　下総国〔千葉県〕佐倉藩主、老中首座、西洋医学をおこし、洋式兵制を採用、蘭癖と評された、川路を重用）につらなる一橋開明派とみられ、井伊直弼《いいなおすけ》（一八一五—一八六〇　彦根藩主、大老、日米修好通商条約を違勅調印、桜田門外の変で死去）に疎まれて、安政の大獄で左遷された。慶応四（一八六八）年には隠居し、また中風になって右半身が不自由だったが、江戸開城の報を聞き、割腹、さらにピストルを発射して自死して徳川幕府に殉じた。日本で最初にピストル自殺をした人物ともされる。

◉お玉ヶ池種痘所記念碑

所在地　千代田区岩本町二丁目五—八

標示物　「お玉ヶ池種痘所記念碑」（東京大学医学部建立）

種痘所は天然痘を予防および治療するために、ジェンナー式牛痘接種法の実施・普及をはかる目的で設立された医療施設である。嘉永二（一八四九）年に蘭館医オットー・モーニケ（Otto Gottlieb Johann Mohnike 一八一四―八七）によって舶載された牛痘接種法は、蘭方医の努力によって、その施術所として種痘所・除痘館などが大坂・京都・福井などに設けられた。しかし、徳川幕府のお膝元で、奥医師を務める漢方医が幅を利かせていた江戸では、西洋医学は排斥され、種痘の普及には遅れをとっていた。

幾多の困難を乗り越えて、安政五（一八五八）年五月七日に江戸の蘭学医たちが資金を出し合って、川路聖謨の屋敷跡に開いた「お玉ヶ池種痘所」は、江戸の種痘事業の中心となった。

この種痘所は東京大学医学部のはじめにあたるため、その開設の日を東大医学部創立の日と定め、昭和三三（一九五八）年五月七日、創立百年記念式典をあげた。東大医学部は昭和三六（一九六一）年の文化の日（一一月三日）に、このゆかり

「お玉ヶ池と種痘所跡」標柱、記念プレート、解説板

の地に由来を記した石を据え、また別〔お玉ヶ池種痘所〔二七五頁参照〕〕にしるしを立てて記念とした。

種痘所から東大医学部への変遷に関しては、伊東玄朴旧居〔二八三頁〕、種痘所〔二九〇頁〕、大学東校〔二九一頁〕も参照のこと。

「神田松枝町」解説板（解説：泉 麻人）

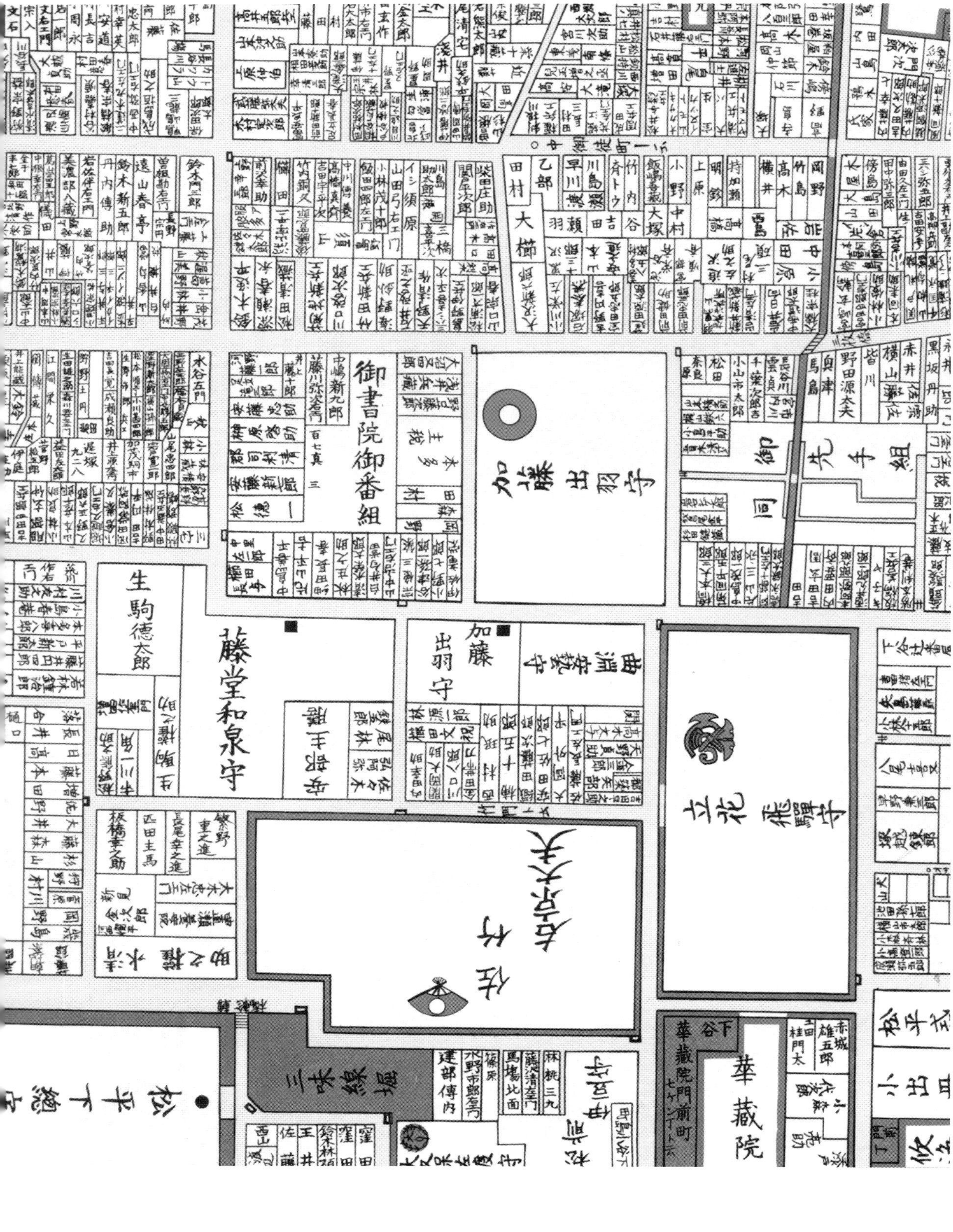

御書院御番組
藤堂和泉守
生駒徳太郎
加藤出羽守
曲淵安芸守
華蔵院
華蔵院門前町

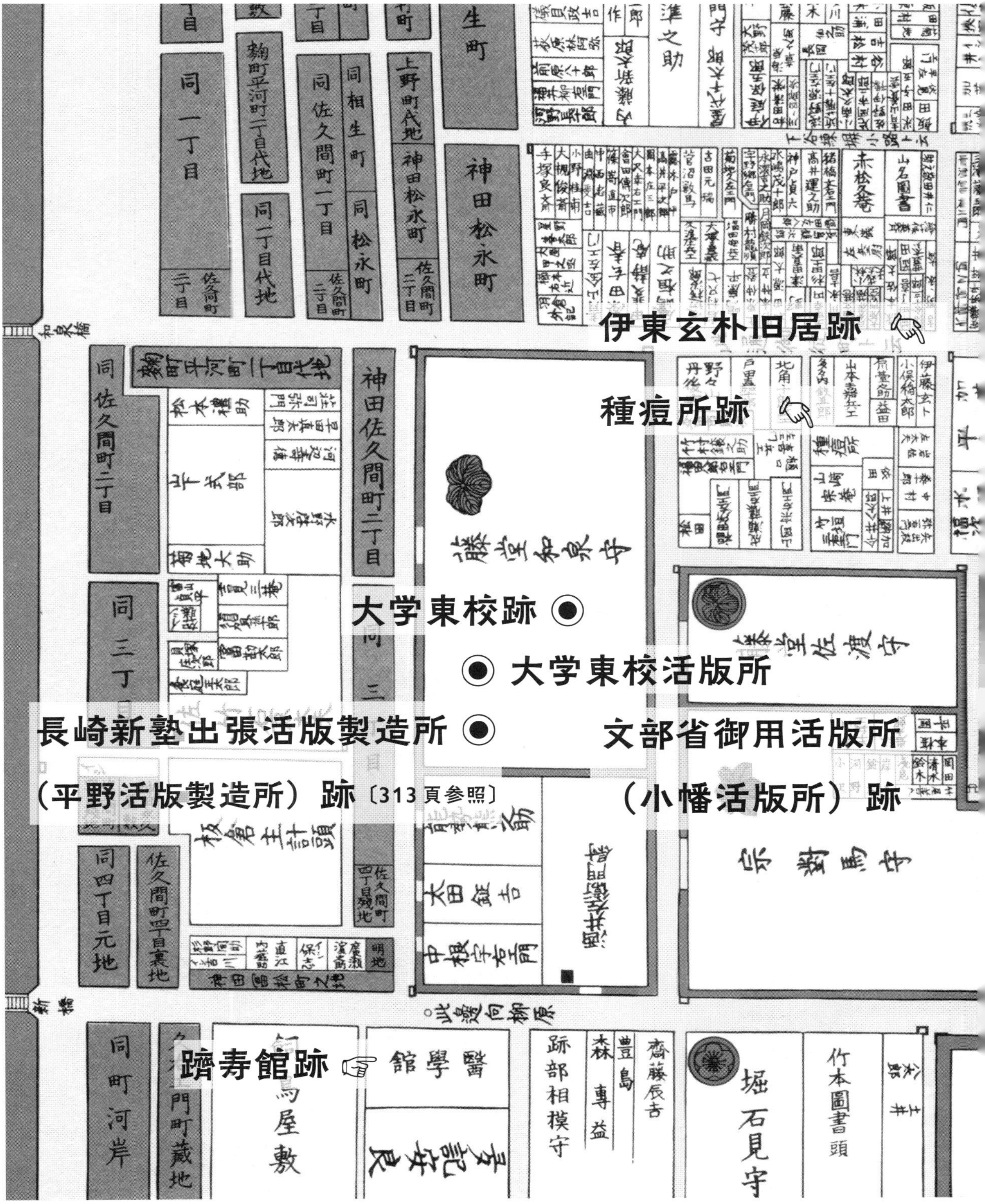

藤堂和泉守上屋敷 周辺、「江戸切絵図」（尾張屋版）より部分加工

藤堂和泉守上屋敷　周辺

◉躋寿館《せいじゅかん》　⇓　医学館　⇓　医学所付属種痘館跡

所在地　江東区浅草橋四丁目

標示物　解説板〔台東区浅草橋四丁目一六〕

漢方医学の権威であった多紀元孝《たきもとたか》（一六九六―一七六六）は明和二（一七六五）年神田佐久間河岸にあった天文台跡に躋寿館を創設して医学講習の道を広めた。寛政三（一七九一）年、奥医師多紀元簡《もとやす》《げんかん》（一七五五―一八一〇）の願いによって幕府は「官立医学館」とした。文化三（一八〇六）年医学館は類焼して、向柳原の佐竹右京大夫の焼け跡地に移転した。

多紀家は代々徳川将軍の奥医師としての権勢を誇り、西洋医学を排斥していたが、生来の病弱で天然痘も患っていた徳川家定（一三代将軍、一八二四―五八、享年三五）が、脚気で重態におちいってその名声を落とした。家定の死の直前には、大老井伊直弼《いいなおすけ》（一八一五―六〇　暗殺）と家定の実母の本寿院《ほんじゅいん》（一八〇七―八五　江戸出身）の判断で、漢方医の青木春岱《しゅんたい》・遠田澄庵《とおだちょうあん》（一八一九―八九　美作〔岡山県〕出身）、蘭方医の伊東玄朴《いとうげんぼく》（一八〇一―七一　肥前国出身〔佐賀県人〕）・

戸塚静海《とつかせいかい》（一七九九—一八七六　近江国（静岡県）出身）が江戸城登城を許され家定を診察した。これ以降、幕府内部にも西洋医学が導入されることになる。その結果、蘭方医大槻俊斎《おおつきしゅんさい》（一八〇六—五八　陸奥国（宮城県）出身）らが奥医師に任命され、西洋医学が重用されるようになった。

慶応四（一八六八）年七月、旧幕府の医学館は廃止され、同年八月に種痘館と改称して医学所（二九〇頁参照）に付属された。このとき小石川養生所と各所にあった薬園も医学所の所属となった。

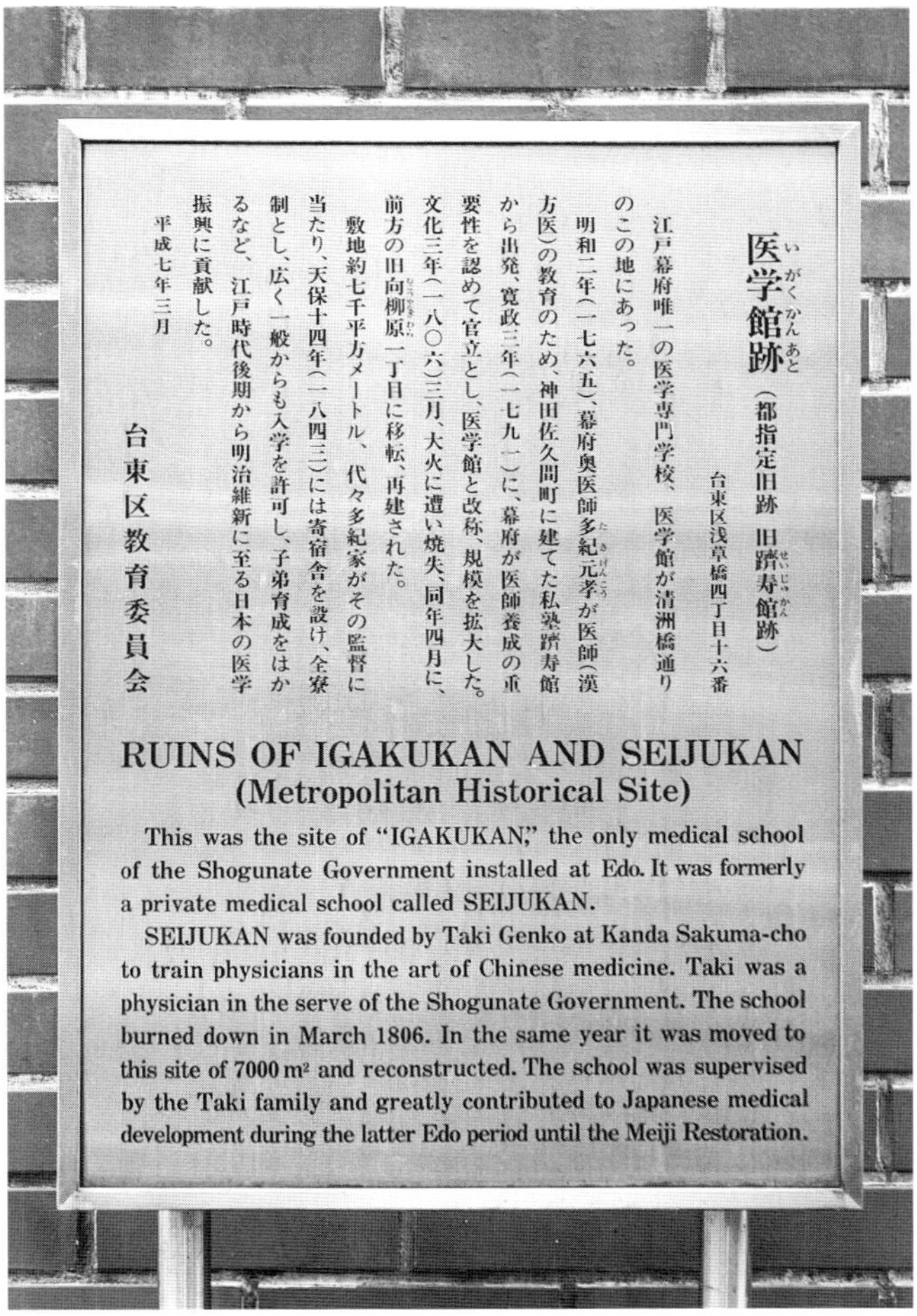

「躋寿館跡」解説板

◉伊東玄朴旧居跡

所在地　台東区台東一丁目

標示物　「伊東玄朴旧宅跡・種痘所跡」解説板（台東区台東一丁目三〇　台東一丁目交差点近く）

この近辺に蘭方医の伊東玄朴の居住兼家塾「象先堂《しょうせんどう》」があった。伊東玄朴《いとうげんぼく》（一八〇一—七一）は幕末から明治にかけての蘭方医、江戸幕府奥医師。近代医学の祖で、官医界における蘭方・西洋医学の地位を確立した。妻は長崎のオランダ語通詞・猪俣傳次衛門の長女・照（一八一一—八一）。

玄朴は寛政一二（一八〇〇）年、肥前国（佐賀県）にて執行重助の子として誕生した。のちに佐賀藩士・伊東家の養子となり、長崎の鳴滝塾でドイツ人シーボルト（Philipp Franz Balthasar von Siebold 一七九六—一八六六）からオランダ医学を学んだ。

佐賀藩にて牛痘種痘法を実践し、安政五（一八五八）年には大槻俊斎・戸塚静

「伊東玄朴旧宅跡・種痘所跡」解説板

海らと図り江戸にお玉が池種痘所〔二七五頁参照〕を開設、弟子の池田《いけだ》多仲《たちゅう》（一八二〇—七二　石見国〔島根県〕津和野藩出身）を同所の留守居とした。同年七月三日、江戸幕府第一三代将軍・徳川家定の脚気による重態に際し、漢方医の青木春岱・遠田澄庵、蘭方医の戸塚静海とともに幕府奥医師に挙用される。蘭方内科医が幕医に登用されたのは、伊東・戸塚が最初である。

文久元（一八六一）年より西洋医学所の取締役を務めた。同年一二月一六日には蘭方医として初めて法印（将軍の御匙＝侍医長に与えられる僧位）に進み、長春院と号し、名実ともに蘭方医の頂点に立った。のちの緒方洪庵《おがたこうあん》（一八一〇—六三　備中国〔岡山県〕出身　大阪に適々斎塾を開く）の江戸招聘も玄朴らの推挽によるところが大きい。

文久三（一八六三）年、ポンペ（Johannes Lijdius Catharinus Pompe van Meerdervoort　一八二九—一九〇八　オランダ出身）門下の松本良順《まつもとりょうじゅん》（一八三二—一九〇七　下総国〔千葉県〕出身）の弾劾により失脚、小普請《こぶしん》入《いり》となる。のちいくぶん地位を回復するが、以後奥医師に返り咲くことはなかった。

明治四（一八七一）年逝去。墓は東京都台東区谷中の天龍院にある。

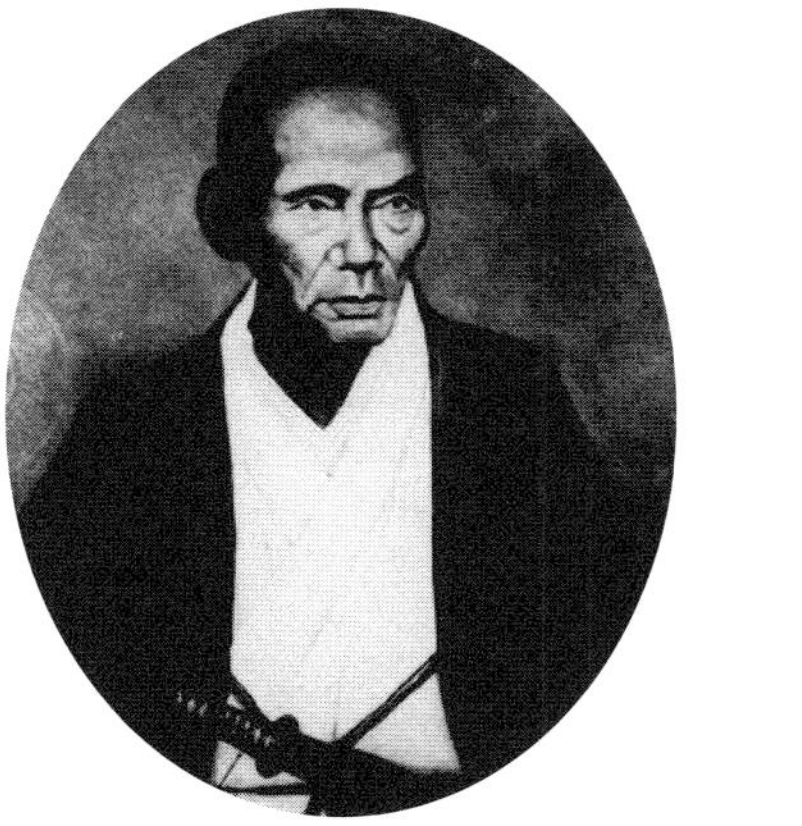
伊東玄朴

種痘諭文

一嘉永二酉年痘苗長崎に渡りしより後御国内ならひに京大坂
其外国々におゐて年々これを試るに実に天行痘を防く妙術の
良法なる事疑なく明らかなり是に因て去安政五午年夏
有志の者とも相謀りて神田お玉ケ池に種痘所を経営して専らこれを
施《ほとこ》し来れる処同年冬火災にかゝり類焼せしにより同六未年春
奇特《きとく》の人々費《ついえ》を助け力をあはせて又下谷和泉橋通りに新築の
小の方に種痘所を再営して益多く愈広くこれを施しきたれる所昨万延元
申年冬　官の種痘所となりてより御府内其外近在近郷の
小児一人も洩さす疱瘡時疫の夭札をのかれしめらんとの御事

MEDICAL LIBRARY, THE UNIVERSITY OF TOKYO

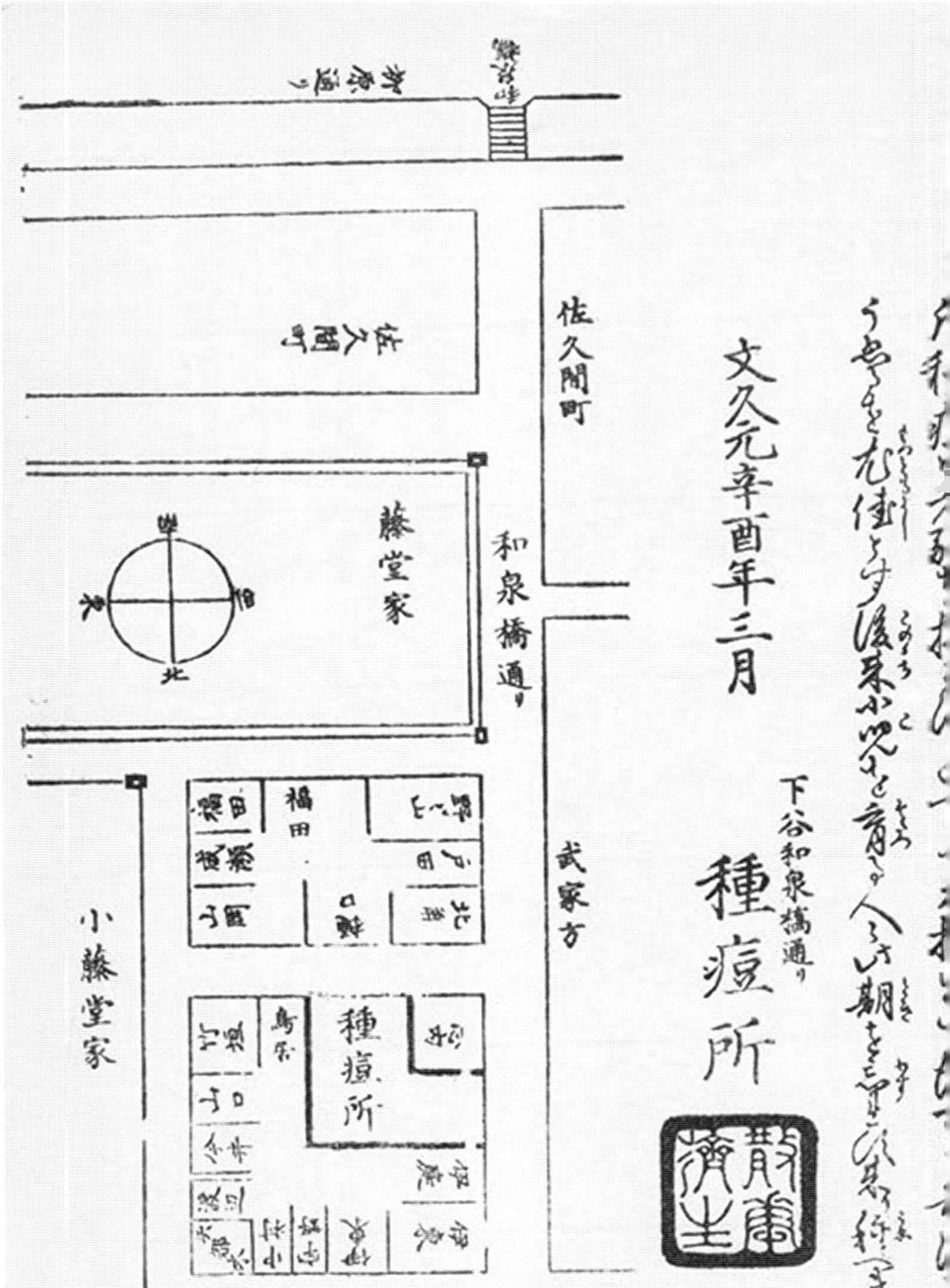

「種痘諭文（うゑほうさう さとしぶみ）」原文

種痘《うゑはうさう》諭文《さとしぶみ》

嘉永二酉年痘苗《はうさうね》長崎に渡りしより後御府内はじめ京大坂其外国〃において年〃うゑ試《こころみ》るに実に夭折痘《はやりはうさう》を防ぐ無類の良法なる事疑《うたがひ》いなく明《あき》らかなり是に因て去安政五午年春有志の者とも鳩合《よりあひ》て神田お玉ケ池に種痘所《うゑはうさうところ》を経営《ひらき》て専らうゑ施《ほとこ》し来たるに同年の冬火災に類焼せしにより同六未年春奇特《きとく》の人の費《ついえ》を助け力をあはせて又〃下谷和泉橋通り藤堂家の北の方に種痘所を再営《ふたたびひらき》て爰にて愈弘《いよいよひろ》くうゑ施さるに昨万延元申年冬　官の種痘所となれるにより御府内其外近在近郷の小児一人なりとも痘斑《あばか》畸形《たはと》夭折《はやしに》のうれひなからしめて

うゑるを尤佳《もつともよし》とす後来《こののち》小児《こ》を育《そたつ》る人に此期《とき》を忘《わす》れず来り種《うゑ》へき也

文久元辛酉年三月

下谷和泉橋通り

種痘所

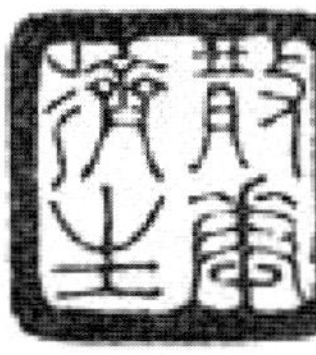

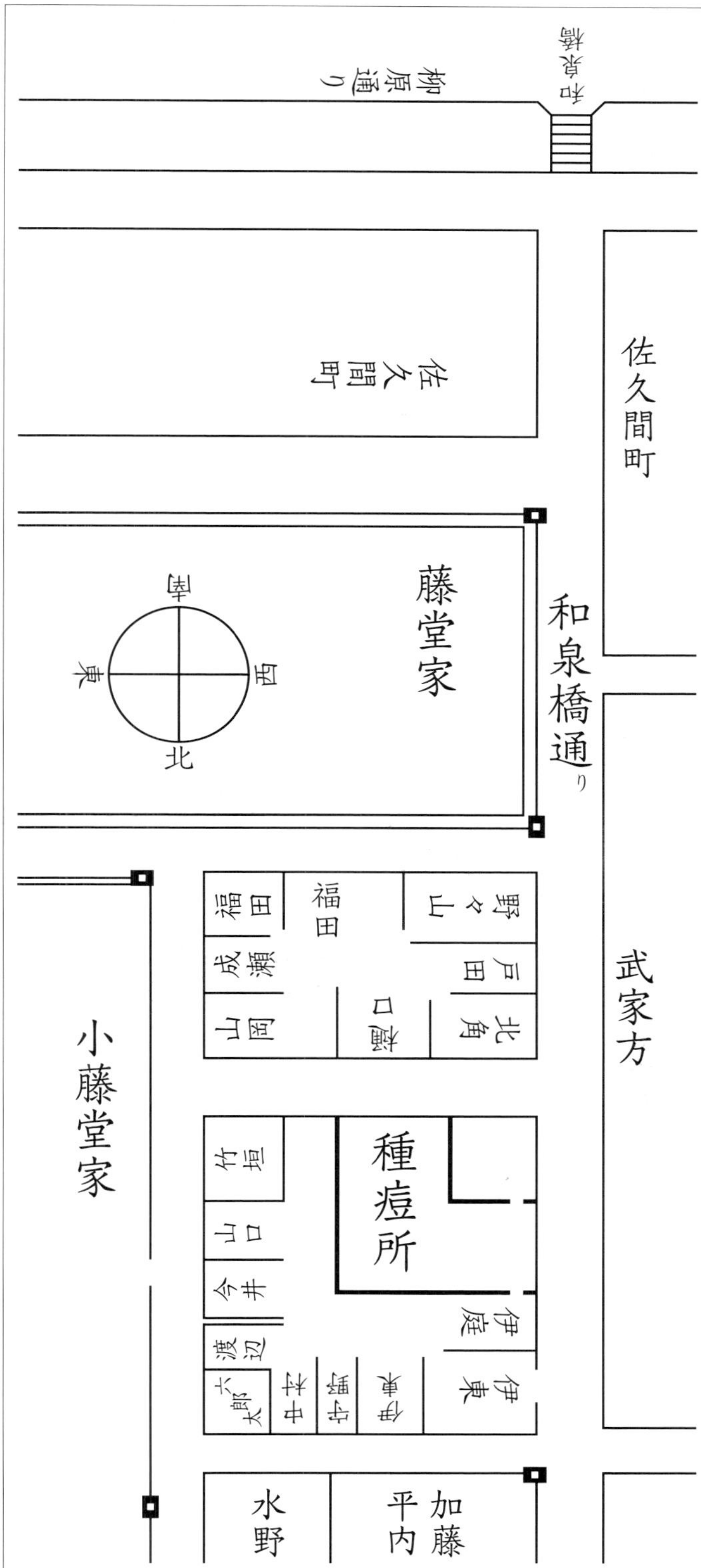

「種痘諭文（うゑほうさう　さとしぶみ）」読み下しと、デジタルタイプによる現代の組版追試

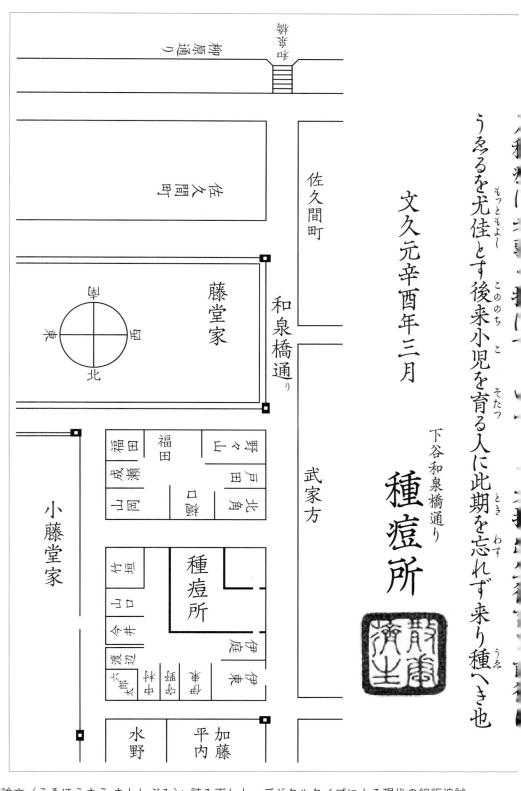

◉種痘所 ⇓ 官立種痘所 ⇓ 西洋医学所 ⇓ 医学所 ⇓ 医学校跡

所在地　台東区台東一丁目二八番地全域および三〇番地南側半分

標示物　なし

お玉ヶ池種痘所〔二七五頁参照〕の類焼により、安政五（一八五八）年一一月、下谷和泉橋通りの伊東玄朴の家〔二八三頁参照〕に仮小屋を建て、翌年九月、銚子の豪商浜口《はまぐち》梧陵《ごりょう》（一八二〇―一八八五　紀伊国〔和歌山県〕出身　醤油醸造業濱口儀兵衛家〔現ヤマサ醤油〕当主）ら奇特者の出資により隣接地に「種痘所」を再建した。

やがて種痘所は西洋医学の講習所となった。万延元（一八六〇）年七月に幕府から公式な援助を得られるようになり、同年一〇月に幕府直轄の「官立種痘所」となった。文久元（一八六一）年一〇月に「西洋医学所」と改称され、文久三（一八六三）年二月に「医学所」と改称された。

種痘所跡（現 YKK ap 別館 近辺）

慶応四（一八六八）年四月に新政府は医学所を接収し、同年六月に「医学校」として復興し、近くの藤堂和泉守上屋敷跡に移転して、そこにあった大病院（軍陣病院）と合併した。明治二（一八六九）年、「大学東校」と改称された。

なお当時、種痘所の門扉は厚い板を鉄板で囲い、鉄板の間を頭の丸い鋲釘で打ちつけ真っ黒に塗ってあったため、江戸の人々は種痘所をもっぱら「鉄門」と呼んでいた。現在本郷の無縁坂に面する東大医学部の門が「鉄門」と呼ばれるのも、これに由来するとされる。なお、本郷の東京帝国大学初期には鉄門が正門とされていたため、森鷗外の小説『雁』、夏目《なつめ》漱石《そうせき》（一八六七—一九一六）『三四郎』などの作品には、本郷の鉄門と無縁坂の描写がたびたび登場する。

◉大学東校、大学東校活版所跡 ⇩ 東校活版所 ⇩ 文部省編集寮活版所（通称 文部省活版所）跡

現在の東京大学医学部（本郷七丁目三—一）鉄門（再建）

所在地　千代田区神田和泉町一（もと伊勢国〔三重県〕津藩藤堂和泉守上屋敷門長屋跡）

標示物　なし

明治二（一八六九）年一二月、当地にあった大病院と医学校〔二九〇頁参照〕とが合併して「大学東校」となった。大学東校とは湯島にあった「大学」〔二四九頁参照〕に対して、東に位置することに由来する。

医学教科書や講義録を活版印刷にするため、大学中写字生（のちに大写字生）の島霞谷《しまかこく》（一八二七—七〇　下野〔栃木県〕出身）が鋳造活字を開発し、大学東校官版として発行した。島活字をもちいた大学東校官版としては、石黒忠悳《いしぐろただのり》（一八四五—一九四一　陸奥国〔福島県〕出身　軍医）編訳による『化学訓蒙』『虎烈刺論《コレラ》』などが知られている。

明治三（一八七〇）年一一月、島が病死したため、明治四（一八七一）年六月に本木昌造が活版御用を依頼されて、「文部省御用活版所」〔三一二頁参照〕の設立に至ったとされる。

明治四（一八七一）年七月、文部省が新設されて大学東校は「東校」と改称され、その時、「南校」〔二六七頁参照〕の活字掛に継承されていた蕃書調所以来の活版諸設備は東校構内に移され、同年九月に「文部省編集寮活版部」となったが、翌年九月に廃止された。活版諸設備は「正院印書局」〔三〇五頁参照〕に移管されたと伝えられる。

歌川広景《うたがわひろかげ》（生没年不詳）の錦絵「外神田佐久間町」は、この地にあった藤堂和泉守《とうどういずみのかみ》（藤堂高

「江戸名所道外盡　外神田佐久間町」 画：歌川広景
当会所蔵

大助教足立寛譯述

撿尿要訣

文部省官版

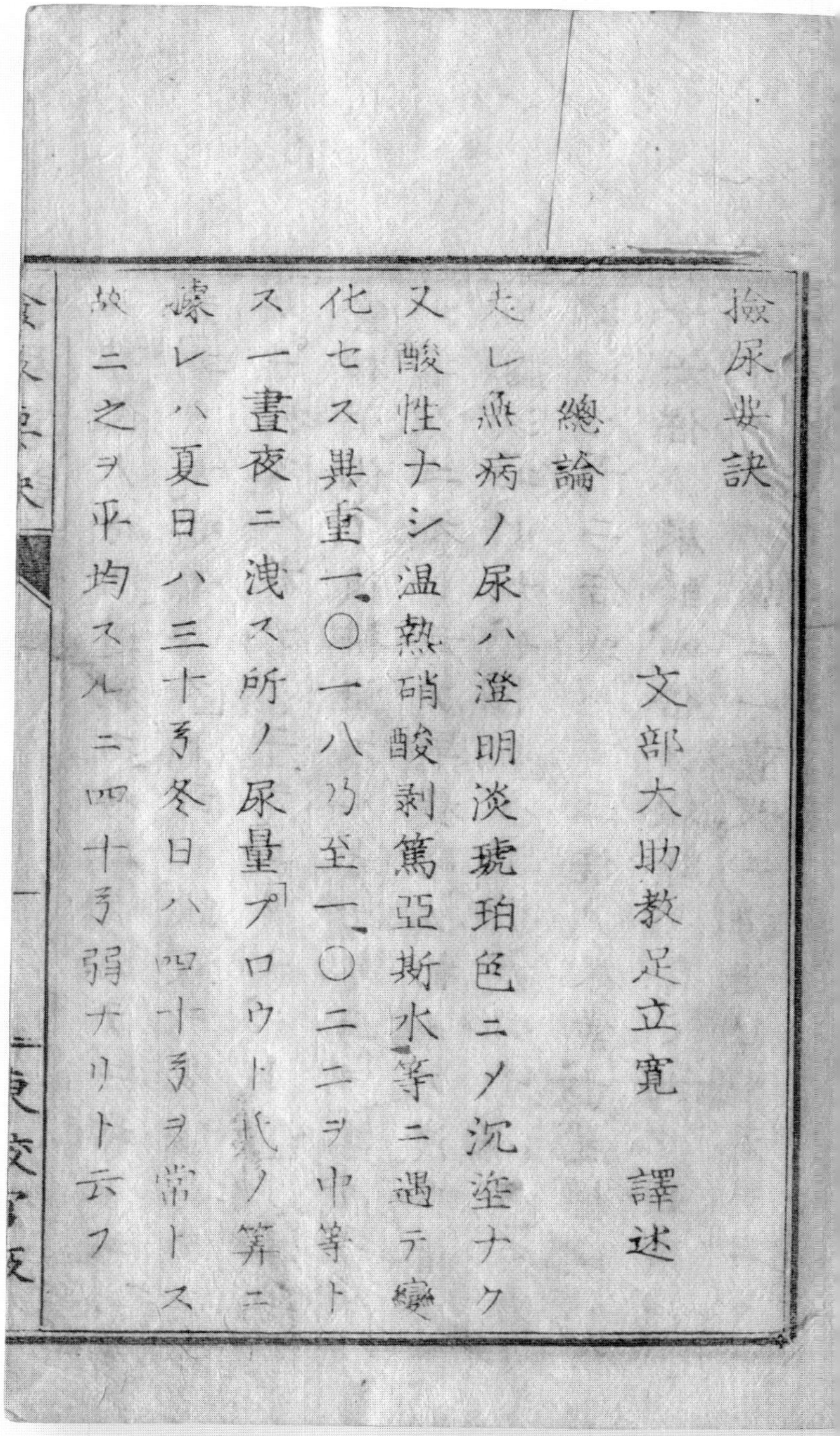
検尿要訣

總論　　文部大助教足立寛　譯述

夫レ無病ノ尿ハ澄明淡琥珀色ニシテ沉澱ナク又酸性ナシ温熱硝酸剥篤亞斯水等ニ遇テ變化セス異重一〇一八乃至一〇二二ヲ中等トス一晝夜ニ洩ス所ノ尿量「プロウト」氏ノ算ニ據レハ夏日ハ三十弖冬日ハ四十弖ヲ常トス故ニ之ヲ平均スルニ四十弖弱ナリト云フ

島活字をもちいた大学東校活版

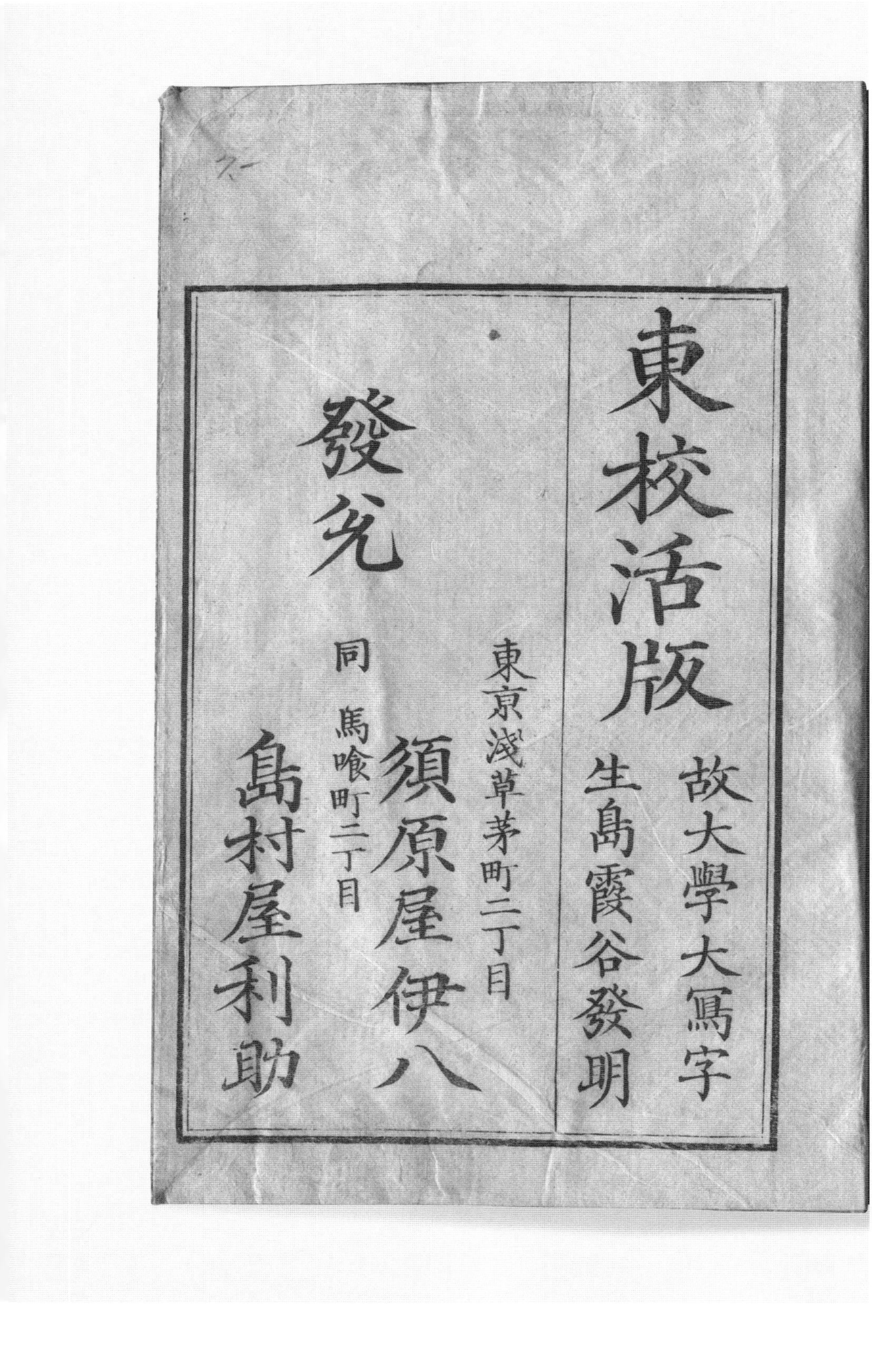

島活字をもちいた大学東校活版

虎　伊予今治藩主のち伊勢津藩主、およそ二五万石）上屋敷の正門とそれに続く門長屋を、神田佐久間町三丁目付近から眺めた情景である。森鷗外《もりおうがい》（一八六二―一九二二）は医学生時代の明治一三（一八八〇）年にこの門長屋に寄宿しており、その頃のこの地の様子を小説『雁』のなかに垣間見ることができる。

わが国の印刷史研究では長年、本木昌造が活版印刷のために最初に東京に進出した場所は「神田佐久間町三丁目」とされてきた。しかし、この「千代田区神田和泉町一」の土地は、もと津藩藤堂和泉守上屋敷の跡地である。当時、町名があるのは町人の居住地だけであり、武家地には町名がなかったことから、その場所にもっとも近い町名と番地が記されてきたと推測される。

なお、「千代田区神田和泉町一」の土地には現在、ＹＫＫ株式会社の本社（YKK80ビル）、千代田区立和泉小学校、和泉公園、三井記念病院、凸版印刷株式会社本社事務所などがある。

このうち、三井記念病院には「お玉が池種痘所」〔二七五、二七七頁参照〕に端を発する帝国大学医学部の跡地である現地についての簡単な由来の解説板がある。

また、ＹＫＫ株式会社の本社ビルの入口には、この地が「伊勢国津藩主　藤堂和泉守上屋敷」跡であることが記された解説板があり、また、ビルを囲む植栽には、藤堂家の植木職を代々務めた「伊藤伊兵衛」ゆかりの草木が植えられている。伊藤伊兵衛は江戸一番の植木屋と誉れ高く、染井村〔現 東京都豊島区駒込〕で数代にわたって園芸を営んでいた。なお、藤堂和泉守下屋敷は染井村にあり、広大な庭園を構えていた。

「神田和泉町」千代田区町名由来板

YKK 株式会社 本社（YKK80 ビル）

YKK 株式会社 本社前植え込み

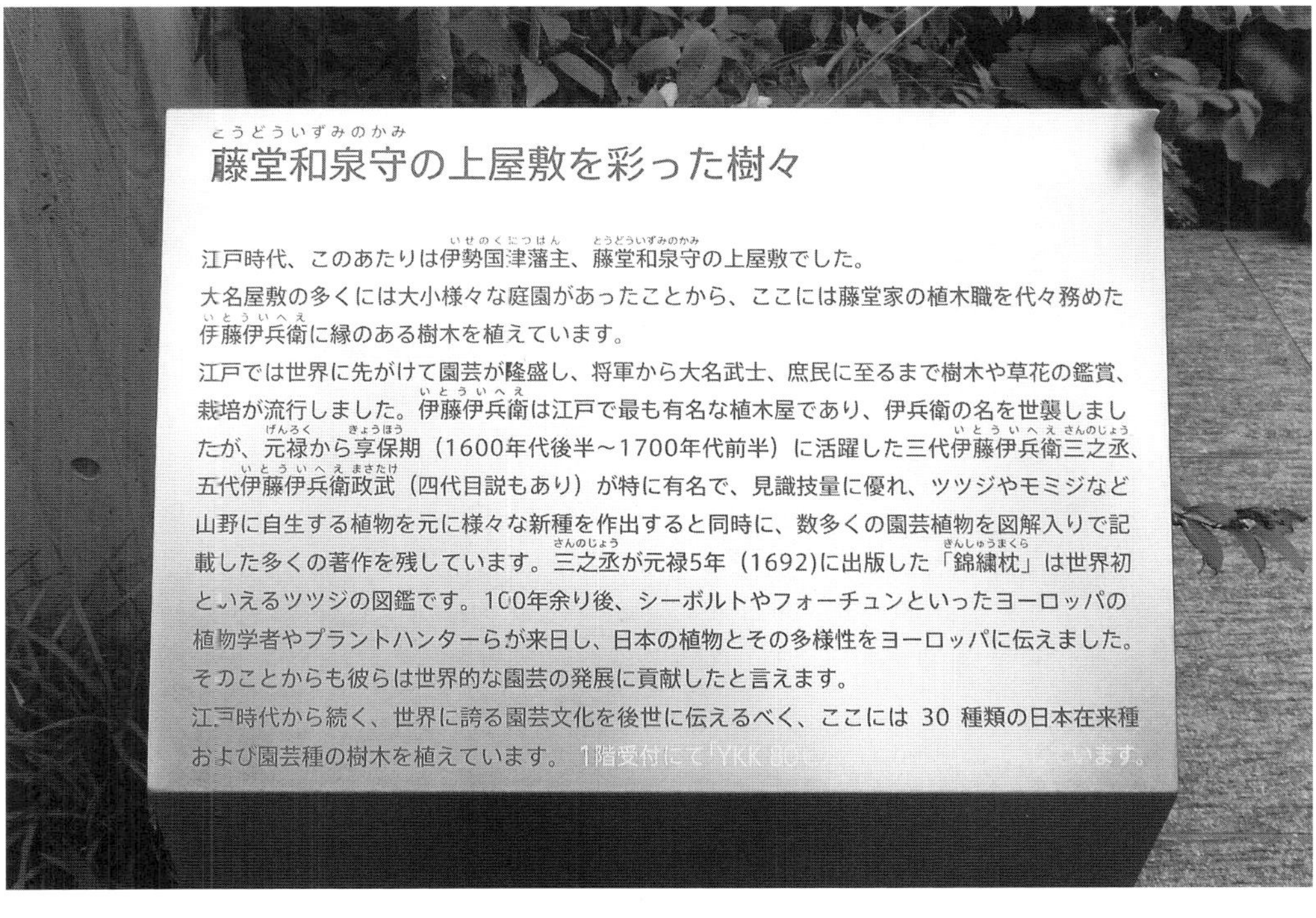

YKK 株式会社 本社前植え込み 解説板

三井記念病院

凸版印刷株式会社 本社事務所

工部省・太政官・大蔵省系

（布告類・紙幣の印刷）

◉工部省勧工寮活字局跡　⇓　太政官 正院印書局跡 〔三〇五頁参照〕

所在地　港区虎ノ門二丁目二（もと赤坂溜池葵町　旧伊万里県出張邸跡、もと佐賀藩松平肥前守中屋敷）

標示物　独立行政法人 国立印刷局 虎ノ門工場跡（国立印刷局 本局）〔港区虎ノ門二丁目二―四〕

「長崎製鉄所新聞局」の活字一課が明治四（一八七一）年四月に工部省に移管され、同年一一月、東京の当地に移転して活版製造を開始した。長崎でウィリアム・ギャンブル（William Gamble　一八三〇―八六）から伝習を受けた者たちが中心で、設備も上海美華書館から購入したものが主体をなしていた。

工部省勧工寮活字局は、「正院印書局」からの移管要求に抵抗して、明治六（一八七三）年四月、活字販売広告を出して外部の一般企業にも活字を販売するにいたった。それに対抗して、平野富二は勧工寮活字局を民間に払い下げて、東京築地活版製造所と合併する案を提案したが実現しなかった。その後活字局は勧工寮から製作寮に移ったが、結局のところ明治七（一八七四）年八月に「正院印書局」に併合された。

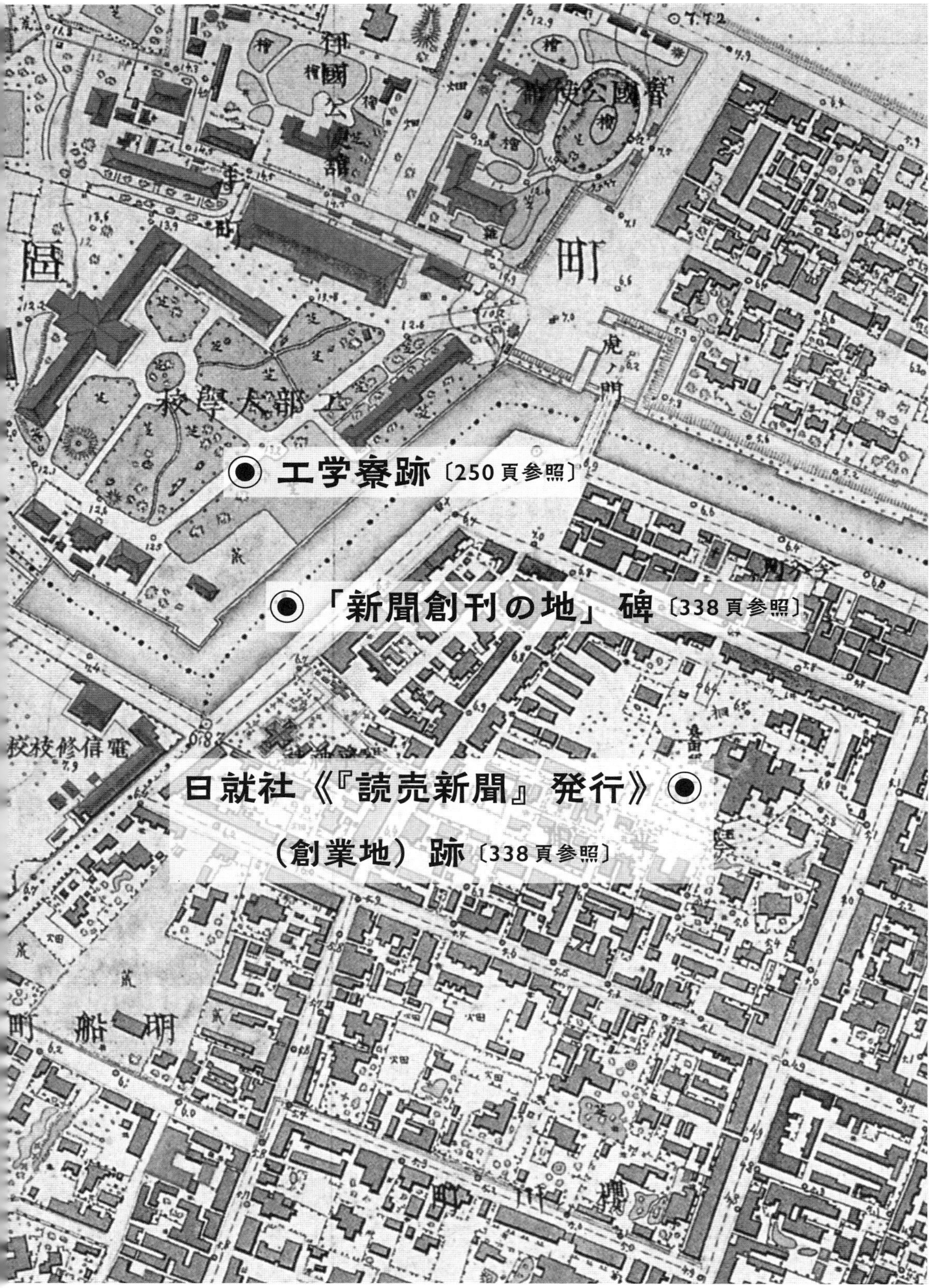
◉ 工学寮跡〔250頁参照〕
◉「新聞創刊の地」碑〔338頁参照〕
日就社《『読売新聞』発行》◉
（創業地）跡〔338頁参照〕
工部大學校

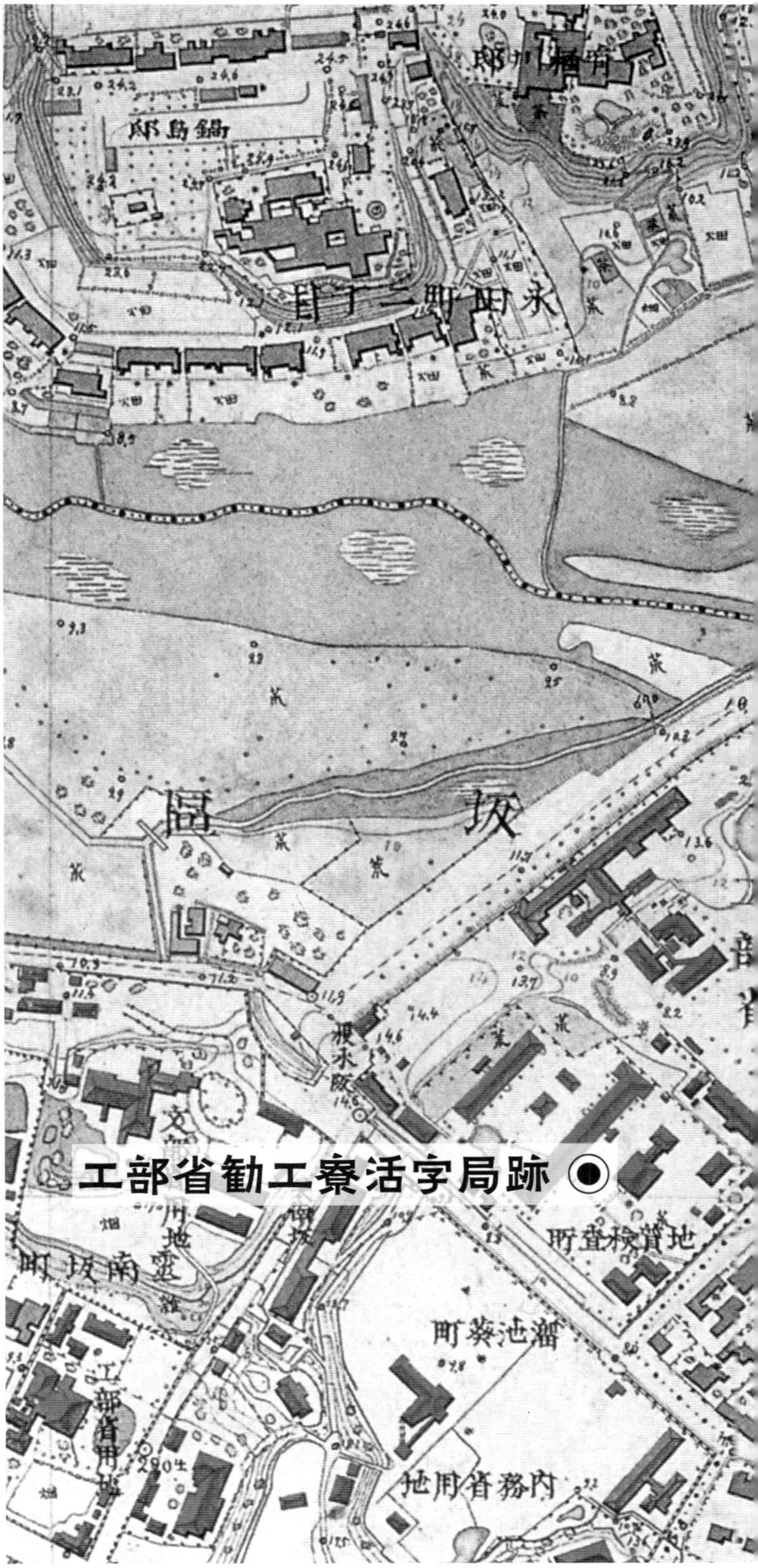

明治一六―一七年測量「五千分一東京図」より部分加工

＊『「新聞創刊の地」碑』と『日就社《『読売新聞』発行》（創業地）跡』は、おおまかな位置を示す。

＊図の中央左寄りに「工部省」と表記された一画が松平肥前守中屋敷で、「地質検査所」と表記された辺りに勧工寮活字局があったと見られる。ごく最近まで、ここには財務省（日 大蔵省）の国立印刷局虎ノ門工場があった。外堀を隔てた北側に「工部大学校」が表示されている。

明治16—17年測量「五千分一東京図」より部分加工

この地には平成二六〔二〇一四〕年まで「国立印刷局 虎ノ門工場」があったが、滝野川工場と合併して「国立印刷局 東京工場」（北区西ヶ原二丁目三―一五）となり、現在は「国立印刷局本局」が置かれ、宏大な跡地周辺は再開発地区とされている。

◉太政官 正院印書局跡 ⇓ 大蔵省紙幣寮活版局跡 〔三〇六頁参照〕

所在地　千代田区丸ノ内一丁目（辰ノ口の大蔵省付属分析所跡、もと評定所跡）
標示物　丸の内永楽ビルディング〔千代田区丸の内一丁目四―一〕近辺

明治五〔一八七二〕年九月に「左院編集局活版課」を母体として設立された。海軍省や文部省など諸省所有の活字・印刷機を集結させ、最後に明治七〔一八七四〕年一一月、工部省から製作寮活字局〔三〇一頁参照〕を移管・併合した。

左院には明治四〔一八七一〕年に平野富二が市場調査を兼ねて上京した折りに活字を納入している。工部省製作寮活字局も上海美華書館のギャンブルから学んだ技術を基にしているので、根源は同じである。

しかし政府の諸省から持ち寄った活字の併用には限界があり、明治八〔一八七五〕年から新規に第一号から第四号の明朝体とカタカナ活字が造られて「太政官日誌」に使われはじめた。

明治八（一八七五）年三月になって、正院印書局は活字販売の新聞広告を出して、平野富二の最も嫌う官業による民業の圧迫に出たが、同年九月大蔵省紙幣寮に併合されて紙幣寮活版局となった。

◉大蔵省紙幣寮活版局跡 ⇓ 大蔵省紙幣寮活版局・朝陽閣跡 〔三〇七頁参照〕

所在地　千代田区丸ノ内一丁目（もと辰ノ口の伝奏屋敷跡）
標示物　丸の内日本工業倶楽部会館〔千代田区丸の内一丁目四―六〕近辺

明治八（一八七五）年九月、「大蔵省紙幣寮」は「太政官 正院印書局」〔三〇五頁参照〕を吸収合併して「大蔵省紙幣寮活版局」となり、江戸城の辰ノ口（和田倉門外）の伝奏屋敷（武家と朝廷との取り次ぎ役の江戸での宿舎）跡に印刷工場を設けた。

大蔵省紙幣寮活版局・朝陽閣への移転後、この跡地には「第一回内国勧業博覧会」出品物の陳列場として勧工場《かんこうば》が設けられた。

◉大蔵省紙幣寮活版局・朝陽閣跡 ⇓ 大蔵省紙幣局活版部 ⇓ 大蔵省印刷局 ⇓ 財務省印刷局 ⇓ 国立印刷局

所在地　千代田区大手町一丁目

（大手町二丁目　もと越前福井藩松平越前守上屋敷跡）

標示物　越前福井藩邸跡〔千代田区大手町二丁目五—一三〕

明治九（一八七六）年一一月、大蔵省紙幣寮活版局〔三〇六頁参照〕は大手町二丁目（当時）に工場を新設して移転した。これにより従来の紙幣印刷のほかに、政府の布令・報告・その他の文書を印刷、発行するようになった。

二階建て赤煉瓦《レンガ》造りの正面玄関は「朝陽閣《ちょうようかく》」と呼ばれた。この西洋風の建築物は三代歌川広重による「東京名所 常盤橋内紙幣寮新建之図」にも描かれている。

印書局時代からの活字の刷新は引き継がれて、いわゆる印

朝陽閣、『最新 東京名所写真帖』小島又市　明治四二年三月
国立国会図書館所蔵　請求記号：四〇七—四二　より部分加工

書局書体の完成に至る。明治一〇（一八七七）年一月、紙幣寮が廃止されたため「紙幣局活版部」となった。この年、活字見本帳『活版見本』を発行して民間に活字類の販売をおこなうようになった。明治一一（一八七八）年になって「活版局活版部」と改称した。

明治一四（一八八一）年には大手町の工場敷地内に印刷工場を新築して官報印刷をおこなった。

明治10年版 大蔵省紙幣局活版部『活版見本』

第壹號

阿伊有江遠
佐之壽勢曾
奈仁奴年乃
麻美武女裳
羅理留禮路

嘉幾久今古
多知都天登
波飛婦邊保
彌爲由惠與
和以宇繪於

明治10年版 大蔵省紙幣局活版部『活版見本』より（活字原寸）
サイズの表記はあるが、書体名は全くない。

第三號

哉啇僮介喻佛唱仄啞伊口喝倨咡俵告侒
媵佁仇嗽債仁吝唇姸嚴僞咏咨女仂君倫
俐啼傍俄傅始傾傘喁吾噬偃和嘈兆何吹
噦僉傑問噓否僵咤嘔妾喙嘬佇倒侶向吠
僥儆保嘷喟僚侖喋毀單唾傳假姻咀個合
億俊使佑俸啄侏儻唉嗤備付佃倡台仗喘
入伽佯侍嘗品修儉儕咥后哺叨商伋咫各
儌售伉娃侃依侮嚌儲嗜俱囓喃係哲吟佰

明治10年版 大蔵省紙幣局活版部『活版見本』より（活字原寸）

◉日本銀行創業の地跡

所在地　千代田区日本橋箱崎町
標示物　「日本銀行創業の地」碑（中央区日本橋箱崎町一九―一）

明治一五（一八八二）年に設立された中央銀行で、国庫金出納や銀行券発券の特権を持って設立された。維新後もこのときまでは各地方の国立銀行（ナショナルバンク）がそれぞれ銀行券の発券をおこなっていたが、これを中央政府に集約する目的があった。

はじめは架け替え前の永代橋の橋詰（日本橋川の河口近く）にあったが、明治二九（一八九六）年に日本橋本石町の常盤橋東詰（大蔵省紙幣寮活版局・朝陽閣跡（三〇七頁参照）の近く）に移転して現在に至る。なお、永代橋は明治期までは現在地よりも約一五〇メートル上流に架けられていた。

中央大橋から永代橋を望む

平野富二による活字・活版機器製造と印刷事業

◉文部省御用活版所（小幡活版所）跡

所在地　千代田区神田和泉町一
（もと伊勢国〔三重県〕津藩藤堂和泉守上屋敷門長屋跡）

標示物　なし

明治四（一八七一）年一〇月、平野富二が、本木昌造の指示で小幡正蔵を所長として派遣し設立した。当初は大学〔二四九頁参照〕・大学東校〔二九一頁参照〕・大学南校〔二六七頁参照〕に活版を納入する目的で設立したが、官制の変更により「文部省御用活版所」となった。

しかし明治五（一八七二）年九月、当地にあった文部省活版所〔二九一頁参照〕が廃止されたため、「小幡活版所」と称して自主営業の道をたどり、明治六（一八七三）年になって、小幡正蔵は平野富二の了解を得て小幡活版所を閉鎖し、共同経営者だった大坪本左衛門と共に「大坪活版所」（神田五軒町の湯島嬬恋坂下〔当時〕）を設立して独立した。

◉長崎新塾出張活版製造所（平野活版製造所）跡〔地図：二八一頁参照〕

所在地　千代田区神田和泉町一

（もと伊勢国〔三重県〕津藩藤堂和泉守上屋敷門長屋跡）

標示物　なし

明治五（一八七二）年七月、平野富二は新妻と社員八名を引き連れて長崎から上京し、文部省御用活版所の一部とそれに隣接する部屋を借り受けて、活版製造のための事業所ならびに住居とした。すなわち平野富二の活版製造事業はここからはじまった。

当時は政府の一部機関を除き、一般には活版印刷の効用が未だに認識されていなかったため、活字・活版の販売に苦労した。そのため、諸官庁に布告・布達類の活版化を働きかけたり、手引印刷機の国産化に着手して活版印刷の普及を図った。

一年足らずのあいだ活字の需要が急速に増大したため、平

和泉公園

野は手狭な長屋を引き払って築地に土地を求めて移転した。それが「東京築地活版製造所」である。

◉東京築地活版製造所跡

所在地　中央区築地一丁目　コンワビル
（もと築地二丁目一三、一四―一、一七番地）

標示物　「活字発祥の碑」（中央区築地一―一二―二二　コンワビル）

神田和泉町にあった「長崎新塾出張活版製造所」が手狭となったので、明治六（一八七三）年七月、京橋区築地二丁目に仮工場を建てて移転した。翌年、隣接地を買い増して煉瓦造りの事務所を建て、明治九（一八七六）年には醸造蔵を買い取って木造の活字仕上場と印刷機製造工場を建てるなど、用地買い増しと増設の結果、道路に囲まれた一画の約半分八五一坪が東京築地活版製造所の所有となった。

大正一二（一九二三）年七月、築地川沿いと祝橋通り沿い

活字発祥の碑

東京築地活版製造所

明治10年 長崎新塾出張活版製造所『BOOK OF SPECIMENS MOTOGI & HIRANO』より（図版原寸）

BOOK OF SPECIMENS

MOTOGI & HIRANO

Tsukiji Tokio, Japan

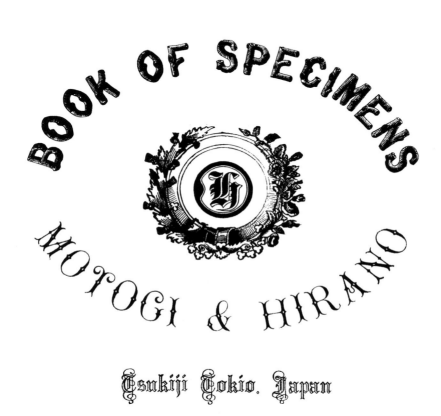

明治10年長崎新塾出張活版製造所『BOOK OF SPECIMENS MOTOGI & HIRANO』小扉（活字原寸）

第初號

夫天地者萬物之逆旅光陰者百代之過客

東京築地二丁目二十番地平野活版製造所

明治10年 長崎新塾出張活版製造所『BOOK OF SPECIMENS MOTOGI & HIRANO』より（活字原寸）

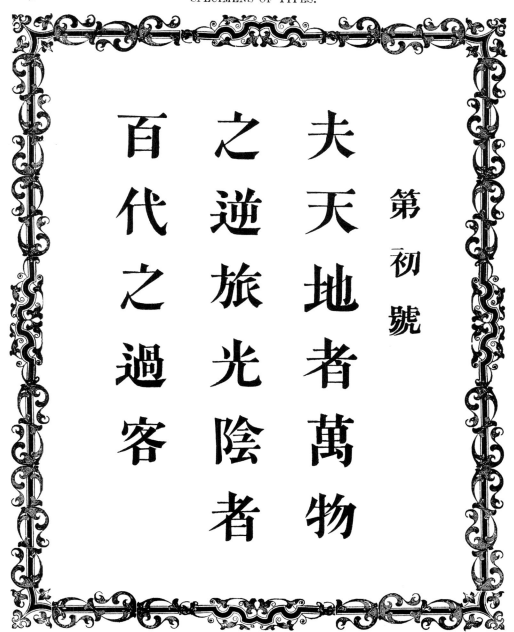

明治37年の東京築地活版製造所

昭和4年10月 東京築地活版製造所『株式会社東京築地活版製造所紀要』より

HAND PRESS

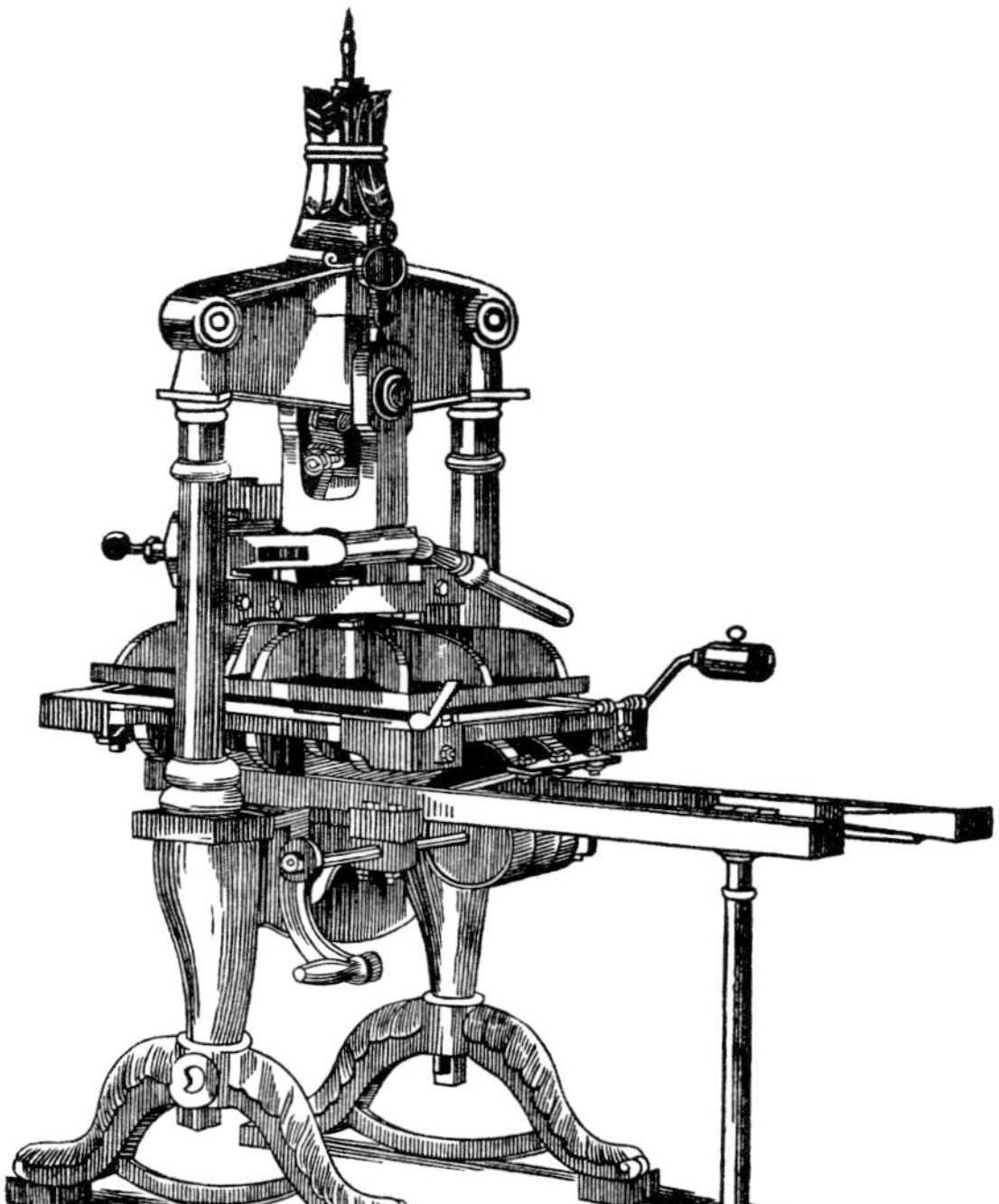

アルビオン型印刷機
明治10年 長崎新塾出張活版製造所『BOOK OF SPECIMENS MOTOGI & HIRANO』より（図版原寸）

に鉄筋コンクリート造りの新社屋（地下一階、地上四階）を新築したが、同年九月一日の関東大震災で罹災し、設備・資料の大半を焼失して建物だけが残った。これが衰退の原因となってか、昭和一三（一九三八）年三月一七日の臨時株主総会で清算解散が決議され、土地・建物は債権者の手に渡り、懇話会に譲渡されて現在に至る。

現在、コンワビルの敷地の一画に「活字発祥の碑」が建てられている。

◉平野富二邸跡

所在地　中央区築地一丁目

築地えとビル（もと築地二丁目一四―二、一五、一六番地）

標示物　築地えとビル（中央区築地一丁目一二―六）

明治一六（一八八三）年四月、平野富二は東京築地活版製造所（三一四頁参照）に隣接する築地二丁目一六番地（当時）に

築地えとビル

自邸を新築して、戸籍を一四番地からここに移転した。これは東京築地活版製造所のある平野富二所有地を東京築地活版製造所に譲渡し、一五、一六番地の土地（所有の一四番地の一部を加えて約九一八坪）を購入した結果とみられる。

敷地の半分は柳原前光《やなぎわらさきみつ》（一八五〇—九四　京都出身　外交官、伯爵、妹の愛子《なるこ》は大正天皇の生母、次女は歌人の柳原白蓮）邸跡であったが、自宅のほかに数棟の長屋を立てて従業員用宿舎とした。

ここには関東大震災で焼失するまで、平野富二の遺族が居住していた。現在は平野邸の在ったと見られる所に、十二支にちなむ「築地えとビル」が建っている。

◉東京築地活版製造所 月島分工場跡

所在地　中央区月島四丁目（もと月島通四丁目七、九、一一番地、五丁目一、三、五番地）

標示物　なし

東京築地活版製造所第四代社長：名村泰蔵（一八四〇—一九〇七　長崎出身　法務官僚、貴族院議員）が、明治三〇（一八九七）年二月、工場用地として月島通四丁目と五丁目の土地一、四二五坪を借地し、明治四一（一九〇八）年三月に月島分工場が完成した。ここでは印刷機および関連機器の製造がおこなわれた。

名村は工場完成直前の明治四〇（一九〇七）年九月に社長在任のまま死去し、同年一〇月、第五代として野村宗十郎《のむらそうじゅうろう》（一八五七—一九二五　長崎出身）が東京築地活版製造所専務取締役社長に就任しているが、この月島分工場は実質的には名村が一〇年掛りで計画、実現させたものである。

名村泰蔵

月島分工場、東京築地活版製造所『活字と機械』大正3年6月より

その他、民間の活版関連事業

◉志貴和介活字店跡

所在地　中央区銀座五丁目（もと南鍋町一丁目）

標示物　なし

志貴和介は、平野富二が東京で活版製造事業を開始した頃、海軍省などの大口需要先を相手に鋳造活字を販売していた。しかし長崎新塾出張活版製造所〔三一三頁参照〕の鋳造活字が知られるようになって廃業したとされる。志貴がどこで、どのような活字鋳造技術を習得したかはいまだ不明である。

◉瑞穂屋卯三郎店（移転先）跡

所在地

創業地：台東区蔵前三丁目（もと浅草森田町）

清水卯三郎

移転地：中央区日本橋本町三丁目
（もと日本橋本町三丁目二〇番地 若尾銀行北隣り）に移転

標示物　なし

清水卯三郎《しみずうさぶろう》（武蔵国埼玉郡出身　一八二九―一九一〇）は、得意な語学と臆することない性格を活かして、町人身分でありながら、幕末から外交面でも活躍した異色の人物である。

箕作阮甫《みつくりげんぽ》（一七九九―一八六三　美作〔岡山県〕出身・津山藩医、洋学者、天文台〔二六一頁参照〕の蕃書和解御用、蕃書調所〔二六三頁参照〕初代教授、種痘所〔二七五頁参照〕の設立発起人のひとり）の蘭学塾で学び、ロシアのプチャーチン（Evfimii Vasilievich Putyatin　一八〇三―一八八三）との下田での会談に同席する機会を得た。文久三（一八六三）年の薩英戦争の際には、幕府の許可を得て英国軍艦に同乗して英国側通訳として和平に尽力し、英国艦船に拘束されていた薩摩藩の五代才助《ごだいさいすけ》（⇩友厚《ともあつ》　一八三六―八五）、松木弘安《まつきこうあん》（↓寺島宗則《てらしまむねのり》　一八三二―九三）を保護して匿っていた。

パリ万博で人気を博した清水卯三郎の水茶屋の実演

慶応三（一八六七）年に開催されたパリ万博には幕府側の一員として出品し、会場でアメリカのゴルドン式足踏印刷機を見て、帰国の際にゴルドン社に注文して印刷機を取り寄せた。石版印刷機も購入し、また、陶器の着色法も学んだ。『東京日日新聞』は、耕文書館から活字を購入し、このゴルドン式足踏印刷機を使用して明治五（一八七二）年二月に発行された。

もと浅草森田町（現台東区蔵前三丁目）に「瑞穂屋」を構えたが、明治二（一八六九）年の内に日本橋本町三丁目に移転した。洋書や印刷機、歯科医療器具などの輸入、出版業など、さまざまな分野で活躍をした。

◉活版製造所弘道軒（移転前、上野景範邸内）跡

所在地　上野景範邸跡、中央区築地一丁目

標示物　なし

紙幣寮に勤務していた神崎正誼《かんざきまさよし》（一八三七―九一　薩摩〔鹿児島県〕出身）が、明治七（一八七四）年二月官途を辞して、明治一四（一八八一）年、打ち込み式鋼製活字母型により楷書体活字「弘道軒清朝活字」を開発して販売を開始した。

神崎正誼

上野《うえの》景範《かげのり》（一八四五—八八　外交官・英国公使）は、神崎とおなじ薩摩出身の士族であり、景範の妹（姉の説もあり）が神崎に嫁いでいる間柄であることから、神崎はこの上野邸の長屋に寄留していた。

◉活版製造所弘道軒（移転先）跡

所在地　中央区銀座五丁目（もと京橋区南鍋町二丁目一番地）

標示物　なし〔中央区銀座五丁目六—一〇の辺り〕

明治一一（一八七八）年に弘道軒は販路拡大を目指して、京橋区南鍋町二丁目一番地（当時）に移転した。

明治一四（一八八一）年三月に開催された第二回内国勧業博覧会で、東京築地活版製造所〔三一四頁参照〕が清朝風活字を出品した。この活字は神崎の清楷書と同じ能書家の小《こ》室《むろ》樵《しょう》山《ざん》（一八四二—九三）の筆になる種字であったため誤解が生じた。そのため神崎は、白鉢巻きにたすき掛け姿で東京築地活

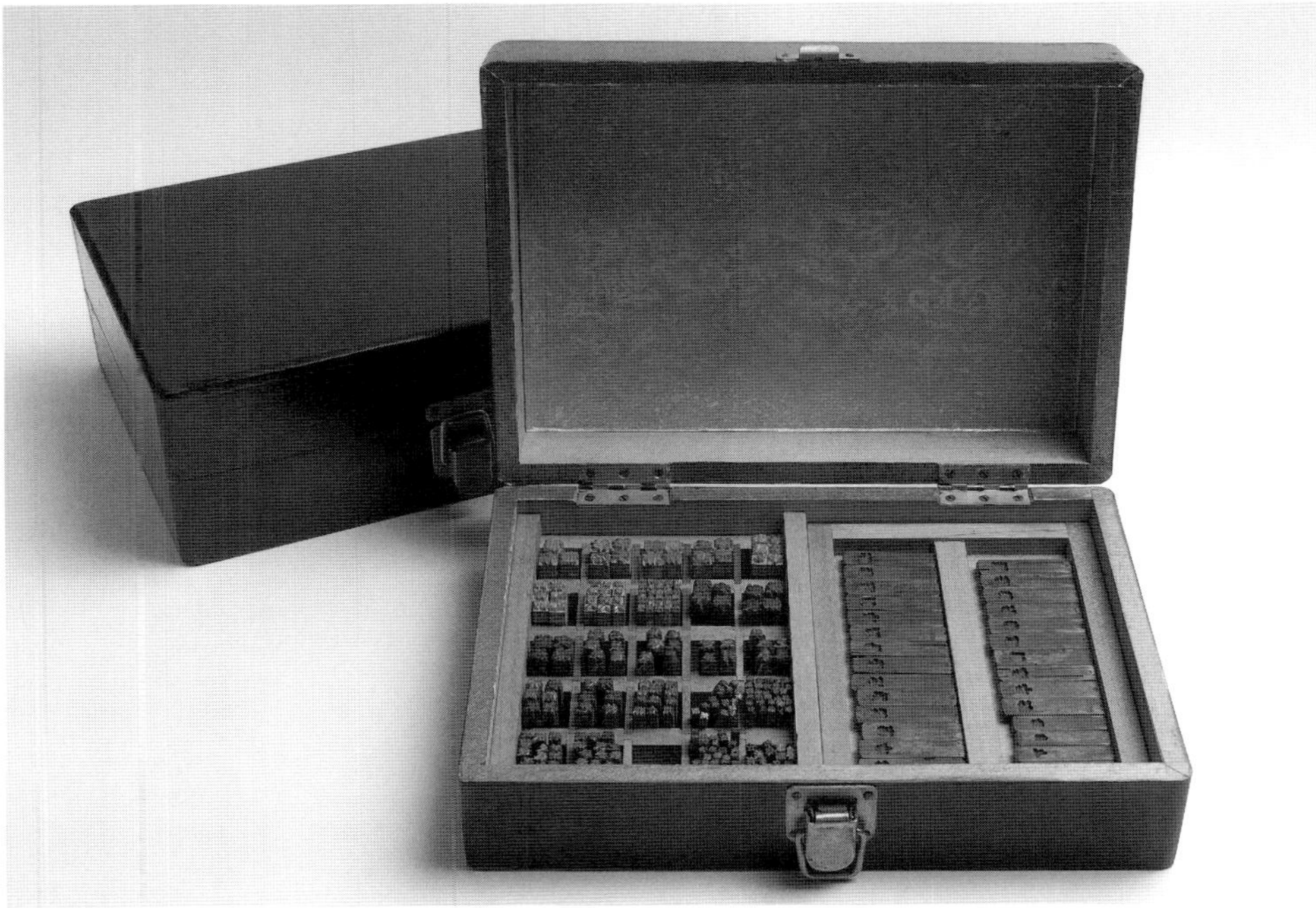

弘道軒清朝の活字父型、活字母型、活字

版製造所に乗り込んで、自分のところで鋳造した活字を種字として、類似の名前を付けて売りに出していると抗議をしたとの逸話が残っている。

◉秀英舎・製文堂跡（「大日本印刷株式会社」発祥の地）

所在地　中央区銀座四丁目二（もと京橋区西紺屋町角、弥左衛門町一三番地）

標示物　なし

明治九（一八七六）年一〇月、佐久間貞一《さくまていいち》（一八四六—一八九八　江戸日本橋出身　元幕臣で彰義隊にも加わる）・大内青巒《おおうちせいらん》（一八四五—一九一八　仙台出身　仏教思想家、『明教新誌』などを発行、東洋大学学長）・宏佛海《ひろしぶっかい》・保田久成《やすだひさなり》（一八三六—一九〇四　江戸出身　儒者、元幕臣）の四人の出資により、近くの山城町（山城河岸）にあった高橋活版所の事業と設備を買収して創業した。

当初は主に東京築地活版製造所（三一四頁参照）から活字を購入して『東京横浜毎日新聞』などの新聞印刷の受注に注力していた。明治一四（一八八一）年七月になって活字鋳造部を創設して「製文堂」と称した。以後活字書体の改良に努めた結果、「築地体」と並ぶ「秀英体」活字を確立した。

大正一二（一九二三）年九月一日、関東大震災で本店および活字販売課（製文堂）が類焼し、同年一〇月に本店を震災の被害の少なかった牛込区市谷加賀町に移転した。

昭和一〇（一九三五）年、秀英舎と日清印刷が合併、社名を大日本印刷として現在に至る。

なお現在の銀座グラフィック・ギャラリー（ggg／中央区銀座七丁目七―二〇　DNP銀座ビル）は、昭和二（一九二七）年に開設された秀英舎銀座営業所（活字販売所）の地である。

秀英舎　外観

「大日本印刷株式会社」発祥の地（現 不二家 数寄屋橋店 周辺）

◉日新堂《『新聞雑誌』発行》（移転後）跡

所在地

創業地：千代田区東日本橋一丁目（もと両国若松町）……第一号（創刊号）

移転地：千代田区神田神保町三丁目（もと神田小川町今川小路）……第二号から

移転地：千代田区銀座四丁目　三越銀座店の場所（もと京橋区銀座四丁目）

『日新真事誌』発行所（移転先）〔三三四頁〕も参照

標示物　不明

木戸孝允《きどたかよし》（←桂小五郎《かつらこごろう》　一八三三―一八七七　長州藩士）が政府的立場から新聞の発行を計画し、文部省出仕者と協議して民間の新聞局日新堂を設けて、明治四（一八七一）年五月一日、『新聞雑誌』、第一号を発行した。

平野富二は、明治五（一八七二）年一〇月下旬に発行され

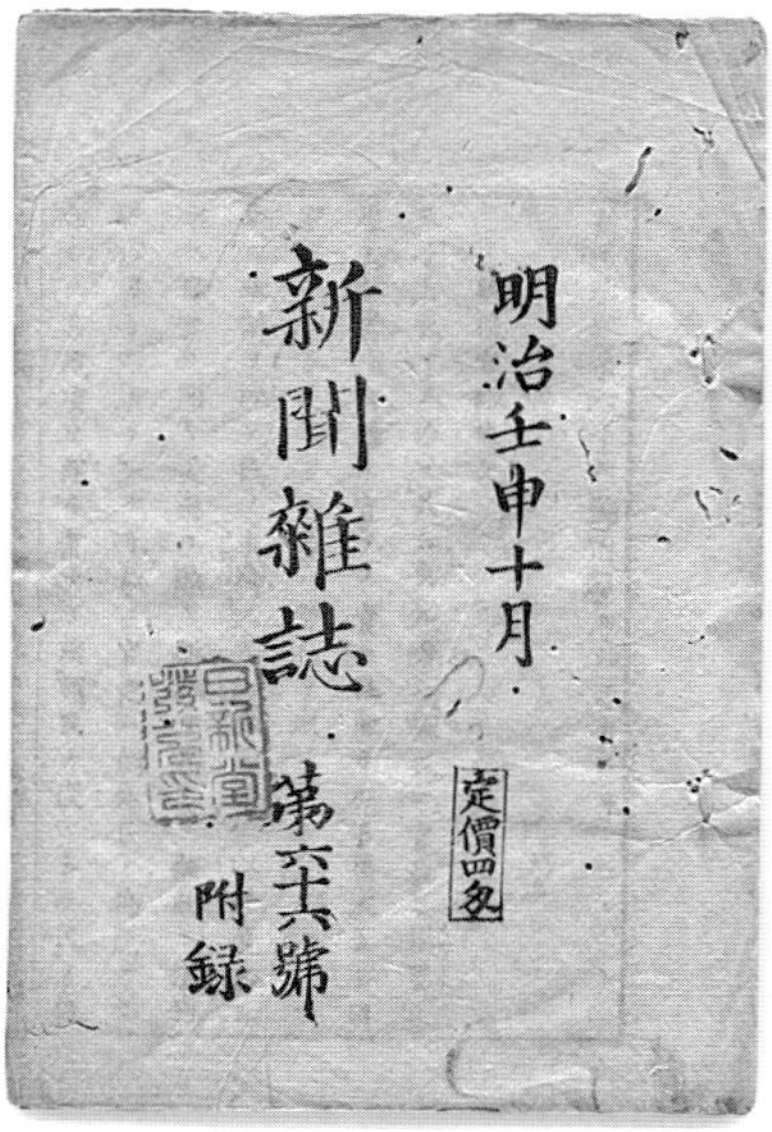

『新聞雑誌』第66号巻末綴込附録　表紙

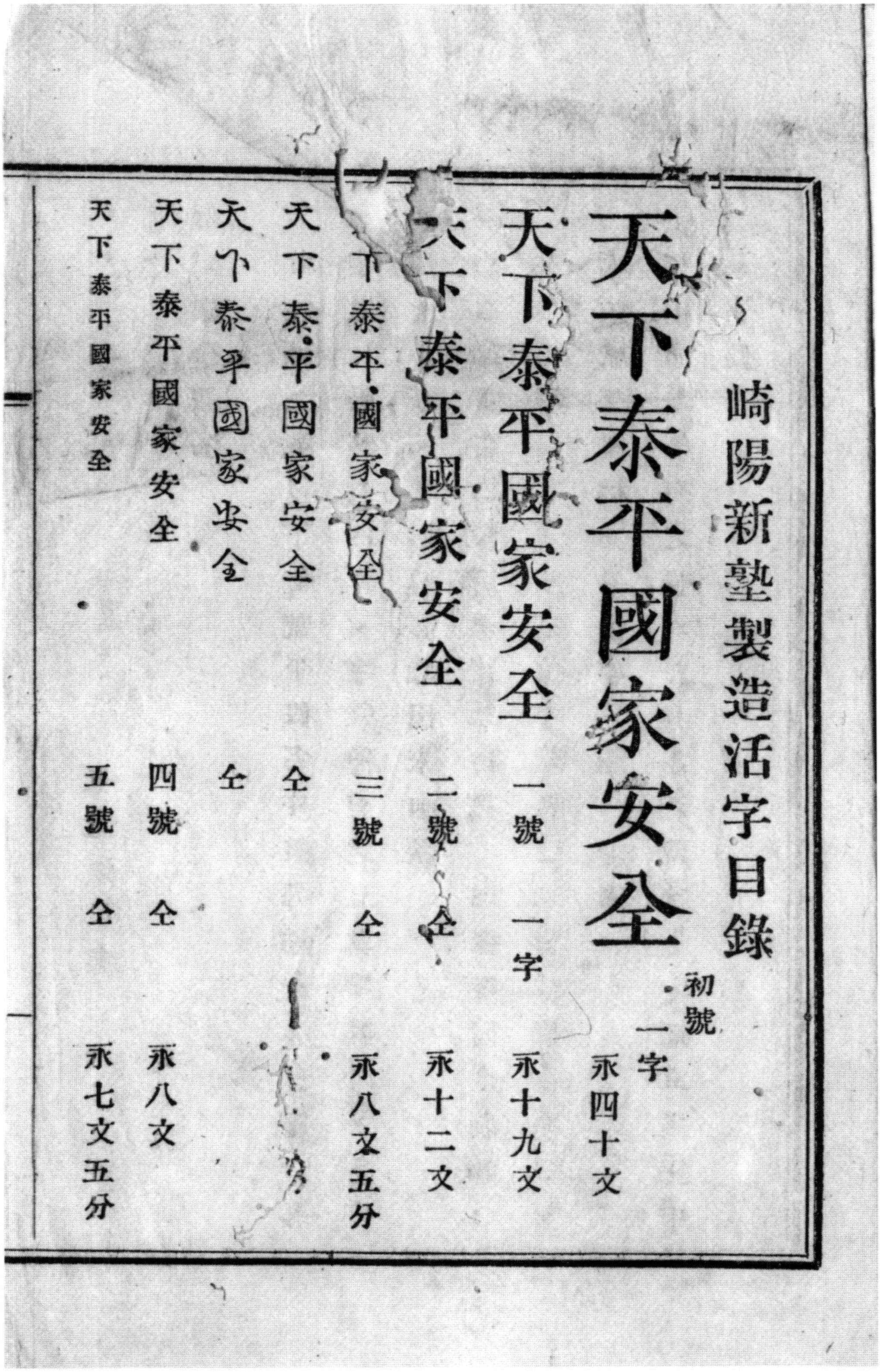

『新聞雑誌』第六六号巻末綴込附録より「崎陽新塾製造活字目録」（真田幸文堂所蔵）

た第六六号の巻末綴じ込み広告として「崎陽新塾製造活字目録」を掲載して活字の販売促進を図った。

明治八（一八七五）年一月二日から『あけぼの』と改題し、同年六月二日から『東京曙新聞』と再改題し、京橋区銀座四丁目（当時）の朝陽社（岡本武雄）から刊行された。（『日新真事誌』発行所〔移転先〕〔三三四頁〕も参照）

◉貌刺屈（ブラック）の新聞発行所《『日新真事誌』発行》（創業地）跡

所在地

創業地：中央区入船三丁目（もと築地新栄町五丁目　東京開市場区域内）

移転地：中央区銀座四丁目 交差点角 服部時計店和光の所

〔三三六頁参照〕

標示物　なし。近くに「ガス街灯柱」（中央区明石町二丁目一）、「築地居留地跡」の碑（中央区明石町五丁目二六）

明治五（一八七二）年三月一七日、ブラック（John Reddie Black　漢字表記：貌刺屈　一八二七—八〇）が『日新真事誌』

ブラック

をこの地で創刊した。
「築地新栄町五丁目（当時）」は外国人居留地内ではないが、東京開市場《かいしじょう》内ではある。この地区は「相対借り地域」に指定されていて、外国人と日本人の希望者が居住を許されて、外国貿易関係の企業活動をさせる区域であった。

ブラックはスコットランドに生まれ、海軍士官を経てオーストラリアで商業に従事。帰国途上の文久元（一八六一）年に来日し、そのまま日本に滞留した。横浜でイギリス人ハンサード（Albert William Hansard　一八二一—一八六九）の週刊紙『ジャパン・ヘラルド』の主筆を務め、独立後は日刊紙『ジャパン・ガゼット』を創刊してのちに手放し、写真貼り付け隔週刊（のちに月刊）英文紙誌『ファー・イースト』を創刊した。東京に移って日本語新聞『日新真事誌』を創刊。当初の印刷は、漢字は木活字、片仮名は上海美華書館の鋳造活字を使用した。のちに銀座に移転したが、政府の政策を批判したため明治八（一八七五）年に政府の干渉により同紙は廃刊となった。明治一三（一八八〇）年六月一一日横浜で死去。五三歳。遺著として『ヤング・ジャパン』がある。

わが国開国期のジャーナリズムの先駆的業績は英文月刊風刺漫画誌『ジャパン・パンチ』の

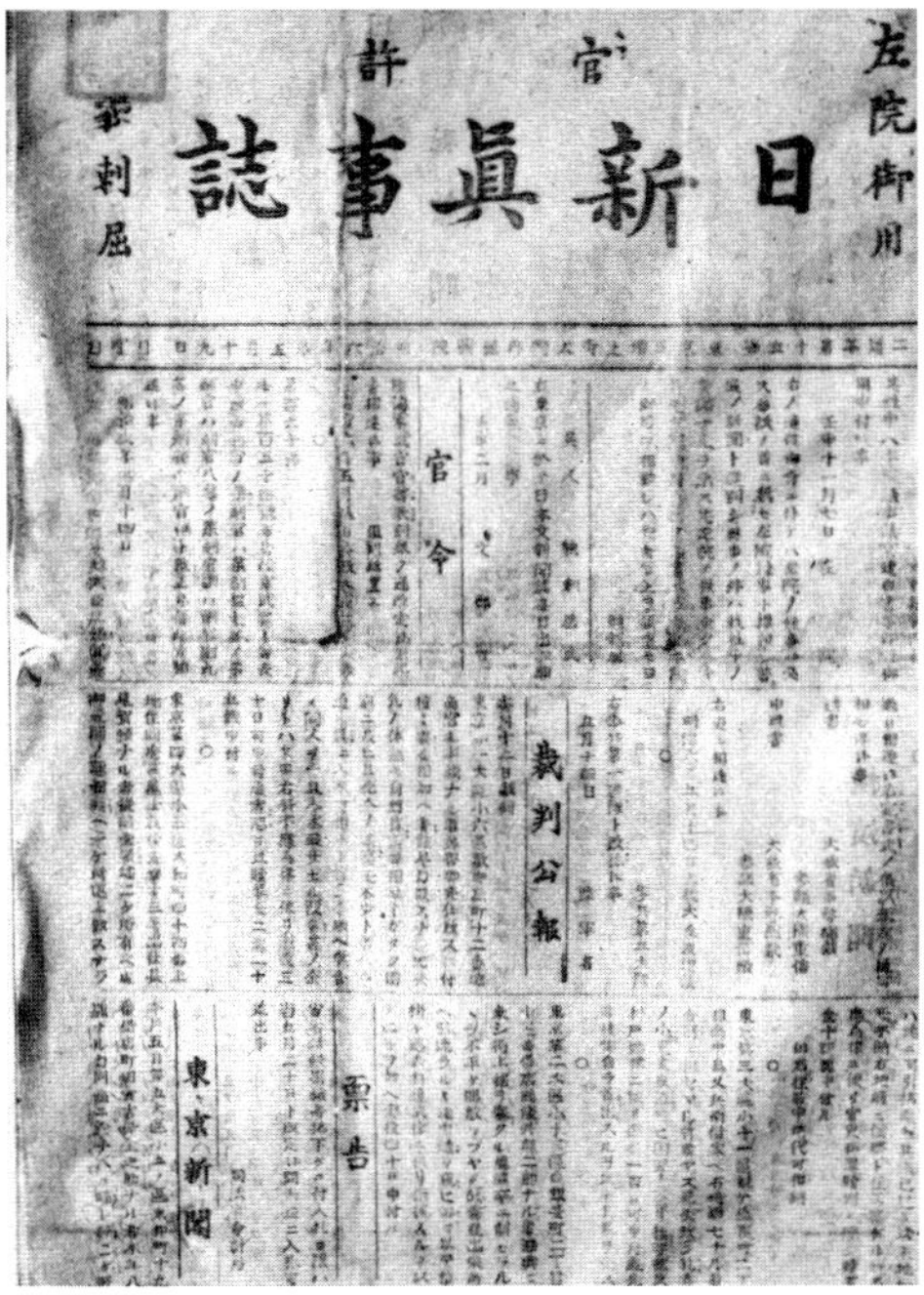

日新真事誌

ワーグマン（Charles Wirgman　一八三二—九一　イギリス出身の画家、ジャーナリスト、元陸軍大尉、高橋由一らに油絵を指導、横浜で死去）と、このブラックに負うところが大きいとされる。

なお、ブラックの長男であるヘンリー（Henry James Black、石井貎刺屈　一八五八—一九二三　オーストラリア生まれ）は落語家の初代快楽亭ブラックとして知られ、日本で最初にレコードに録音をした人物のひとりでもあるとされる。

◉『日新真事誌』発行所（移転先）跡
（貎刺屈の新聞発行所《『日新真事誌』発行》〔創業地〕からの移転）

〔三三二頁参照〕

所在地　中央区銀座四丁目 交差点角 服部時計店和光の位置

標示物　銀座和光〔中央区銀座四丁目五—一一〕

明治八（一八七五）年の新聞紙条例により社主・編集人は日本人に限るとされたため、ブラックは退任せざるを得なく

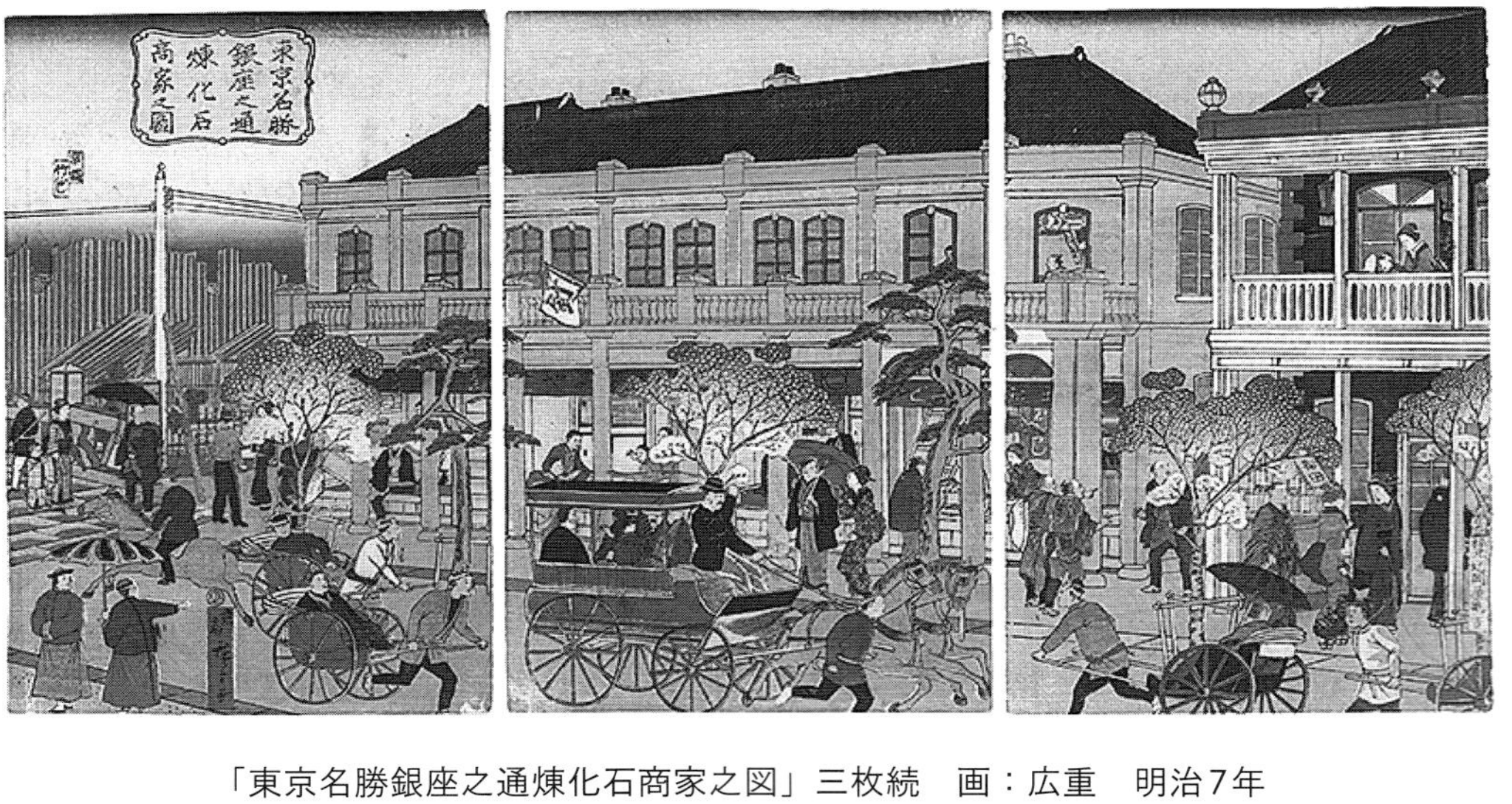

「東京名勝銀座之通煉化石商家之図」三枚続　画：広重　明治7年

なった。新社主により『日新真事誌』の発行所は、銀座煉瓦街として銀座四丁目に社屋を建てて移転したが、明治八（一八七五）年一二月廃刊に追いこまれた。その後、この銀座の社屋には「朝野新聞社」が入った。

銀座煉瓦街が完成したことにより、有力新聞社があいついで銀座に進出した。「日新堂」〔三三〇頁参照〕の『新聞雑誌』を改題した『東京曙新聞』を発行する「朝陽社」は銀座四丁目の『日新真事誌』発行所跡に入った。『東京日日新聞』の「日報社」〔三三六頁参照〕は銀座二丁目（後に銀座五丁目に移転）に、『読売新聞』の「日就社」〔三三八頁参照〕は銀座一丁目に移転してきた。すなわち銀座中央街周辺は、印刷・活字製造・新聞社などが軒を連ねるメディアのまちであった。

◉報知社《『郵便　報知新聞』発行》跡

所在地
創業地：千代田区日本橋横山町（もと横山町三丁目　書肆泉屋（太田）金右衛門）
移転地：千代田区東日本橋二丁目（もと両国米沢町三丁目）
移転地：千代田区東日本橋二丁目（もと日本橋区薬研堀町三三）
標示物　不明

駅逓頭であった前島密《まえじまひそか》（一八三五―一九一九　越後国〔新潟県出身〕）の発案で、明治五（一八七二）年六月一〇日『郵便　報知新聞』が創刊された。明治六（一八七三）年四月から本郷妻恋町（当時）の大坪活版所（文部省御用活版所〔小幡活版所〕〔三一二頁〕も参照）で小幡正蔵（本木昌造の弟子）が四号活字を用いて活版印刷した。その後日本橋区薬研堀町三三（当時）に移転した。

◉日報社《『東京日日新聞』発行》跡

所在地

創業地：台東区浅草橋一丁目（もと浅草茅町一丁目　條野傳平の自宅）

移転地：台東区浅草橋一丁目（もと浅草御門外瓦町一六番地）……第三〇〇号〈M6.2.25〉以降

移転地：中央区銀座二丁目（もと銀座町二丁目三番地）……第六八五号〈M7.5.12〉以降

移転地：中央区銀座五丁目　三愛（もと京橋区尾張町一丁目一番地）

『日新真事誌』発行所（移転先）〔三三六頁〕も参照

標示物　不明

明治五（一八七二）年二月二一日、劇作者の條野傳平《じょうのでんぺい》（⇩条野採菊《じょうのさいぎく》　一八三二―一九〇二　日本橋出身）、本屋の番頭であった西田傳助、浮世絵師の落合幾次郎《おちあいいくじろう》（⇩芳幾《よしいく》　一八三三―一九〇四　歌川国芳門下で月岡芳年の兄弟子）が、『東京日日新聞』を発刊した。

翌年九月に岸田吟香《きしだぎんこう》（一八三三―一九〇五　播磨国〔岡山県〕出身　新聞記者、実業家、洋画家の岸田劉生の父）が主筆として加わり、明治七（一八七四）年秋には福地源一郎《ふくちげんいちろう》（⇩桜痴《おうち》　一八四一―一九〇六　長崎出身　ジャーナリスト、劇作家）が主筆として入社し、岸田は編集長となった。同年一一月に福地は日報社の社長となる。

明治七（一八七四）年五月に銀座二丁目三番地（当時）に移転し、その後京橋区尾張町一丁目一番地（当時）に移転した。

なお條野傳平とその三男である鏑木清方《かぶらききよかた》（一八七八―一九七二　日本画家）、岸田吟香、福地源一郎の墓は、平野富二とおなじく谷中霊園にある。

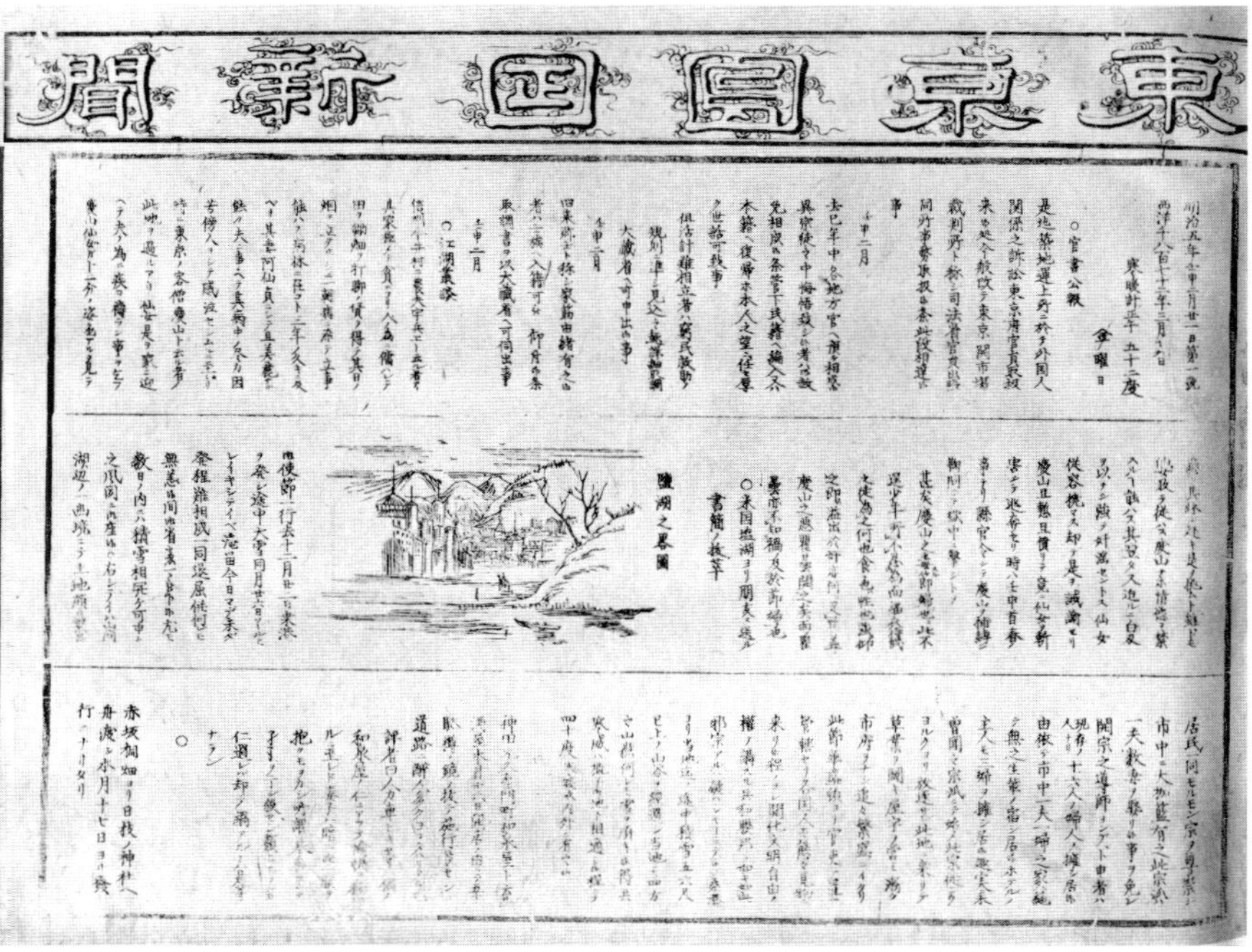
東京日日新聞

『東京日日新聞』創刊号

◉日就社《『読売新聞』発行》（創業地）跡〔地図：三〇二頁参照〕

所在地
創業地：港区虎ノ門一丁目八〔もと芝琴平町　播州（播磨国）山崎藩〔兵庫県〕本田肥後守屋敷跡〕
移転地：中央区銀座一丁目七〔もと京橋区銀座一丁目〕『日新真事誌』発行所（移転先）〔三三六頁〕も参照
標示物「新聞創刊の地」碑〔千代田区霞が関三丁目八〕（日就社跡地とは異なる）

明治七（一八七四）年一一月二日、子安峻《こやすたかし》（一八三六―一八九八）らが『読売（讀賣）新聞』を創刊した。『読売新聞』は、江戸時代の情報伝達形式であった「読売瓦版」から名を取って題号とし、漢字にふりがなを施した平易な大衆新聞として出発した。

子安は美濃国大垣藩〔岐阜県〕出身の洋学者で『読売新聞』の初代社長を務めた人物である。佐久間象山《さくましょうざん》（一八一一―一八六四　信州〔長野県〕松代藩出身）や大村益次郎《おおむらますじろう》（一八二四―一八六九　長州〔山口県〕出身）に学んで蘭・英学を修め、洋書調所〔二六七頁参照〕の教授手伝いとして幕府に仕えたのち、横浜運上所の翻訳通訳係となる。維新後も神奈川裁判所の翻訳官を務めたのち、外務省翻訳官となり新政府に出仕する一方で、「日就社」の設立に携わる。外務省退官後は実業界で活躍し、日本銀行初代監事も務めた。

この『読売新聞』を創刊した「日就社」とは、もともと明治三（一八七〇）年春に、本木昌造（一八二四―七五）の実弟である柴田昌吉《しばたまさよし》（一八四二―一九〇一　肥前長崎出身）が、子安、本野《もとの》盛亨《もりみち》（一八三六―一九〇九）らの協力により横浜弁天通に設立した活版印刷所である。

社名は子安が大垣藩校時代に学んだ詩経「日に就き月に将《すす》む、学んで光明に緝熙《しゅうき》なることあらん」にちなみ、学問や人知の日進月歩をもたらそうという願いを込めてつけられたとされる。同社はわが国の活版印刷所創成期の草分け的存在であった。

柴田と本野と子安は、神奈川裁判所の翻訳・通訳係の同僚である。本野は肥前国佐賀藩の出身で、緒方洪庵《おがたこうあん》（一八一〇―一八三六　備中国（岡山県）出身）の適塾で蘭学を、長崎の致遠館（佐賀藩が長崎に設立した英学を学ぶための藩校）でフルベッキ（Guido Herman Fridolin Verbeck／Verbeck　一八三〇―一八九八）らに英学を学んだ。

洋学に通じたこの三名の共同事業である日就社は、明治六（一八七三）年一月に『附音挿図　英和字彙』（通称『柴田辞書』）を刊行した。『附音挿図　英和字彙』では、その一部（序文）に、平野富二が持参した活字を使用している。

その資材をもとに同社は明治六（一八七三）年四月、新聞事業を興すために横浜から東京に移転し、明治七（一八七四）年『讀賣新聞』を創刊した。当時の社屋は、もと播州山崎藩本多肥後守の江戸屋敷を借り受けたもので、内部のしきりを二・三区画ほど打ち抜いて、社屋と工場に改造したものであったとされる。その後、同社は明治一〇（一八七七）年に京橋区銀座一丁目に移転した。明治二二（一八八九）年に子安が社長を辞任したのちは、本野が二代目社長に

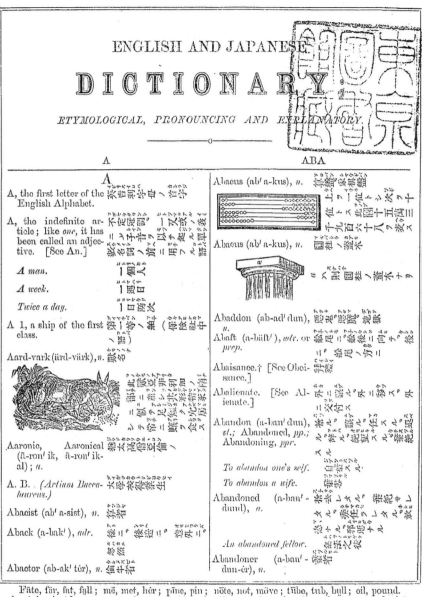

ENGLISH AND JAPANESE

DICTIONARY

ETYMOLOGICAL, PRONOUNCING AND EXPLANATORY.

A

A, the first letter of the English Alphabet. 英吉利《イギリス》字母《イロハ》ノ首字《カシラジ》

A, the indefinite article; like *one*, it has been called an adjective. [See An.] 不定冠詞《フテイクワンシ》。一又或ノ義ニシテ子音ヘ以テ起ル畧數名詞ノ前ニ用フル語

A man. 一個人《ヒトリノヒト》

A week. 一週日《ヒトマハリ》

Twice a day. 一日両次《ヒニフタヽビ》

A 1, a ship of the first class. 第一等ノ船（保険社中ノ語）

Aard-vark (ärd-värk), *n.* 獣名《ケモノヽナ》

此獣亞非利加ノ南部ニ産シ蟻ヲ食フ

Aaronic, Aaronical (ā-ron′ ik, ā-ron′ ik-al); *a.* 猶太高僧亞倫ノ

A. B. (*Artium Baccalaureus.*) 大學校得業生

Abacist (ab′ a-sist), *n.* 算者《サンジヤ》

Aback (a-bak′), *adv.* 後ニ。後退ニ。意外ニ。忽然

Abactor (ab-ak′ tėr), *n.* 偸牛者

Abacus (ab′ a-kus), *n.* 算盤《ソロバン》。象棋盤

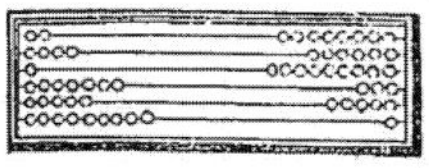

上ヨリ一位トシ次ヲ十位トス此圖十五萬三千九百六十八ヲ表ス

Abacus (ab′ a-kus), *n.* 圓柱ノ蓋木

a ハ則圓柱ノ蓋木ナリ

Abaddon (ab-ad′ dun), *n.* 悪鬼。悪魔。地獄

Abaft (a-bäft′), *adv.* or *prep.* 船尾ニ。船後ニ向テ。後ニ。船尾ノ方ニ

Abaisance.† [See Obeisance.] 拝禮

Abalienate. [See Alienate.] 外ニ譲ル。外ニ移ス。外ニ交付ス

Abandon (a-ban′ dun), *vt.*; Abandoned, *pp.*; Abandoning, *ppr.* 捨ル。譲ル。任スル。棄ル。断念スル。絶望スル

To abandon one's self. 自暴自棄スル

To abandon a wife. 離婚スル

Abandoned (a-ban′ dund), *a.* 捨去レタル。棄絶サレタル。放シタル。委任ラレタル。邪悪ナル

An abandoned fellow. 無法之徒

Abandoner (a-ban′ dun-ėr), *n.* 棄者

ABBREVIATIONS USED IN THIS DICTIONARY.

編中所用之畧語

a.	stands for adjective	形容辭	*pers.*	person	人稱
abbrev.	abbreviated	畧	*pl.*	plural	複數
adv.	adverb	副辭	*pp.*	participle past	過去分辭
compar.	comparative	比較級	*ppr.*	participle present	現在分辭
conj.	conjunction	接續辭	*prep.*	preposition	前辭
contr.	contracted	約	*pret.*	preterit	過去
exclam.	exclamation	感歎	*pron.*	pronoun	代名辭
f.	feminine	女性	*sing.*	singular	單數
fut.	future	未來	*superl.*	superlative	最大級
interj.	interjection	投間辭	*v.*	verb	動辭
m.	masculine	男性	*vi.*	verb intransitive	自動辭
n.	noun	名辭	*vt.*	verb transitive	他動辭
neut.	neuter	中性	†	obsolete or not used	廢語

『附音挿図　英和字彙』国立国会図書館所蔵　請求記号：33-14（洋）

官許
讀《よみ》賣《うり》新《しん》聞《ぶん》 第二十一號
隔日出版《いちにちおきにしゆつぱん》
明治七年十二月十二日 土曜日

新聞《しんぶん》

此頃《このごろ》下六番町にて或《あ》る家《うち》へ友朋《ともだち》が集《あつま》り酒《さけ》を飲酔《のみゑひ》たる上《うへ》にて兩人角力《りやうにんすまふ》をとり一人《ひとり》は負《まけ》たればうらみの餘《あま》り刀《かたな》をもつて眞劍《しんけん》の勝負《しやうぶ》をせんと狂戲《じやうだん》ながらも刀《かたな》をとつて打《うち》にかゝると鞘《さや》ばしつてつひ一人《ひとり》へ疵《きず》をつけたといふ事《こと》がしれて此《この》ほど疵《きず》をつけし人《ひと》は禁獄《きんごく》二十日のおしおきに成《なり》ましたが此人《このひと》たちはいづれも士族《しぞく》の身《み》で居《ゐ》ながらいかに酒《さけ》の上《うへ》だとて狂戲《じやうだん》にも程《ほど》のある事《こと》で有《あ》ります

禁獄《きんごく》といふおしおきは舊《もと》の揚屋《あがりや》へやられた事《こと》で有《あ》りますが兎角《とかく》人《にん》聞《げん》はつゝしみが大事《だいじ》で有《あ》りませ

○神戸《かうべ》より大坂《おほさか》へ通《かよ》ふ陸蒸氣《おかじやうき》が今月《こんげつ》一日の夕《くれ》六時《じ》三十分に例《いつも》の如《ごと》く神崎橋《かんざきばし》の近所《きんじよ》へ走《はし》つて行《ゆ》くと急《きふ》に上等《じやうとう》の車《くるま》が二ッ中等《ちうとう》の車《くるま》が一ッさは

○今月《こんげつ》九日には東京《とうけい》や横《よこ》はまは稀《まれ》なる
出來《でき》ましたが惜《おし》いかな長崎《ながさき》は曇《くも》りがち
いと云電信《いふでんしん》が有《あり》ましたと十日の横濱《よこはま》の

○亞米利加《あめりか》の國《くに》で近頃紙《ちかごろかみ》の船《ふね》を拵《こしらへ》る事《こと》
高《たか》いが注文《ちうもん》の人《ひと》が多《おほ》く又至極便利《またしごくべんり》なも

○安藝《あき》の國《くに》は嚴嶋《みやじま》は以前《いぜん》より猿《さる》が澤山《たくさん》
種の病《やまひ》が流行《はや》り雄猿《をとこざる》はみんな死《し》んで唯《たゞ》

○靈岸島邊《れいがんじまへん》の星野久兵衛《ほしのきうべゑ》といふ人《ひと》の息《むそ》
何箇月《なんが》にて生《うま》れつき直《すなほ》のうへに孝行《かうかう》で
といふ家《うち》の丁稚《でつち》となりいまだ年《とし》もゆか
て爲《ため》に成《な》るやうにと日夜心配《にちやしんぱい》をしその
も及《およ》ばぬゆゑ主人《しゆじん》も憐《あはれ》みをかけ又朋輩《またほうばい》
めし忠義《ちうぎ》の番頭《ばんとう》となつて主人《しゆじん》の店《みせ》も繁《はん》

大づらがまだやまぬ　同

て世《せ》間《けん》の穴《あな》を埋《う》め　同

紙《がみ》あさかふ配《くば》り出《だ》し　湖面堂

が潰《つぶ》れて立《りう》社《しや》もめ　同

了《りやう》簡《けん》支《し》那《な》と金《かね》で濟《すみ》　同

れみんなし人《にん》のり　同

道普《ぶ》請《しん》だとたわけいひ　同

脉根《ね》をほつさ仕《し》方《かた》なり　魚がし勝雄

り日《に》本《ほん》の富《とみ》が見《み》江　同

ない油《あぶら》やはこぼして居《ゐ》　同

柱《はしら》にも骨《ほね》はなし　同

やで賣《う》ると下《げ》女《ぢよ》おもひ　同

すほどの名《な》はもさぞ　同

二則《そく》でなでつぶし　同

舊暦《きうのこよみ》　十一月三日　きのとのうの日

讀賣新聞定價《よみうりしんぶんねだん》　但《たゞ》し前金《まへばらひ》

一枚《いちまい》賣《うり》八釐　一《いつ》箇月分十錢　三《さん》箇月分二十五錢

一度《いちど》に多《おほ》く御求《おもとめ》の方《かた》、または遠國《ゑんごく》より多分《たぶん》、御注文《ごちうもん》なれば、枚數《まいかず》によりて割引《わりびき》御相談《ごさうだん》の上《うへ》、郵便《いうびん》にて御屆申《おとゞけまを》します但《たゞ》し東京《とうけい》の外《ほか》は郵便賃《いうびんちん》を別《べつ》に御拂《おはら》ひ下《くだ》さいまし

弊社《わたくしかたしんぶんし》の新聞紙を月極《つきぎめ》に成《な》されさき方《かた》は本局《ほんきよく》または出張所《しゆつちやうしよ》へ直《ぢき》に御申《おまをし》込下《こみくだ》されさく代價《だい》は御注文《ごちうもん》のとき御遣《おつかは》しなければ活版《くわつぱん》にすりたてたる紙《かみ》へ當社《とうしや》の印形《いんぎやう》を押《お》しさ請取書《うけとりがき》をもつて參《まゐ》るものへ御渡《おわた》しを願《ねが》ひたく少《すこ》し間違《まちがひ》のこともありましたゆゑ御斷申上置《おことはりまをしあげおき》ます

東京虎之門外琴平町一番地
活版印行所
日就社
本局
編輯　鈴木田正雄
印行　伊藤重信
讀賣新聞賣捌所　麹町十丁目十三番地　當社出張所
同　横濱野毛町子の神わき　小澤勝藏

就任した。

現在「新聞創刊の地」碑が立っている場所は、千代田区の一画であり、日就社が当時使用していた本多肥後守江戸屋敷跡（虎ノ門琴平町、現港区虎ノ門一丁目）とは場所がすこし異なっている。

創刊のころ漢字教育を与えられていなかった市民からは、町名番地にちなんで「千里を走る虎の門　ことにひらがなは一番なり」と歓迎され、売り子の「これは、このたび虎ノ門で売り出しましたる読売新聞……」の呼び売りは、町の風物誌であったとされる。明治一一（一八七八）年に呼び売りが廃止されたのちも「読売」の題字は不変となった。ちなみに日就社が商号を「読売新聞社」に改称したのは大正六（一九一七）年のことである。

なお、日就社が横浜で創立された明治三（一八七一）年一二月に、子安はわが国最初の日刊邦字新聞である『横浜毎日新聞』の発行にも携わっている。これは神奈川県令の井関盛良《いせきもりとめ》（一八三三—九〇　伊予〔愛媛県〕宇和島出身）の発案によって、子安が編集、本木の弟子である陽其二《みなみきじ》《ようそのじ》（一八三八—一九〇六　長崎出身）が横浜活版社を興して印刷にあたり、創刊されたものである。

その後、横浜毎日新聞は明治一二（一八七九）年に沼間守一《ぬまもりかず》《しゅいち》（一八四四—九〇　江戸牛込出身）に買収され、本社を東京に移し『東京横浜毎日新聞』という名前に改称され、さらに『毎日新聞』、『東京毎日新聞』と紙名を変えたが、時局の切迫した昭和一六（一九四一）年に廃刊になった。現在の『毎日新聞』は『東京日日新聞』〔三三六頁参照〕の系譜に属し、『横浜毎日新聞』とは無関係である。

「谷中霊園」近辺、平野富二の墓所および関連の碑

平野富二顕彰碑
藤野景響碑
丹下君之碑
渡部欽一郎君之碑
福地源一郎墓所〔＊1〕
伊集院兼常墓所
宮城玄魚墓所
中村正直墓所〔＊2〕
巻菱湖墓所
戸塚文海墓所〔＊3〕
梅浦精一墓所

大野松斎墓所
川上冬崖墓所〔＊4〕
鏑木清方墓所〔＊1〕
井関盛艮墓所〔＊5〕
内田嘉一墓所
平野富二墓所〔＊3〕
平野義太郎墓
西園寺公成墓所
岸田吟香墓所〔＊1〕
茂木春太碑
渋沢栄一墓所

野村宗十郎墓所〔＊6〕
重野安繹〔＊7〕墓所
田口卯吉墓所
陽其二墓所〔＊5〕
條野伝平墓所〔＊1〕
高橋お伝碑
楠本正隆墓所
仮名垣魯文墓所
山猫めを兎塚
小室樵山墓所〔＊8〕

以下参照

＊1 日報社《『東京日日新聞』発行》〔三三六頁〕
＊2 蕃書調所（洋学所）〔二六三頁〕
＊3 靖国神社 大鳥居横 社号標〔二四二頁〕
＊4 工学寮〔二五〇頁〕、洋書調所〔二六七頁〕
＊5 日就社《『読売新聞』発行》（創業地）〔三三八頁〕
＊6 東京築地活版製造所 月島分工場〔三二二頁〕
＊7 蕃書調所（洋学所）〔二六三頁〕の古賀謹一郎の昌平黌〔二四八頁〕時代の門下生
＊8 活版製造所弘道軒（移転先）〔三二七頁〕

平野富二之墓
平野家

平野富二墓所

石柱の入口を入ると、敷石参道の右手に「手水鉢」が置かれている。さらに進むと参道の左右に一対の「石灯籠」がある。参道を左に折れると「平野富二之墓」の正面に出る。ここには、平野富二・こま夫妻が葬られている。墓石の左手で、すこし離れたところに「平野富二碑」があり、墓石の右手手前に「贈従五位」の記念碑が建てられている、右手やや奥まった位置には孫平野義太郎・嘉智子夫妻の墓がある。右手正面には次女平野津留の墓があるが、この写真には一部分しか写っていない。

平野富二顕彰碑

中村正直墓所

福地源一郎墓所

戸塚文海顕彰碑（部分）吉田晩稼書

戸塚文海墓所

岸田吟香墓所

川上冬崖墓所

山猫めを兎塚、書：福地櫻痴

仮名垣魯文（野崎文蔵）墓

政府系活版製造・印刷部門の変遷

『平野富二伝　考察と補遺』（古谷昌二著）一五二頁より引用

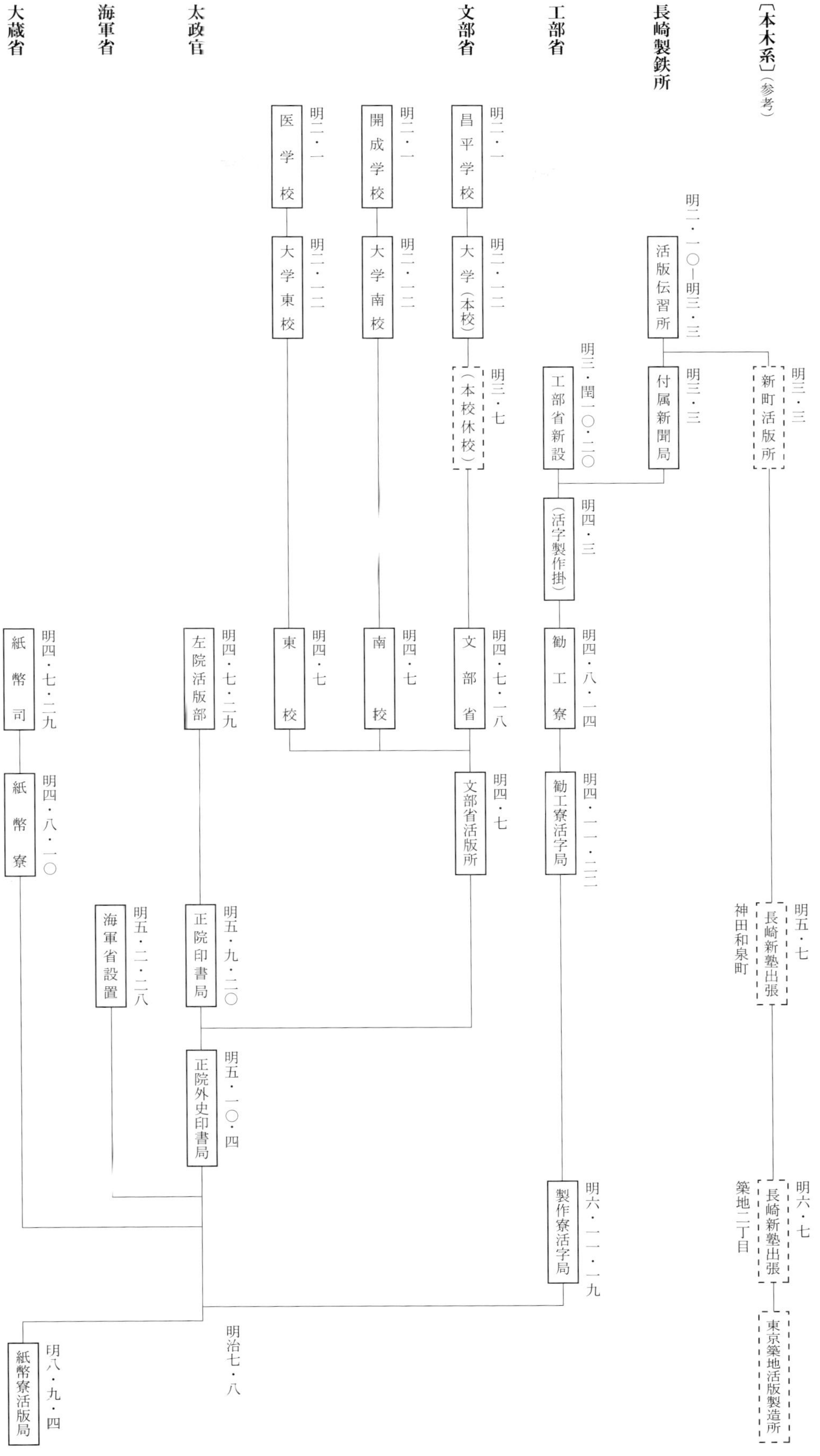

参考文献

・『ヴィネット00　櫻痴、メディア勃興の記録者』片塩二朗著　朗文堂　二〇〇一年
・『ヴィネット08　富二奔る――近代日本を創ったひと』片塩二朗著　朗文堂　二〇〇二年
・『懐旧九十年』石黒忠悳著　岩波書店　一九八三年
・『活字文明開化――本木昌造が築いた近代』印刷博物館　二〇〇三年
・『雁』森鷗外著　岩波文庫　二〇〇二年
・『タイポグラフィ学会誌09』タイポグラフィ学会　二〇一六年
・『日本の近代活字――本木昌造とその周辺』近代印刷活字文化保存会　二〇〇三年
・『平野富二伝　考察と補講』古谷昌二著　朗文堂　二〇一三年
・『本木昌造伝』島屋政一著　朗文堂　二〇〇一年
・「築地活版所十三号室」昭和一〇年　内田百閒著『夏目漱石研究資料集成　第七巻』平岡敏夫編　日本図書センター　一九九一年
・「平野富二」http://hirano-tomiji.jp/
・「Japan Knowledge」https://japanknowledge.com/personal/
・『日本の工学の父　山尾庸三』萩博物館　二〇一七年
・近代の美術　第四六号『フォンタネージと工部美術学校』青木茂編　至文堂　一九七八年
・『江戸幕府、最後の闘い―幕末の「文武」改革―』国立公文書館　二〇一八年

編著者

大石薫、片塩二朗、日吉洋人、平野正一、古谷昌二

地図製作
春田ゆかり

掃苔会解説
松尾篤史

この文章は『タイポグラフィ学会誌11』に発表された、「メディア・ルネサンス　平野富二生誕一七〇年祭『江戸・東京 活版さるく』」の報告を再編したものである。

平野富二の生誕一七〇年を記念して、二〇一七年一一月二四日（金）から二六日（日）に平野富二の墓所がある谷中霊園に近い日展会館 新館（東京都台東区上野桜木二―一四―三）において「メディア・ルネサンス 平野富二生誕一七〇年祭」が開催された。そのプレイベントとして、二〇一七年一一月一一日（土）に『江戸・東京 活版さるく』（愛称 ブラ富二）と称して、幕末から明治時代にかけての活版印刷および平野富二ゆかりの地を、貸切バスと徒歩で巡るツアーがおこなわれた。このイベントは「メディア・ルネサンス　平野富二生誕一七〇年祭」における展示および講演会をより深く理解するための先行学習の場となることを目的として開催され、その進行にあたってはタイポグラフィ学会会員も尽力した。

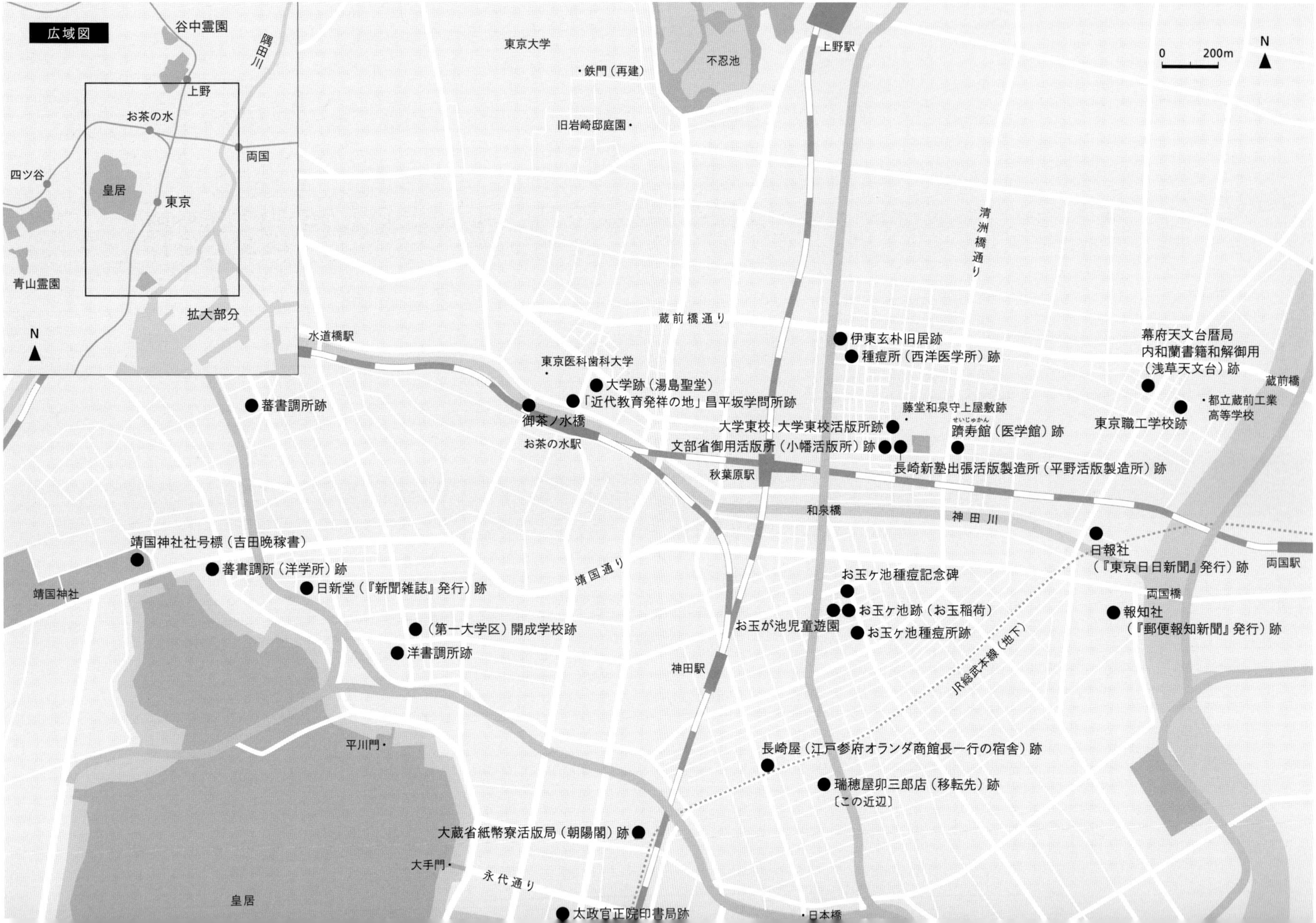
広域図
谷中霊園
隅田川
上野
お茶の水
両国
四ツ谷
皇居
東京
青山霊園
拡大部分
N
東京大学
・鉄門（再建）
不忍池
上野駅
0 200m
N
旧岩崎邸庭園・
清洲橋通り
蔵前橋通り
水道橋駅
伊東玄朴旧居跡
種痘所（西洋医学所）跡
幕府天文台暦局
内和蘭書籍和解御用
（浅草天文台）跡
蔵前橋
・都立蔵前工業
高等学校
東京職工学校跡
東京医科歯科大学
大学跡（湯島聖堂）
「近代教育発祥の地」昌平坂学問所跡
蕃書調所跡
御茶ノ水橋
お茶の水駅
藤堂和泉守上屋敷跡
大学東校、大学東校活版所跡
済寿館《せいじゅかん》（医学館）跡
文部省御用活版所（小幡活版所）跡
長崎新塾出張活版製造所（平野活版製造所）跡
秋葉原駅
和泉橋
神田川
日報社
（『東京日日新聞』発行）跡
両国駅
両国橋
報知社
（『郵便報知新聞』発行）跡
靖国神社社号標（吉田晩稼書）
蕃書調所（洋学所）跡
日新堂（『新聞雑誌』発行）跡
靖国神社
靖国通り
お玉ヶ池種痘記念碑
お玉ヶ池跡（お玉稲荷）
お玉が池児童遊園
お玉ヶ池種痘所跡
（第一大学区）開成学校跡
洋書調所跡
神田駅
JR総武本線（地下）
平川門・
長崎屋（江戸参府オランダ商館長一行の宿舎）跡
瑞穂屋卯三郎店（移転先）跡
〔この近辺〕
大蔵省紙幣寮活版局（朝陽閣）跡
大手門・
永代通り
皇居
太政官正院印書局跡
・日本橋

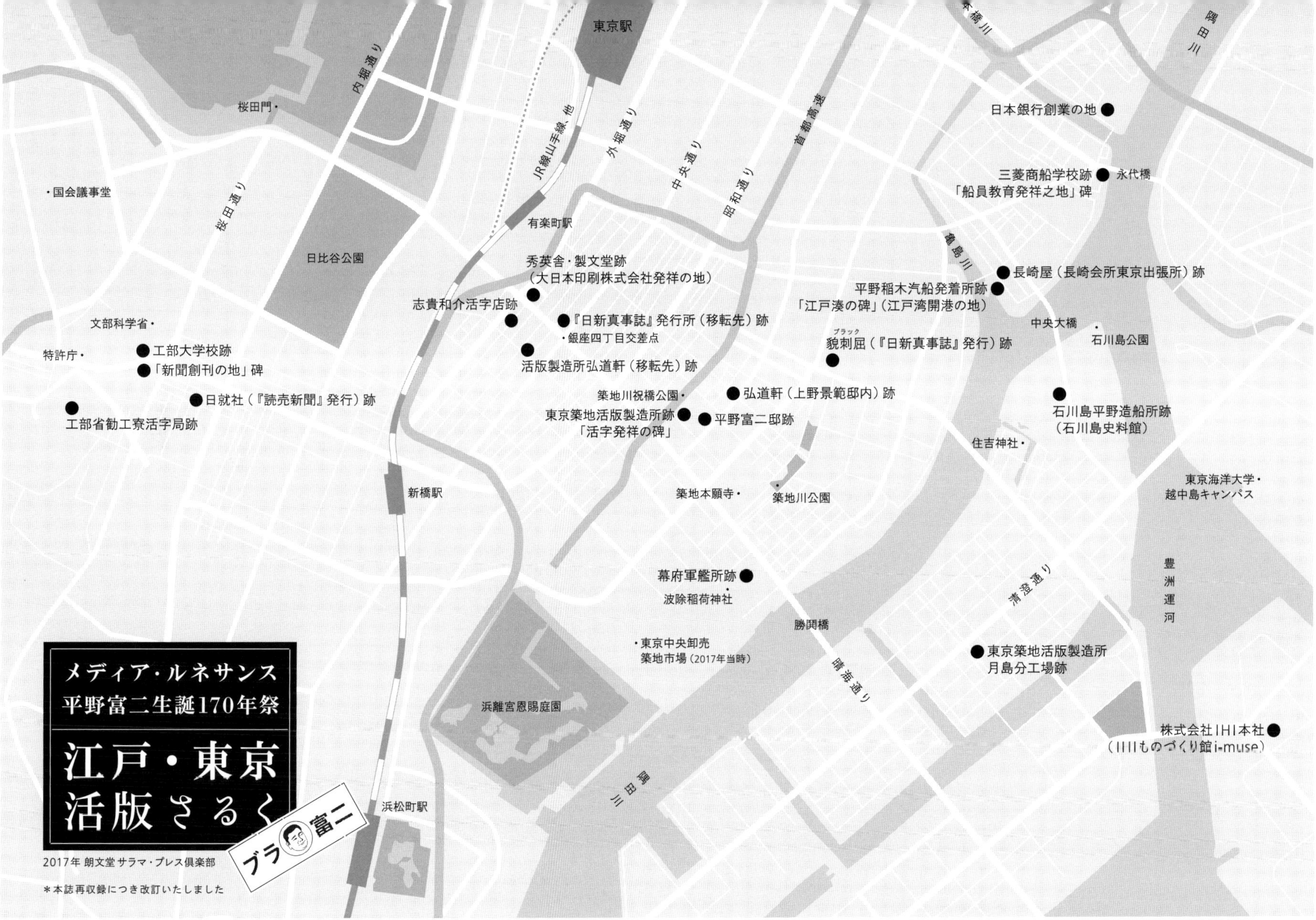
メディア・ルネサンス
平野富二生誕170年祭
江戸・東京
活版さるく
ブラ富二
2017年 朗文堂サラマ・プレス倶楽部
＊本誌再収録につき改訂いたしました
東京駅
内堀通り
桜田門・
JR線山手線、他
外堀通り
中央通り
昭和通り
首都高速
・国会議事堂
桜田通り
日比谷公園
有楽町駅
秀英舎・製文堂跡
（大日本印刷株式会社発祥の地）
志貴和介活字店跡
『日新真事誌』発行所（移転先）跡
・銀座四丁目交差点
活版製造所弘道軒（移転先）跡
文部科学省・
特許庁・
工部大学校跡
「新聞創刊の地」碑
日就社（『読売新聞』発行）跡
工部省勧工寮活字局跡
築地川祝橋公園・
東京築地活版製造所跡
「活字発祥の碑」
平野富二邸跡
弘道軒（上野景範邸内）跡
貌刺屈《ブラック》（『日新真事誌』発行）跡
新橋駅
築地本願寺・
築地川公園
幕府軍艦所跡
波除稲荷神社
勝鬨橋
・東京中央卸売
築地市場（2017年当時）
晴海通り
浜離宮恩賜庭園
三田通
浜松町駅
日本橋川
隅田川
日本銀行創業の地
三菱商船学校跡
「船員教育発祥之地」碑
永代橋
亀島川
長崎屋（長崎会所東京出張所）跡
平野稲木汽船発着所跡
「江戸湊の碑」（江戸湾開港の地）
中央大橋
石川島公園
石川島平野造船所跡
（石川島史料館）
住吉神社・
東京海洋大学・
越中島キャンパス
豊洲運河
清澄通り
東京築地活版製造所
月島分工場跡
株式会社IHI本社
（IHIものづくり館i-muse）

「平野富二生誕の地」建碑関連事項詳細

「平野富二生誕の地」建碑関連事項詳細

◉「平野富二生誕の地」碑　建立の経緯

二〇一六（平成二八）年五月六日―五月九日、朗文堂アダナ・プレス倶楽部（現 サラマ・プレス倶楽部）主催「Viva la 活版　ばってん長崎」が、長崎県印刷会館にて開催された。そのイベントで、本木昌造・平野富二ゆかりの地を巡る「崎陽探訪・活版さるく」が実施され、平野富二生誕の地が紹介された。このとき、長崎県勤労福祉会館（長崎市桜町九番六号）の場所が「引地町町使長屋」跡であることを確認し、碑を建立する位置を暫定的に取り決めた。

同年一二月、『明治産業近代化のパイオニア「平野富二生誕の地」碑　建立　趣意書』を発行し、碑建立に賛同する「平野富二生誕の地」碑　建立　有志の会（以下、有志の会）会員を募った。

二〇一七（平成二九）年一月一九日、「明治産業近代化のパイオニア　平野富二」の特設ウェブサイトおよび、有志の会のEメールを開設した。七月二四日、有志の会会員で長崎市役所を訪問し、碑の建立について長崎市へ説明をおこない、許可を要請した。八月二三日、有志の会の会合において、碑の手配、予算について検討をおこなった。

二〇一八（平成三〇）年二月一〇日、長崎市に石碑寄贈申請書を提出した。五月二日、「石碑建立募金ご支援のお願い」と「募金要領」を有志の会会員および関係先に送付した。またウェブサイト上でも広く告知をおこなった。

同年一一月二三日（金・祝）―二五日（日）『明治産業近代化のパイオニア「平野富二生誕の地」碑　建立記念祭』を開催した。その会期中の一一月二四日には、除幕式と長崎市への寄贈式を挙行。碑の前におよそ一〇〇名が参列した。除幕式のあと、会場を長崎県勤労福祉会館四階に移して祝賀会を開催した。

◉「平野富二生誕の地」碑建立のための募金要領

募集対象：個人会員、団体会員、企業会員
募集期間：二〇一八年五月—二〇一八年一一月末日
目標金額：二五〇万円
ご芳名の掲載：

碑面に多くのご芳名を刻むスペースがないため、『平野号　平野富二生誕の地碑建立の記録』（本誌）を作成し、ご芳名を掲載することとした。

◉碑詳細

建立日：二〇一八年一一月二四日

サイズ：
○幅　三〇〇ミリメートル
○奥行　三〇〇ミリメートル
○高さ　一四五〇ミリメートル

碑　文：
○正面【一行】
平野富二生誕の地
○左側面【四行】
平野富二は、弘化三年（一八四六）この地にあった町司長屋で生まれた。長崎製鉄所に入所し、小菅修船場の運営、立神ドックの掘削推進、県営長崎製鉄所最後の経営責任者となった。その後、本木昌造の活版製造事業を引受けて成功させ、民間洋式造船所としてわが国最初の石川島平野造船所を東京に創設した。
○右側面【一行】
平野富二生誕の地碑建立有志の会　二〇一八年建立

刻字書体：
○正　面　株式会社モリサワ　楷書MCBK1
○左側面　株式会社イワタ　イワタ特太楷書体
○右側面　株式会社モトヤ　モトヤ新楷書
石刻業者：株式会社小森石材彫刻
設置場所：長崎県長崎市桜町九番六号　地先の歩道脇
寄贈者：「平野富二生誕の地」碑　建立　有志の会

◉長崎さるくボード

表記言語：日本語、英語、韓国語、中国語
日本語説明文（原文のままで紹介）
平野富二生誕の地
平野富二（1846〜1892）は、長崎地役人矢次豊三郎の次男としてこの地に生まれました。長崎製鉄所（現、三菱長崎造船所）の機関方となり、維新後は小菅修船場の初代場長と立神ドック建設担当を勤め、県営長崎製鉄所最後の経営責任者となりました。その後、本木昌造から活版製造事業を全面委託されて東京に進出し、東京築地活版製造所を設立。次いで、わが国最初の民間洋式造船所である石川島平野造船所（現、㈱ＩＨＩ）を設立しました。
管理者：長崎市

◉明治産業近代化のパイオニア
「平野富二生誕の地」碑　建立　記念祭
開催概要

名　称：
明治産業近代化のパイオニア
「平野富二生誕の地」碑　建立　記念祭
会　期：
二〇一八年一一月二三日（金・祝）―二五日（日）

展示時間：
二三日（金・祝）一五時―一九時
二四日（土）一〇時―一九時
二五日（日）一〇時―一七時

記念式典：
「平野富二生誕の地」碑除幕式／祝賀会
一一月二四日（土）一一時　開催

会　場：
長崎県勤労福祉会館「平野富二生誕の地」
長崎県長崎市桜町九番六号

主　催：「平野富二生誕の地」碑　建立　有志の会

イベント・スケジュール：
一一月二三日（金・祝）
○講演「活版さるく解説」
一五時―　「江戸・東京活版さるく　解説」
　日吉洋人（当会事務局長）
一七時―　「崎陽探訪・活版さるく　解説」
　宮田和夫（日本二十六聖人記念館）

一一月二四日（土）
○**記念式典**
一一時―　**除幕式**（平野富二生誕の地碑前）
有志の会　古谷昌二代表よりご挨拶
除幕式
長崎市長　田上富久様　ご祝辞
贈呈式　古谷代表より長崎市長へ碑の贈呈
長崎歴史文化協会理事長　越中哲也様　ご祝辞
平野家　平野富二曾孫　平野義和様　ご祝辞
手締め
記念撮影
祝賀会（長崎県勤労福祉会館　四階）
長崎県印刷工業組合理事長　山口善生様　ご祝辞
株式会社ＩＨＩ九州支社長　吉原毅様　ご祝辞
長崎史談会元会長、長崎都市経営研究所所長
　宮川雅一様　ご祝辞と乾杯の音頭

〔お食事〕

タイポグラフィ学会会長 山本太郎様 ご祝辞

矢次家 矢次めぐみ様 ご祝辞

平野家 平野富二玄孫 平野正一様 ご祝辞

ご来賓の皆さまのご紹介〔司会／春田ゆかり〕

株式会社モリサワ相談役 森澤嘉昭様

尚古集成館前館長、株式会社島津興業

常務取締役 田村省三様

三菱重工業株式会社 長崎造船所 史料館

稲岡裕子様

現地交渉担当 日本二十六聖人記念館

宮田和夫氏への謝辞

◯記念講演

一五時―「長崎に於ける平野富二の活躍

―主として小菅修船場の経営と

立神ドックの建設」

古谷昌二（当会代表、平野富二研究家）

一六時―「池原香穉とその周辺

―活字と本木昌造と平野富二」

春田ゆかり（タイポグラフィ学会

事務局長、池原香穉研究家）

一七時―「子孫からみた平野富二と縁者たち」

平野正一（平野富二 玄孫）

一八時―「長崎県印刷工業組合所蔵の手引き

式活版印刷機と印刷用ニカワロー

ラー製造器の資料評価について」

片塩二朗（株式会社朗文堂）

一一月二五日（日）

◯ミニ・活版さるく 一〇時―一二時

作品展示：

【東京築地活版製造所アンソロジー】

サラマ・プレス倶楽部会員による、平野富二と東京築地活版製造所をテーマにした造形作品の展示

展示出品者〔作者名→①、作品名→②、版式・技法→③〕

①活字組版・印刷：大石 薫（サラマ・プレス倶楽部）
②サラマ・プレス倶楽部（旧アダナ・プレス倶楽部）
「会報誌」表紙
③文字：凸版（活字版印刷）
図版：凸版（花形活字、樹脂凸版、リノカット、ゴムカット、木版、その他）

①加久本真美
②『ブラ富二』グッズ
③弁当の巻紙、箸袋：凸版印刷（樹脂凸版）
Tシャツ、旗、てぬぐい：孔版（シルクスクリーン印刷）
缶バッヂ（デジタル出力）

①活版カレッジUpper Class有志
②活版かるた
③文字：凸版（活字版印刷）
図版：凸版（花形活字、罫線、樹脂凸版、ゴム版、他）

①印刷・製本：すぎもとあきお（ぢゃむ）
著者：夏目漱石、森鷗外、寺田寅彦、その他
②活版小本
③文字：凸版（樹脂凸版）

①紙面設計：タイポグラフィ学会
活字組版・印刷：大石 薫（タイポグラフィ学会会員）
②タイポグラフィ学会「平野富二賞表彰状」
③文字：凸版（活字版印刷）
オーナメント、プリンターズ・マーク：凸版（銅凸版）
オーナメントは『BOOK OF SPECIMENS』
活版製造所平野富二（明治一〇年）より採録

①印刷・製本：田中智子（はな工房）
著者：内田百閒
②内田百閒『築地活版所十三号室』より
③文字：凸版（活字版印刷）

①複写製本：田中智子（はな工房）
編集発行者：野村宗十郎
②『活字と機械』株式会社東京築地活版製造所
（大正三年）

①千星健夫（NECKTIE design office）
②『築地五号かな（新規母型による活字鋳造）』試作
③真鍮母型、金属活字

①印刷・製本：栃木香織（文香）
②『のりものだいすき　とみじさん』
③文字：凸版（活字版印刷）

図版・写真：サイアノプリント

①松尾愛子（さんぽ工房）
②『明治一〇年版　活版製造所　平野富二』および
『明治三六年版 株式会社東京築地活版製造所
活版見本』よりオーナメントのカード
③図版：凸版（樹脂凸版）

企業展示：

株式会社ＩＨＩ

晋弘舎　OJIKAPPAN　横山桃子

東京築地活版製造所の荷札の展示

長崎県印刷工業組合
本木昌造顕彰会　所蔵品の展示
○本木昌造・活字復元プロジェクト成果品

◯アルビオン型手引き印刷機
・大阪活版製造所／東京築地活版製造所　製
〔明治一八年から明治末期の製造と推測〕
・大阪・片田鉄工所（創業明治三〇年）製
◯インキローラー鋳型、インキ台

株式会社モリサワ

活版ゼミナール（ワークショップ）：
朗文堂／サラマ・プレス倶楽部　大石薫
活版カレッジ 有志

◉協　力

展示設営・会場係：
株式会社ＩＨＩ広報・IR部（坂本恵一、横田竜征）、
岩永充、上野隆文、江越弘人、大石薫、

加久本真美、片塩二朗、木村雅彦、小酒井英一郎、小宮山清、真田幸治、邢立、田中智子、戸叶勝也、長崎県印刷工業組合（荒木政浩、井上雅文、岩永健、岩永寛毅、小林義郎、藤木正、毎熊一太、牧島和也、松尾一成、松本泰輔、山口善生、山田靖雄、他）、春田ゆかり、平野健二、平野正一、平野順子、平野義和、日吉洋人、福士大輔、古谷昌二、松尾愛子、宮田和夫、株式会社モリサワ（池田暢、中川和彦）、矢次めぐみ、山本太郎、横島大地

写真協力：
株式会社ＩＨＩ、三菱重工業株式会社 長崎造船所、平野ホール、上野隆文、大石薫、岡田邦明、加久本真美、木村雅彦、時盛淳、春田ゆかり、半田淳也、日吉洋人、古谷昌二、松尾巌、宮田和夫

映像協力：福士大輔
ブラ富二グッズ製作：加久本真美
本誌設計・組版：日吉洋人

「平野富二生誕の地」碑　建立　有志の会

代　表：古谷昌二
事務局長：日吉洋人
会計担当：春田ゆかり
会計監査：小酒井英一郎
事　務　局：
一六〇―〇〇二二　東京都新宿区新宿二―四―九
株式会社　朗文堂　内
電　　話：〇三―三三五二―五〇七〇
ファクシミリ：〇三―三三五二―五一六〇
Eメール　info@hirano-tomiji.jp
ウェブサイト　http://hirano-tomiji.jp/

代表　古谷昌二（ふるや　しょうじ）**略歴**

昭和一〇（一九三五）年、東京都にうまれる。昭和三三（一九五八）年、石川島重工業株式会社（現 株式会社IHI）に入社。平成七（一九九五）年、石川島重工業株式会社定年退職。その後、平野富二の事績調査に取り組み、IHI OBを中心とした社史研究会「平野会」を設立、その運営に協力。平成一〇（一九九八）年、平野富二の業績のうち、造船・重機械製造にとどまらず、主として前半期の活版印刷機器製造と活字鋳造に関係する分野に研究対象を拡大し、タイポグラフィ関連の実践者・研究者との交流がはじまった。以後二〇年余にわたって「明治近代産業勃興」の研究に集中。平成二八（二〇一六）年一二月一八日、『平野富二生誕の地』碑　建立有志の会を発足し、代表となる。

著書に『平野富二没後百十年祭・平野富二碑移築除幕式』（共著　平野家　二〇〇二）、『平野富二伝　考察と補遺』（朗文堂　二〇一三）などがある。また当会ウェブサイトにて、二〇一七年一月より平野富二に関する記事と、二〇一八年七月より東京築地活版製造所 歴代社長略歴の記事を連載している。

「平野富二生誕の地」碑 建立

募金者ならびに支援者・協力者

ご芳名

募金者ならびに支援者　ご芳名

（敬称略　五十音順）

株式会社ＩＨＩ
赤井　都
阿部美樹子
石田恭子
板倉雅宣
株式会社イワタ
　代表取締役社長　水野　昭
岩永　充
中国・北京・印捷文化発展有限公司
　邢　立
株式会社インテックス　内田信康
江越弘人
海保幸康
合同会社工房勝士ランス
加久本真美
上條和美
木村雅彦
研究社印刷株式会社
小池由郎
河野三男
小宮山　清
斎藤隆夫
桜井孝三
真田幸文堂　真田幸治

サラマ・プレス倶楽部　大石　薫
株式会社島津興業
　代表取締役社長　島津忠裕
　常務取締役　田村省三
杉本昭生
杉山謙二郎
杉山良輔
鈴木　大
関　宙明
タイポグラフィ学会
鷹巣希美
田中智子
千星健夫
戸叶勝也
時盛　淳
長崎県印刷工業組合

本木昌造顕彰会
中野活版印刷店
春田ゆかり
板東孝明
日吉洋人
平野家
　折本治子
　影田智子
　公文葉子
　平野健二
　平野順子
　平野正一
　平野　徹
　平野信子
　平野義和
福士大輔

文香（上野隆文　栃木香織）
古谷昌二
松尾愛子
松尾篤史
圓尾絵弥子
三木弘志
宮川雅一
日本二十六聖人記念館　宮田和夫
株式会社モトヤ
株式会社モリサワ
相談役　森澤嘉昭
代表取締役社長　森澤彰彦
東京本社　広報宣伝部　池田　暢
矢次家　矢次めぐみ
山口景通
山本太郎

横島大地
米田　隆
NPO法人 Leaves of Grass　櫻井正則
株式会社理想社
株式会社朗文堂　片塩二朗
渡辺　優

ご協力者　ご芳名

阿津坂貴和
岩永正人
奥村浩之（メキシコ在住）
株式会社小森石材彫刻
笹井祐子（日本大学芸術学部美術学科教授）
株式会社真映社
晋弘舎　OJIKAPPAN　横山桃子
鈴木　孝
新宿・株式会社鈴木旗店
長崎・大光寺
玉井一平
ぢどり屋
鎮西大社諏訪神社

長崎県
長崎県勤労福祉会館
長崎市
長崎史談会
株式会社長崎文献社
長崎歴史文化協会　理事長　越中哲也
日本複写工業株式会社
波佐見町教育委員会　盛山隆行
物流博物館
松尾　巖
三菱重工業株式会社　長崎造船所　史料館
　稲岡裕子
有限会社吉宗

あとがき

跋にかえて――ちいさな活字、おおきな船
『平野号』出発進行、ようそろ！〔＊1〕

空が高い。うしろ山の照葉樹「楠――くすのき」の大木におおいしげった葉が、陽光を反射し、海面に照りはえ、金波銀波をなして長崎の空を蒼くそめている。

幕末、この地は唯一の開港地として最先端の文化と情報が集中し、それを求めて各地から遊学する有名・無名の若者であふれ、灼熱の坩堝《るつぼ》が煮えたぎるような興奮と熱気につつまれた。ところが開港地が各地に設けられ、ついに維新がなったとき、熱狂はすぎ去り、いっとき、祭りのあとにも似た倦怠に長崎は沈んだ。矢次富次郎、のちの平野富二はそんな風景と風土のなかで、引地町の町司長屋〔現 長崎県長崎市桜町九番六号〕でうまれ育った。

矢次富次郎は明治五（一八七二）年に妻帯し、戸籍編成に際して平野富二と改名して長崎外《ほか》浦町《うらまち》に一家を構えた。ようやく混乱は収束して、長崎も往時のにぎわいをとりもどしていたが、中島川の右岸、飽《あく》の浦の長崎製鉄所、立神ドック、対岸の小菅修船場などにわずかな足跡をのこして、東京に新天地をもとめ、新妻古《こ》まと「長崎新塾活版製造所」の社員八名、総勢一〇名で長崎をあとにして、東京〔現 千代田区神田和泉町一〕に「長崎新塾出張活版製造所」の看板をかかげた。のちに同社は「東京築地活版製造所」と改組改称した。この名称はとかく築地活版と略

＊1　【宣候・良候】　① 舟人のかけ声。はやし声。② 操船で、取舵・面舵の必要は無く、まっすぐに進めというばあいの命令語。

されるが、「東京の築地」と地名をかさねたのも、同系で先に進出した「大阪活版所・大阪活版製造所」、「横浜活版所」と同様に、平野富二にとっては、あくまでも長崎を根拠地とし、東京に出張して事業展開しているのだという紐帯《ちゅうたい》のおもいのなせるところとみたい。

平野富二はふたまわりほど年嵩の、オランダ通詞・本木昌造を師とあおぐことに終生篤かった。すなわち破綻寸前の状況で本木昌造から継承した「活字版印刷術」の事業を、実験と草創から脱却させ、暗色を明色に、おもくるしい秘伝をかろやかな新技術に、秘技《ブラックアート》を近代産業にそめあげることに成功した。平野富二が農商務省に提出した文書には――筆写には理解しかねるほどのことながら――「創業の功は専ら本木氏に在りて、改良弘売の功は平野の力多きに居る」と瑣事《さじ》にこだわりのないこのひとは慎ましく記録している。

平野富次郎は長崎の地役人たる町司の出身で、身分は平民ながら世襲の家禄をうけ、苗字帯刀をゆるされた矢次家の次男であった。

そもそも明治の国家も企業社会も、まだうそのようにちいさな時代で、なにもかもが艸叢のなかからわきあがる時代でもあった。したがってたれもが無我夢中おもう存分にはたらき、家を建て、名を挙げることができたというのが、明治初期の愉快さであり、あかるさでもあった。

平野富二はこうした時代をおもうまま奔放にいき、おおきな成果をあげつつ、こころざしなかばにして病にたおれた。その一生をなぞると、可憐としか評せざるをえないほど、郷里たる崎陽〔長崎〕をおもい、その特異なことばづかいからはなれず、長崎人脈をおもくみていたことがわかる。

このたびの建碑のイベントには、「のりものだいすき　とみじさん」と題する作品が展示された。このひとのおもしろさは、動くものが好きなことである。上京後最初の事業となった金属活字製造では、小指の先ほどもないちいさな活字づくりに熱中した。活字は「Movable Type──可動活字」とあらわされる。すなわち活字とは自在に動きまわるものであり、技術をもってそれを組みあげ、印刷複製するものである。この単語の英語は一七七〇年に初出をみる。ひと文字一本の金属柱の鋳物で、いまもって活版印刷にもちいられる。

平野富二の遺品は関東大震災で自宅が全焼し、土蔵にあって焼失をまぬがれた証書・辞令・書軸などであるが、そのほかに明治一〇（一八七七）年八月、上野公園で開催された「第一回内国勧業博覧会」に出展した『BOOK OF SPECIMENS MOTOGI & HIRANO』（明治一〇年、長崎新塾出張活版製造所、俗称：平野活字見本帳）がある。長らく客間に置かれ、火災がせまったため、家人が門前の側溝に沈めて避難したとされる。水没のために波打ってはいるが、用紙・インキ・装幀資材などはすべて輸入品であり、頑丈なつくりで平野ホールに現存している。知られる限り唯一本。

活字にはミクロン単位の微細な精度と、するどい審美眼を要求される。なによりも文化、文明、言語、教育、思想、宗教とふかく関わることになる。首都となった東京では、官公庁がひしめき、高等教育が開始されつつあった。そこではあらたな技術「活字版印刷術」の導入は焦眉の急であった。その最初の拠点は長らく「神田佐久間町三丁目」とされてきた。すでに本書において縷縷《るる》しるされているが、実際には、元津藩藤堂和泉守上屋敷門長屋とその抱えこみ地であり、いまの東京都千代田区神田和泉町一、千代田区立和泉公園の位置であることが判明したのはほんの近年のことである。

素志である機械製造と造船事業も明治九（一八七六）年から怒濤のいきおいで開始した。平野富二は数百トンもある巨大な船舶をつくり、橋梁をつくり、蒸気機関をもちいて海上輸送と陸上輸送の進展に貢献した。いずれも動き、動かすものである。そして造船と重機械製造はその巨大さゆえに、巨費の資本投下を必要とする大事業となる。それにたいし民業の旗をかかげ、ひとり徒手空拳で立ちむかった勇気の源泉が、どこから湧出したのかふしぎではある。

横浜製鉄所の経営陣に参加して印刷機械を製造し、のちに、独自経営として、横浜石川口製鉄所とした。また旧幕営の石川島修船所を拝借、最初の船として「第二通運丸」の製造に着手して、三ヶ月ほどで「内国通運会社」現日本通運へ連続して納入している。この石川島平野造船所は、現ＩＨＩに連なっている。

このひとが愉快なのは、進水を待ちかねて機関室にもぐり込み、機関のすみずみまで点検し、そこから操舵室に向かって、「取舵《とりかじ》いっぱい、面舵《おもかじ》いっぱい」と吹鳴りあげていたことが想像されるからである。この「通運丸」は本書表紙にも描かれている。

爾後《じご》の平野富二は、金属活字製造、印刷機器・資材製造、活字版印刷、重機械製造、造船、

航海、海運、運輸、交通、土木、鉱山開発……と、枚挙にいとまのない事業展開をはかって近代日本の創建に貢献した。

今般「平野富二生誕の地」碑の建立がなるまでには、やはりながい道程があった。その一部、直近二〇年ほどの活動を記録したい。あわせて本書『平野号』では、長崎にもうけられた海軍伝習所、医学伝習所、活字判摺立所、活版伝習所、英語学校などの施設の設備と伝習の成果が、江戸・東京の、どこに・いつ・どのように・たれが伝え移動させたのかをも記録した。

「平野富二生誕の地」碑建立有志の会には、ＩＨＩ ＯＢによる旧「平野会」、「長崎県印刷工業組合・本木昌造顕彰会」、事跡調査の「掃苔会」、印刷とタイポグラフィの実践と研究の集い「サラマ・プレス倶楽部」、「金曜かい」、「タイポグラフィ学会」、長崎新街私塾を範とする「新宿私塾」の会員や個人が重層的で折りかさなるように会員となっていた。

こうした会員はいたずらな個人崇拝や、明治の偉人として平野富二をとらえることなく、等身大の平野富二像を描きだすことに尽力していた。ここではもっとも煩瑣《はんさ》で困難な事務方を担われた、東京：日吉洋人氏、長崎：宮田和夫氏のお名前だけを跋に収録させていただきたい。

平野富二の精神と功績は、明治の偉人という範疇にとどまらず、印刷術という平面設計から、重機械製造という立体造形物にいたるまで、現在の若者やわれわれの日常にも脈々と受け継がれている。

すなわち『平野号』は終点ではなく、あらたな航海に船出する　――ボンボヤージュ〔＊2〕

＊2　*Bon voyage*――よい旅を（をフランス語にて意味する）

❦ 平成一三（二〇〇一）年　平野富二子孫、平野義和・平野正一父子が長崎寺町禅林寺墓地に設置された「平野富二碑」を無縁塔から発見し、東京・谷中にある平野家墓地へ移築を決定した。

❦ 平成一四（二〇〇二）年「平野富二没後百十年祭・平野富二碑移築除幕式」谷中霊園・平野家墓地前で開催した。平野家関係者、印刷・活字界、造船・重機械製造界一五〇余名が参集した。あいにくの降雪の中、平野富二が展開した多様な事業の交流開始の契機となる。

❦ 平成二八（二〇一六）年　平野富二生誕百七十周年記念行事を企画。その過程で、東京と長崎双方で平野富二の生家が国立公文書館、長崎歴史文化博物館所蔵の各種資料によって特定された。
五月「Viva la 活版　ばってん長崎」（会場：長崎県印刷会館）を開催した。併催イベント・バスツアー「崎陽探訪・活版さるく」にて、特定された平野富二生誕の地：長崎市桜町九番六号（現 長崎県勤労福祉会館）、および長崎市内の近代産業勃興期の諸施設を訪問した。『タイポグラフィ学会誌09』にて報告。
一二月一八日『平野富二生誕の地』碑　建立　有志の会が発足した。代表：古谷昌二。事務局長：日吉洋人、会計担当：春田ゆかり、会計監査：小酒井英一郎。

❦ 平成二九（二〇一七）年「メディア・ルネサンス　平野富二生誕百七十祭」（会場：上野日展会館新館）を開催した。同時に、プレイベント・バスツアー「江戸・東京　活版さるく」を開催した。『タイポグラフィ学会誌11』にて報告。

❦ 平成三〇（二〇一八）年　一一月二三日―二五日　長崎市桜町九番六号（現 長崎県勤労福祉会館）脇の歩道に「平野富二生誕の地」碑の建立がなり、平野家・矢次家代表列席のもと、除幕式・祝賀会・記念講演・記念展示をおこなった。碑脇には「長崎さるくボード」（管理者：長崎市）が設置され、同碑は長崎市長列席のもと「平野富二生誕の地」碑　建立　有志の会代表：古谷昌二から長崎市に寄贈された。
一一月二五日　関連イベントの一つとして「ミニ活版さるく――平野富二ゆかりの地」を開催した。

平野号　平野富二生誕の地碑建立の記録

発行日　二〇一九年五月三〇日初刷
編　集　「平野富二生誕の地」碑　建立　有志の会
発　行　平野富二の会
発　売　株式会社　朗　文　堂
発行所　「平野富二生誕の地」碑　建立　有志の会　事務局
一六〇―〇〇二二
東京都新宿区新宿二―四―九
株式会社　朗　文　堂　内

電　　話　〇三―三三五二―五〇七〇
ファクシミリ　〇三―三三五二―五一六〇
Eメール　info@hirano-tomiji.jp
ウェブサイト　http://hirano-tomiji.jp

印　刷　株式会社　理　想　社
ISBN978-4-947613-95-0　C1020